Jobs für Filmfreaks

campus concret
Band 61

Uta Glaubitz berät Berufssuchende und Wechselwillige bei der Berufswahl. Außerdem gibt sie Seminare und Workshops, veranstaltet Konferenzen oder schreibt Bücher, unter anderem *Der Job, der zu mir passt* (1999).

Andrea Dornseif, Dipl.-Psychologin, war über zehn Jahre leitende Wirtschaftsredakteurin bei einem Presseverlag. Heute macht sie als Fachautorin aus trockenem Wissen gedruckte Erwachsenenbildung. Sie schreibt für Existenzgründer und Berufssuchende und gibt eine Reihe mit Reiseliteratur heraus, außerdem dreht sie Industriefilme.

Das Konzept der Individuellen Berufsfindung und dieser Buchreihe stammt von Uta Glaubitz; Andrea Dornseif recherchierte und schrieb dieses Buch.

Information: www.berufsfindung.de

Inhalt

Teil II
Reportagen

**Teil III
Workshop**

Teil IV
Service

Teil I
Machen Sie Ihren Traum zum Beruf

Lieber arbeiten als sich langweilen.

Gustave Flaubert, Schriftsteller

Wenn ich so viel Erfolg hatte, dann nur, weil ich nie auf die Leute gehört habe, die dauernd sagten, was ich machen muss, um Erfolg zu haben.

Jack Nicholson, Hollywoodstar

When I'm good,
I'm very good.
When I'm bad,
I'm better.

Mae West, Hollywoodstar

1.

Beim Film Geld verdienen

Lassen Sie keine Sneak Preview aus? Gehören Sie zu den Kinobesuchern, die beim Abspann sitzen bleiben? Schlägt Ihr Herz höher, wenn an einer Straßenecke das gleißende Licht von Filmscheinwerfern leuchtet? Dann sollten Sie vielleicht allmählich damit aufhören, vom Film nur zu träumen, sondern darüber nachdenken, wie Sie aus Ihrer Kinobegeisterung einen Beruf machen können.

Auf der Leinwand begegnen den Zuschauern vor allem die Stars, in den Kinomagazinen lesen wir über die kreativen Vorhaben der Regisseure. Es gibt aber sehr viel mehr Karrieren beim Film: allein dieses Buch stellt Ihnen über 80 Berufe vor, eine Liste, die dennoch keinen Anspruch auf Vollständigkeit erhebt.

Denken Sie nur an die Filmvorführer, die dafür sorgen, dass auf den 4 783 Kinoleinwänden in Deutschland ein Lichtspiel nach dem anderen störungsfrei abläuft[1]. Filmrestauratoren sorgen dafür, dass die Klassiker der Filmkunst erhalten bleiben. Marketingstrategen bei den Verleihgesellschaften machen durch Pressemitteilungen, Trailer und Starauftritte die Öffentlichkeit auf ihre Filme aufmerksam.

Kein Job wie jeder andere

Die Menschen, denen Sie auf den folgenden Seiten begegnen, haben alle etwas gemeinsam: die Liebe zum Film. Ganz egal, in welchem Beruf sie arbeiten, sie mögen, was sie tun, und tragen jeder für sich alles dazu bei, aus einem Film einen Erfolg zu machen. Das zeigt sich schon am Arbeitsrhythmus: 16-Stunden-Tage während der heißen Phase eines Films sind keine Ausnahme, dann wieder warten die vielfach als Freelancer eingesetzten Filmleute vielleicht ein paar Wochen auf den nächsten Job.

Filme machen ist Teamarbeit. Die Teams werden oft immer wieder aus den gleichen Leuten gebildet, die schon einmal gut zusammengearbeitet haben. Beleuchter oder Kulissenmaler nehmen dabei die optimale Gestaltung des Hintergrunds genauso ernst wie Schauspieler die Emotionen ihrer Figur und Drehbuchautoren den ausgefeilten Dialog. Kameraassistenten schleppen Stative mit dem gleichen Einsatz über den Set, wie Dokumentarfilmer ihren Themen nachspüren.

Jeder und jede einzelne beim Film weiß, wie wichtig sein oder ihr Beitrag für das Gesamtergebnis ist. Gleichzeitig begegnet man in dieser Branche ausgeprägten Hierarchien, vielleicht, weil sehr viele Filmberufe immer noch in der Praxis gelehrt werden.

Das bietet Quereinsteigern fast jeden Alters gute Chancen – es bedeutet, von erfahrenen Praktikern angeleitet zu werden. Allerdings bedeutet es auch, sich auf eine Zeit von Praktika und Assistenzen einzustellen, bei denen man auf Anweisung eine Menge langweiliger und langwieriger Arbeiten übernimmt.

Ob Sie bereits in einem anderen Beruf arbeiten oder als Berufsanfänger den Weg in die Filmbranche suchen: Sie werden es viel einfacher als in anderen Berufszweigen finden, Tipps für den Einstieg zu bekommen. Denn mit jedem, den Sie auf das Thema ansprechen, teilen Sie ja bereits Ihre Leidenschaft für den Film.

Berufschancen für Filmfreaks

Peter Ustinov sollte einmal einen Achtzigjährigen spielen und erkundigte sich, ob er sehr früh morgens in der Maske erscheinen müsse. Nein, war die Antwort des Make-up-Künstlers, wie Ustinov später mit Bedauern erzählte, ihn auf uralt zu schminken, dauere vielleicht eine halbe Stunde. Wenn Sie den Abspann eines Films sorgfältig lesen, finden Sie neben dem Make-up-Künstler eine Reihe von Berufen, die Ihnen als Tor in die Filmwelt offen stehen: Dolly Grip zum Beispiel, Filmplastiker, Produktionsleiter. Neben kreativen Höchstleistungen gibt es beim Film ganz gewöhnliche, oft handwerkliche Berufe.

Handwerker mit besonderen Aufgaben arbeiten im Art Department, im Bereich Gestaltung. Maler mit filmspezifischer Zusatzausbildung zaubern mit dem Pinsel ein elegantes Parkett auf kahle Betonfußböden. Maurer und Stuckateure verzieren in kürzester Zeit jede langweilige moderne Fassade mit Jugendstilornamenten oder lassen Neubauten abbruchreif aussehen. Kulissenmaler bieten dem Auge des Zuschauers in unzähligen Western weite Ausblicke über die texanische Wüste oder die bewaldeten Hänge von Montana. Kostümbildner und Schneider hüllen für Historienschinken die Akteure in fließende Stoffe mit sorgfältig abgestimmten Farbnuancen.

Stoffe, Kulissen, Fassaden, Filmtechnik, Material, Geräte und die Stars kosten viel Geld. Zu *Pearl Harbor* (2001), bis auf weiteres der teuerste Film aller Zeiten, geistern für die Herstellungskosten Summen zwischen 275 und 300 Millionen US-Dollar durch die Medien. Der Produzent mit all seinen Helfern wie der Sekretärin oder dem Executive Producer organisiert die Projektentwicklung von der Idee für das Drehbuch und der Suche nach geeigneten Drehorten bis hin zum fertigen Film. Darüber hinaus ist er auch für die Finanzierung des Films verantwortlich. Sein Produktionsleiter schreibt die Verträge für das gesamte Team und bezahlt die Rechnungen für Requisiten, Theaterschminke und Kameramiete.

Dauert es sechs bis acht Wochen, um einen durchschnittlichen Spielfilm zu drehen, können noch einmal ein paar Monate vergehen, bis die Post-Production aus dem Puzzle von Einstellungen, Bildern, Geräuschen und Dialogen das gebastelt hat, was der Zuschauer im Kino als Unterhaltung oder Kunst oder beides ansieht. Besonders am Klangbild können bis zu fünf Spezialisten feilen: Ton-Cutter, Sound-Mixer, Musikaufnahmeleiter, Sound-Designer, Komponisten. Vieles in der Post-Production wird heute digital bearbeitet. Special Effects bieten Computerfreaks die Chance, ihre Fantasie mit ihren Programmkenntnissen zu verbinden.

Bevor schließlich der Gong erklingt, der Vorhang sich öffnet und die ersten Bilder die Zuschauer in ihren Bann ziehen, haben Serviceagenturen rauschende Premierenfeiern arrangiert, Presseagenten die Stars zu Fernsehauftritten begleitet, Verleihfirmen Kinosäle gebucht, Vorführer die Rollen in den Projektor gelegt, Filmkritiker die Pressevorführung besucht und ihr Votum abgegeben. Vielleicht wären Sie gern Steven Spielberg, Wim Wenders oder Tom Tykwer. Doch abgesehen von Glamour und öffentlichem Ruhm bietet die Filmbranche viele weitere Chancen – für kühle Rechner, geschickte Hände, ideenreiche Kommunikationstalente, Organisations- und Ordnungsfreaks oder technische Genies.

Filmfreaks beim Fernsehen?

Seitdem Wim Wenders beim Drehen des Dokumentarfilmhits *Buena Vista Social Club* die Vorteile eines kleinen Teams und der Videokamera entdeckt und gepriesen hat, stehen ausgemachte Kinofreaks dem Fernsehen nicht mehr ganz so skeptisch gegenüber.

Sicherlich ist ein 35-mm-Film brillanter, haben Filmkameras eine größere Tiefenschärfe und können besser mit extremen Lichtverhältnissen zurechtkommen. Aber den 94 deutschen Kinostarts von Spielfilm- und Dokumentarproduktionen im Jahr 2000 standen den 365 Tage mal 24 Stunden Programm in über 30 deutschen Fernsehsendern gegenüber[2]. Die wollen erst einmal gefüllt sein, mit TV-Movies und Serien, mit Tierfilmen, Game-Shows, kurzen Dokumentarberichten, Nachrichtenprogrammen und Kindersendungen. Rund 85 000 Menschen, vom Controller und Videotechniker bis zum Gagschreiber und Schauspieler, leben derzeit von externen Fernsehproduktionen[3].

Warum also nicht Trickkamera für die *Sendung mit der Maus* machen, statt Michael Ballhaus nachzueifern, wenn sich die Chance bietet? Warum nicht beim westdeutschen Rundfunk als Praktikant im Schneideraum einsteigen, bevor man endlos auf eine Schnittassistenz beim Kinofilm wartet? Kamerapraxis erwirbt man schließlich auch, wenn man Betonmischmaschinen oder Abfüllstraßen für Mineralwasser interessant in Szene zu setzen lernt. Und die aufregendsten Special Effects und Computertricks werden heute für Werbefilme entwickelt.

Über dieses Buch

Sie wollen wissen, wie man beim Film Geld verdient? Im zweiten Teil des Buchs stellen wir Ihnen Jobs für Filmfreaks vor, von denen der überwiegende Teil in der Praxis gelernt werden kann und sich auch für Quereinsteiger eignet. Dabei werden Sie feststellen, dass Vorkenntnisse aus anderen Branchen vielfach helfen, sich schneller die nötigen Spezialkenntnisse anzueignen.

Die vorgestellten Berufe werden durch Informationen von und Interviews mit Menschen illustriert, die sie zum Teil seit Jahren ausüben. Die allermeisten haben sie »von der Pike auf« in der Praxis gelernt. In einigen Fällen empfehlen sie, hierfür in einer formalen Ausbildung oder an einer Schule eine theoretische Grundlage zu legen. Nicht nur dann erhalten Sie Informationen zu den Möglichkeiten des Fachschul- oder Hochschulbesuchs oder zum Ausbau Ihrer vorhandenen Fähigkeiten in Weiterbildungskursen. Welchen Weg Sie zu Ihrem Berufsziel einschlagen wollen, müssen Sie allerdings selbst entscheiden.

Die vorgestellten Filmjobs sind nicht nach spezifischen Tätigkeitsschwerpunkten oder dem Kriterium Kreativität geordnet (kreative Ideen können Produzenten, Regisseure, Kameraleute, Cutter oder Kritiker gleichermaßen haben), sondern nach dem Bereich der Filmherstellung, in dem sie angesiedelt sind:

- Filmproduktion
- Filme machen
- Filmtechnik
- Filme gestalten
- Post-Production
- Filme verkaufen
- Rund um den Film

Die vorgestellten Berufe dürfen jedoch über eines nicht hinwegtäuschen: Keines der Beispiele erspart es Ihnen, sich über den Job, der zu Ihnen passt, eigene Gedanken zu machen. Im dritten *Teil des Buches* finden Sie daher einen Workshop, der Schritt für Schritt erläutert, wie Sie sich Ihr individuelles Berufsziel erarbeiten können. Darin geht es nicht nur um Ihre Fähigkeiten und die klare Definition Ihrer Ziele. Sie erfahren auch, was Sie tun können und sollten, um diese Ziele zu erreichen.

Im Schlusskapitel zeigen wir Ihnen, wie Sie mit dem Filmteam zurechtkommen, wenn Ihnen noch »der Stallgeruch« fehlt. Es gibt eine Reihe ungeschriebener Gesetze, die es zu beachten gilt, will man sich nicht schon am ersten Tag des Praktikums unbeliebt machen.

Film ist Tradition, Film ist Technik, Film ist Hollywood. Es gibt eine Fülle von Anglizismen und Fachbegriffen, auf die Sie am Set und in diesem Buch treffen werden. Im Anhang finden Sie ein kleines Wörterbuch für die im Text gebrauchten Begriffe. Am Ende des Buchs finden Sie schließlich noch ein Register aller aufgeführten Berufe.

Ein erster Tipp: Umgeben Sie sich während der Lektüre dieses Buchs mit Leuten, die nicht nur über Film reden können, sondern Ihnen wirklich etwas zu sagen haben und die Sie unterstützen. Ewige »Bedenkenträger« mit ihrem skeptischen »Das bringt doch sowieso nichts« oder »Da kommst du doch nie hin« können Sie jetzt nicht gebrauchen. Auch wir haben uns während des Schreibens streng an diesen Grundsatz gehalten.

In diesem Sinn gilt Giela Reinke-Dieker und Bettina Bieber besonderer Dank, die mit fröhlich-entwaffnendem Zupacken vielen Filmleuten die Geheimnisse ihrer Kunst entrissen haben. Dass Betriebswirte auch etwas von Film verstehen können, hat Nana Plötz bewiesen. Ohne die Unterstützung, Geduld und Offenheit der vielen Filmschaffenden aber, die Auskunft über ihre Leidenschaft gaben, hätte dieses Buch nicht geschrieben werden können. Tausend Dank!

2.

Sechs Fragen und Antworten zu
Jobs für Filmfreaks

In diesem Buch geht es um die Frage, wie Sie für sich selbst ein Berufsziel erarbeiten, auch wenn Sie noch keinen blassen Schimmer haben, in welchem Bereich Sie Ihre Leidenschaft für den Film umsetzen könnten. Bevor Sie sich im Folgenden von Kameraassistenten, Produzenten und Filmhistorikern zu eigenen Berufsplänen inspirieren lassen, hier noch einige Antworten auf häufig gestellte Fragen.

Für wen eignet sich dieses Buch?

Dieses Buch gibt Berufssuchenden ein Werkzeug an die Hand, eigene berufliche Ziele auszuloten. Damit ist *Jobs für Filmfreaks* geeignet für alle, die sich beruflich orientieren oder umorientieren möchten: Berufstätige und Arbeitslose, Schüler und Schülerinnen, Studenten und Studentinnen. Sie lernen, sich systematisch mit der Frage auseinander zu setzen, wie Sie Ihr berufliches Leben gestalten möchten. Dabei setzt die im dritten Teil des Buchs geschilderte Methode der individuellen Berufsfindung keine bestimmten Qualifikationen voraus, sondern die Bereitschaft, seine bisherige Biografie zu durchleuchten und neue Wege der Berufsfindung zu gehen.

Hat es überhaupt Zweck,
einem Traum hinterherzuhängen?

Wer heutzutage über Befriedigung im Beruf, Spaß an der Arbeit und vielleicht sogar über Traumberufe spricht, wird schnell mit Resignation und Aggressivität konfrontiert. »Heute kannst Du froh sein, wenn Du überhaupt etwas kriegst«, lautet die gängige Antwort. Auf der Suche nach echten Motivationen und Herzenswünschen wird man schnell zum Spinner abgestempelt.

Kein Wunder also, dass viele blockiert sind, wenn es darum geht, ein eigenes Berufsziel zu definieren, mit dem sich nicht nur das nötige Kleingeld verdienen lässt, sondern das auch noch Spaß macht und ein erfülltes berufliches Leben verspricht.

Traditionell läuft Berufsfindung etwa so ab: Der Berufssuchende fragt sich:

- Was könnte ich mit dieser oder jener Ausbildung werden?
- Welche Planstellen könnte es für mich geben?
- Was kann ich mit meinem Schulabschluss werden?
- Was kann ich mit meinem Notendurchschnitt studieren?
- Was kann ich mit meinem Studium werden?
- Was für Weiterbildungen werden vom Arbeitsamt angeboten?
- Was raten meine Eltern, meine Freunde, mein Partner, meine Partnerin?
- In welchen Berufen hat man heute die größten Chancen?

Leider helfen solche Fragen überhaupt nicht dabei herauszufinden, welcher Job wirklich zu Ihnen passt. Daher geht dieses Buch anders vor. Es fragt: Was können Sie besonders gut? Und welcher Beruf passt dazu? Zur Anregung finden Sie zahlreiche Berichte über Leute, die mit ganz unterschiedlichen Tätigkeiten beim Film ihr Geld verdienen. Und eine Anleitung, wie man aus seiner Leidenschaft und dem seit Jahren abgespeicherten Fachwissen einen Job macht.

Muss man heute nicht froh sein, überhaupt einen Job zu haben?

Ist die Suche nach dem maßgeschneiderten Beruf nur etwas für gute Zeiten? Ganz sicher nicht: Denn gerade in schwierigen Situationen ist es für den Berufssuchenden notwendig, sich zu orientieren und konkret darüber nachzudenken, auf welchem Gebiet er wirklich arbeiten will. Schließlich ist er nur dort in der Lage, mit (zwangsläufig auftretenden) Rückschlägen fertig zu werden und langfristig gute Arbeit zu liefern. Dabei kann es sich niemand leisten, auf den Zufall zu hoffen und sich ohne einen konkreten Plan ziellos in der Arbeitswelt zu bewerben.

»Arbeit muss weh tun. Und wenn Du mit etwas, was Du gerne tust, Dein Geld verdienst, macht es Dir spätestens dann keinen Spaß mehr.« Solche und ähnliche Sprüche geistern durch die Welt der Berufsberatung. Bei unseren Recherchen haben wir jedoch eines festgestellt: Keiner der vielen Filmtätigen stöhnte über die langen Arbeitstage oder die endlosen Wiederholungen und Änderungen, die mit der Filmarbeit verbunden sind. Im Gegenteil: Gerade die Herausforderung, die optimale Lösung für eine schwierige Aufnahme zu suchen und zu finden, macht die Filmfreaks zufrieden. Übrigens denkt auch niemand, Mick Jagger habe nach all den Jahren auf der Bühne keine Lust mehr zum Singen, Oliver Bierhoff habe nach einem verlorenen Länderspiel keine Lust mehr zum Fußballspielen und Jil Sander vergehe die Lust auf Mode. Die persönliche Leidenschaft und der Spaß an der Aufgabe sind vielmehr Voraussetzung für den beruflichen Erfolg.

Soll man sich auf ein Ziel festlegen oder möglichst alle Optionen offen halten?

Stellen Sie sich vor, Sie geben Ihr berufliches Ziel in einen Computer ein und starten ein Programm, mit dem der Computer automatisch einen Weg findet, dieses Ziel auch zu erreichen. Das hört sich gut an? So einen Computer besitzen Sie bereits – es ist Ihr Gehirn. Wenn Sie Ihrem Gehirn ein klares Ziel vorgeben, wird es auch einen Weg finden, dieses Ziel zu erreichen. Genau dafür wurden wir von Geburt an mit grauen Zellen ausgestattet. Bleibt Ihre Software jedoch ohne klare Zielvorgabe, kann sie keinen Lösungsweg finden.

»Ich möchte gern etwas mit der Kamera machen« zählt dabei noch nicht als klare Zielangabe. Oft ist die Spezialisierung eines Steadicam-Operators, einer Drehbuchillustratorin oder eines Medienanwalts der Schlüssel zum Erfolg. Herkömmliche Berufsratgeber empfehlen oft das Gegenteil einer Spezialisierung: »Bleiben Sie flexibel, legen Sie sich nicht zu sehr fest und halten Sie sich möglichst viele Optionen offen.« Diese Strategie bringt jedoch einen entscheidenden Nachteil mit sich: Als Bewerber, der sich alle Möglichkeiten offen hält, werden Sie bei Ihrer Arbeitssuche stets auf viele hundert andere Bewerber treffen, die sich ebenfalls alle Optionen offen gehalten haben. Produzenten und andere Arbeitgeber suchen aber nicht Leute, die sich alle Optionen offen halten, sondern Fachkräfte, die eine ganz bestimmte Aufgabe bei ihrem Film, in ihrem Filmverleih oder ihrer Agentur übernehmen und engagiert ausfüllen können.

Wer garantiert mir, dass das Konzept der Individuellen Berufsfindung auch funktioniert?

Mit Hilfe der Individuellen Berufsfindung legen Sie zwei Dinge fest: Ihr persönliches berufliches Ziel und den Weg dorthin. Damit allein haben Sie Ihre Chancen auf dem Arbeitsmarkt bereits um ein Vielfaches erhöht, und zwar denen gegenüber, die weder über ein Ziel noch über eine Strategie verfügen – und das sind viele.

Der Rest wird sich an Ihrem persönlichen Einsatz, Ihrem Durchhaltevermögen und Ihrer Fähigkeit zur Überwindung des inneren Schweinehunds entscheiden. Wenn Ihnen auf dem Weg zu Ihrem beruflichen Erfolg Zweifel kommen, so akzeptieren Sie diese als vollkommen normale Erscheinung. Die meisten haben jahre- und jahrzehntelang diverse Abwehrmechanismen trainiert, wenn es darum geht, das eigene Schicksal selbst in die Hand zu nehmen. Einer dieser Mechanismen ist die Produktion von Versagensängsten.

Sind Sie wieder einmal an dem Punkt angelangt, an dem Sie »ganz sicher« sind, dass Ihre beruflichen Pläne niemals funktionieren werden, halten Sie sich eine Situation vor Augen, in der Sie etwas geschafft haben, das Sie (und alle anderen) vorher für unmöglich hielten. Dann wird Ihnen wieder bewusst, dass man so ziemlich alles schaffen kann, wenn man es sich erst einmal in den Kopf gesetzt hat. Und noch etwas: Alle erfolgreichen Filmfreaks, die in diesem Buch vorgestellt werden, haben auch einmal klein angefangen.

Wer hilft mir, wenn ich nicht weiterkomme?

Zu Beginn Ihres Berufsfindungs- oder Neuorientierungsvorhabens engagieren Sie ein Unterstützungskomitee von etwa zwei bis vier Freundinnen und Freunden, die Ihnen während Ihrer Berufsfindung zur Seite stehen. Niemand bleibt von Phasen verschont, in denen er Schwierigkeiten hat, den nächsten Schritt zu planen, oder in denen er sich einfach nur wenig zuversichtlich fühlt.

Viele Vorhaben scheitern daran, dass der Berufsuchende einen wahren Fundus an Vermeidungsstrategien bereithält, um gerade erst beschlossene Schritte auf keinen Fall in die Tat umsetzen zu müssen. Daher empfiehlt es sich, einen Freund einzuschalten, der einem gegebenenfalls auf die Füße tritt. Rufen Sie ihn an, sobald Sie eine Entscheidung gefällt haben. Teilen Sie ihm mit, bis wann welche Schritte in die Tat umgesetzt sein sollen. Verabreden Sie, dass er anruft und kontrolliert, ob Sie alles erledigt haben. Sie können Ihrem Freund, Ihrer Freundin auch eine Kopie Ihres schriftlich ausgearbeiteten Plans schicken. Bei Ankunft des Briefs gilt der Inhalt als verbindlich.

Motivationsprobleme lösen Sie also am besten, indem Sie über andere Leute Verbindlichkeiten schaffen. Das Wichtigste aber ist: Wenn in Ihrem Berufsfindungsprozess Probleme auftauchen, so ist das für Sie noch lange kein Grund aufzugeben. Beweisen Sie stattdessen Problemlösungskompetenz und finden Sie Mittel und Wege, Ihren Wunsch zu verwirklichen. Wenn Ihnen keine einfallen, fragen Sie jemanden, der erfahrener ist als Sie. Aber lassen Sie sich nicht auf halbem Weg von lösbaren Problemen entmutigen.

Teil II
Reportagen

Der Star ist die Mannschaft.

Berti Vogts, ehemaliger Fußballnationaltrainer

Das Theater ist weder eine Schulstube noch ein Priesterseminar.
Die Leute sollen entweder lachen oder flennen. Oder beides.

Carl Zuckmayer, Schriftsteller

An meiner Wand hängt ein japanisches Holzwerk
Maske eines bösen Dämons, bemalt mit Goldlack.
Mitfühlend sehe ich
Die geschwollenen Stirnadern, andeutend
Wie anstrengend es ist, böse zu sein.

Bertolt Brecht, Schriftsteller und Regisseur

3.
Filmproduktion

Sie sind eingeladen zur Hochzeit Ihres besten Freundes – und es soll ein ganz besonderes Hochzeitsgeschenk werden. Sie kramen in Schuhkartons voller alter Fotos, überreden den Brautvater, die Super-8-Filme von den Kinderjahren seiner Tochter aus dem Keller zu holen, Sie leihen sich die Videokamera Ihres Bruders, um den Bräutigam auf seiner Junggesellenabschiedsparty zu begleiten und finden eine Fotoenthusiastin, die sich zutraut, bewegte Bilder von der Ankleidezeremonie der Braut zu machen. Schließlich streifen Sie gemeinsam mit den Kameras durch den Festsaal, in dem die Hochzeit gefeiert wird. Sie dokumentieren das opulente Menü, den Moment, als dem kleinen Blumenmädchen nach zu viel Torte schlecht wird, den ersten Tanz des jungen Paares und die Träne der Rührung, die sich eine alte Tante aus dem Augenwinkel wischt. Einer nach dem anderen schauen die Gäste in die Kamera und geben launige Segenssprüche für die Zukunft ab. Kaum dass Sie Ihren Kater überwunden haben, sitzen Sie am nächsten Tag in einem Schnittstudio. Der Videoeditor überspielt die Super-8-Filme auf digitales Bandmaterial, scannt die Fotos ein und setzt die Bilder zu einer spannenden Geschichte zusammen. Ihr Freund und seine Frau führen Ihr Hochzeitsvideo bei jeder sich bietenden Gelegenheit vor, schicken es an Tante Mienchen und Onkel Fritz zu ihrem Ruhesitz nach Mallorca, die es ebenfalls jedem zeigen. Allmählich häufen sich die Bestellungen für Kopien von Gästen und Freunden und wildfremden Leuten. Sie handeln mit dem Editor einen Mengenrabatt für 200 Kopien aus und verschicken sie gegen einen Unkostenbeitrag.

Herzlichen Glückwunsch: Soeben sind Sie Filmproduzent geworden. War doch gar nicht so schwierig. Filme zu produzieren heiße, ihr erster Fan zu sein, lange bevor sie existieren, hat Filmproduzent Joachim von Vietinghoff einmal gesagt.[4] Im wirklichen Filmgeschäft können viele solcher Fans an dieser Arbeit beteiligt sein. Kreative Köpfe, die interessante Geschichten und Ideen sammeln, ebenso wie brillante Verkäufer, die Geldgeber für ihr Projekt begeistern können. Samuel Goldwyn, legendärer Hollywoodproduzent und Begründer des Filmkonzerns Metro-Goldwyn-Mayer (MGM), war mit 18 Jahren ein Handschuhverkäufer, bevor er mit seinem Schwager Jesse Lasky seine Filmproduktionsfirma gründete und den ersten abendfüllenden Hollywoodstreifen produzierte (*The Squaw Man*, 1913, mit dem Regisseur Cecil de Mille).

Produzenten organisieren die nötige Infrastruktur, damit die Regisseure, Kameraleute, Schauspieler, Bühnenbildner und Handwerker sich auf das Produkt konzentrieren können. In Hollywood – wie auch in alten Ufa-Zeiten oder bei der damaligen DEFA – finanzieren Produzenten ganze Studios, in denen alle technischen und menschlichen Ressourcen zur Verfügung stehen. In diesen Einrichtungen stehen nicht nur die Bühne und die Technik, sondern auch fest angestellte Experten für nahezu jeden Filmjob zur Verfügung.

Die meisten Filmproduzenten besitzen allerdings nicht einmal eine Kamera, allenfalls für den Hausgebrauch. Die millionenteuren Investitionen in erstklassige Filmtechnik übernehmen Serviceunternehmen, Geräteverleihe und Studiobetreiber, die an die Produktionsfirmen vermieten. Die Teams, die ein Projekt realisieren, werden von Fall zu Fall zusammengestellt. Vom Regisseur über die Schauspieler bis hin zu den Beleuchtern sucht der Produktionsleiter, der mit der organisatorischen Seite des Projekts betraut ist, jeweils Leute, die seinen Vorstellungen entsprechen und zueinander passen. Auch er selbst wird von kleineren Firmen immer nur für einen Film angeheuert. Im Unterschied dazu arbeiten bei Fernsehserien viele Mitarbeiter auf Dauer, ob auf Lohnsteuerkarte oder als feste Freie.

Seit den ersten Filmen von Pionieren wie Samuel Goldwyn ist aus dem Filmgewerbe eine weltweite Industrie geworden. Jedes zweite Jahr wird der teuerste Film aller Zeiten gedreht, die mäßig erfolgreiche Luftschlacht um *Pearl Harbor* kostete nach Angaben der produzierenden Disney Studios 135 Millionen US-Dollar. Allein in den Vereinigten Staaten betrugen die Einnahmen aller Filme des Jahres 2000 an den Kinokassen 7,5 Milliarden US-Dollar. Fast den dreifachen Umsatz brachten noch einmal Verkäufe und Verleih von Videos und DVDs.[5]

Finanziell bewegen sich die Produktionsgesellschaften also in anderen Größenordnungen als Sie, wenn Sie Ihren Hochzeitsfilm machen und allenfalls den Cutter oder Editor bezahlen. In der Hoffnung, einen Kassenschlager zu landen, stecken Investoren immense Summen in einzelne Filme. Deshalb bieten gerade größere Produktionsgesellschaften, besonders die, die regelmäßig fürs Fernsehen tätig sind, ein breites Betätigungsfeld für Buchhalter und andere kühle Rechner, die dafür sorgen, dass dieses Geld so effektiv wie möglich ausgegeben wird.

Info-Box

Wer eine Filmidee mit möglichst sparsamen Mitteln verwirklichen möchte, erhält die nötige Infrastruktur, wie Kameras oder Schnittplätze, bei nicht gewinnorientierten Filmhäusern in mehreren größeren Städten. Dort werden auch Seminare zu verschiedenen Filmtechniken angeboten. Hierzu gehören:

Filmhaus Hamburg – medien und
kulturarbeit e. V.
Friedensallee 7
22765 Hamburg
Tel.: (0 40) 39 90 99 31
Fax: (0 40) 3 90 95 00
www.medienundkultur.hamburg.de

Filmhaus Bielefeld
August-Bebel-Str. 94
33602 Bielefeld
Tel.: (05 21) 17 77 57
Fax: (05 21) 13 75 74
www.filmhaus-bielefeld.de

Filmhaus Frankfurt e. V.
Schützenstr. 12
60311 Frankfurt/Main
Tel.: (0 69) 13 37 99 94/96
Fax: (0 69) 13 37 99 98
www.Filmhaus-Frankfurt.de

Filmwerkstatt Münster
Gartenstr. 123
48147 Münster
Tel.: (02 51) 2 30 36 21
Fax: (02 51) 2 30 36 09
www.muenster.org/filmwerkstatt

Kölner Filmhaus e.V.
Maybachstr. 111
50670 Köln
Tel.: (0221) 2227100
Fax: (0221) 22271099
www.k-filmhaus.de

Richard Gates, *Production Management for Film and Video*, Oxford 1999
Werner van Appeldorn, *Handbuch der Film- und Fernsehproduktion und Psychologie, Gestaltung, Technik*, München 1997
Thomas Hoeren, Susanne Muth (Hg.), *Textbuch Filmrecht*, Essen 1997
Juliane Alton (Hg.), *Handbuch für Filmschaffende und Produzenten. Das umfassende Nachschlagewerk für Filmschaffende in Österreich*, Wien 1995

Produzent

Eine überlange Limousine hält in der Auffahrt zu einer Villa. Ein fetter Mann mit dicker Zigarre steigt aus, gefolgt von drei kichernden Blondinen. Schnitt. Ein junger Mann eilt einen Korridor entlang, das Handy am Ohr, und erklärt seinem Gesprächspartner, dass dessen Honorarvorstellung das Budget sprengt. Schnitt. Ein grauhaariger Mann sitzt mit einem anderen Mann und einer Frau in einem dunklen Raum, der nur durch die Bilder auf einem Monitor erhellt ist, und redet eindringlich auf sie ein.

Welcher der drei Männer ist wohl der Produzent? Alle drei womöglich. Die deutsche Berufsbezeichnung wird durch den eingebürgerten Anglizismus »Producer« gewöhnlich noch komplizierter, der im US-Film oft noch anders als hierzulande verwendet wird. Der junge Mann beispielsweise könnte ein Executive Producer bei einer US-Independent-Produktion sein und gerade versuchen, Jack Nicholson für einen interessanten Low-Budget-Film zu gewinnen. Als Executive Producer werden im Abspann solcher US-Filme häufig Leute bezeichnet, die einen wichtigen Teil des Films ausgehandelt haben, bei koproduzierten Filmen haben sie zum Beispiel Finanzierungen besorgt. In großen Studios dagegen ist der Executive Producer für die gesamte finanzielle Logistik eines Films zuständig, wenn auch als Angestellter des Studios.

Der grauhaarige Mann im dunklen Schneideraum mag der Producer eines TV-Movies sein, der dem Regisseur und der Cutterin erklärt, dass einige Szenen gekürzt werden müssen, damit der Film einen schnelleren Rhythmus bekomme. TV-Movie, das ist Fernsehkino, nicht zu verwechseln mit dem Fernsehspiel. Dieser Producer, beim Sender fest angestellt, ist eigentlich der Redakteur. Er soll einen Stoff entwickeln und produziert den Film dann mit einer externen Filmfirma. Unternehmerisch ist der Sender tätig, und die ausführende Firma fertigt die Auftragsproduktion. Dort gibt es Producer, die für die Kalkulation zuständig sind, und Producer, die den Film inhaltlich realisieren. Diese Producer sind Angestellte, bekommen ihr Gehalt und können jederzeit entlassen werden.

Und der dicke Mann mit Zigarre und Blondinen im Arm? Er ist eine Fiktion, nachempfunden dem Bild, das traditionell von den mächtigen Studiobossen, den Selznicks und Goldwyns, gezeichnet wird – nur vollständig mit Besetzungscouch und Wutausbrüchen, Kino eben.

Die Wirklichkeit der unabhängigen Produzenten verkörpern Menschen wie Joachim von Vietinghoff oder sein Vorbild Heinz Angermeyer, von dem er sagt: »Angermeyers herausragende Eigenschaft war Stil. Er war interessiert an allem, an jeder Form von Kultur. Wie ausgeflippt auch immer jemand war, er hat ihn mit Stil behandelt.«[6]

Interview

Joachim von Vietinghoff hat über 60 Filme produziert und dabei mit Regisseuren wie Peter Lilienthal, Alf Brustellin oder Bernhard Sinkel dem politischen deutschen Film zu Weltruf verholfen. Experimentelles Kino wie *Gorilla Bathes at Noon* von Dušan Makavejew interessiert ihn genauso wie Erzählkino, zum Beispiel *Viktor Vogel – Commercial Man* von Lars Kraume. Vietinghoffs Produktionen liefen auf den großen Festivals in Berlin, Cannes und Venedig und erhielten zahlreiche Preise. Seit 1993 sitzt er im beratenden Auswahlgremium der Internationalen Filmfestspiele Berlin. Außerdem unterrichtet er an der Deutschen Film- und Fernsehakademie und an der Humboldt-Universität.

Frage: Produzent, Executive Producer, Associate Producer – die Tätigkeitsbezeichnungen sind verwirrend. Wie definieren Sie Ihre eigene Arbeit?

Von Vietinghoff: Der klassische Produzent, wie ich einer bin, ist unternehmerisch tätig und unabhängig von den Fernsehsendern. Ich liebe es, im Hintergrund zu stehen, das ist meine besondere Situation.

Frage: Was macht denn der klassische Produzent?

Von Vietinghoff: Viele glauben, ein Produzent stelle das Geld zur Verfügung, das er für die Filmproduktion braucht. Das stimmt so nicht ganz, er arbeitet nämlich nicht mit seinem eigenen Geld. Es gibt freie Investoren, die in einen Film investieren. Der Produzent versucht, die nötige Finanzierung für den Film aufzutreiben. Dabei verkaufe ich eine Vision, die noch nicht recht fassbar ist, ich verkaufe etwas, was erst in Zukunft real existieren wird.

Frage: Welcher Aspekt zählt für den Produzenten mehr, der künstlerische oder der geschäftliche?

Von Vietinghoff: Durch meine Ausbildung als Fotograf komme ich vom künstlerischen Bereich her. Aber: Meine Tätigkeit dient der Herstellung und der Vermarktung von Filmen. Also haben meine Aufgaben unternehmerischen Charakter, einen Geschäftszweck, um den ich mich kümmern muss. Ich gebe meinen Namen für die Filme. Ich stehe zu dem Produkt, also auch zu einem eventuellen Flop. Sicher würde ich auch gerne Bestseller verfilmen. Aber ich schaue mich lieber in meiner Umwelt um, was mich da interessiert, ich bin gern im Dialog mit meiner Umwelt. Dann aber muss ich allein die Entscheidungen treffen, ich muss das Produkt formen, damit es finanzierbar wird.

Frage: Woraus entsteht ein Film? Gibt es von Anfang an ein fertiges Drehbuch oder nur eine Idee?

Von Vietinghoff: Als klassischer Produzent soll man Filme entwickeln. Daneben bekommt man natürlich häufig Drehbücher zugeschickt. Ein klassischer kreativer Produzent taucht in eine Szenerie ein, in eine bestimmte Welt, und versucht, die Themen herauszufiltern, die die Kinobesucher sehen wollen.

Frage: Nehmen wir Ihren Film *Viktor Vogel* als Beispiel. Wie entstand dieses Projekt?

Von Vietinghoff: Ich unterrichte auch an der DFFB, der Deutschen Film- und Fernsehakademie in Berlin, und ich bin da, wenn Studenten ihre Filme zeigen. Bei einem Kurzfilm war ich total begeistert. Dieser Student suchte noch einen Produzenten. Das Buch war melodramatisch und die Filmstory total komisch. Daraus wurde ein richtiger Genrefilm, *Dunckel*, und hat später auf Festivals viele Preise gewonnen. Dann kamen wir auf die Idee von *Viktor Vogel*. An dem Buch haben wir ein Jahr lang geschrieben und noch einmal ein Jahr an dem Film gearbeitet.

Frage: Und wie ging es dann weiter?

Von Vietinghoff: Leider ist der Film nicht so angenommen worden, wie wir uns das gewünscht hätten. Die Kritiken waren recht ordentlich. Der Film ist in den Köpfen der Leute präsent. Aber wenn die Zuschauer sich an der Kinokasse im Multiplex entscheiden sollen, wählen sie von den zwölf angebotenen Filmen einen anderen aus.

Für eine kleinere Produktion wäre das Zuschauerinteresse ausreichend gewesen, doch nicht für einen Film dieser Kostengröße. Doch obwohl der Film mit einem enormen Werbeaufwand in den Kinos startete, kam eben nicht die Masse. An den Schauspielern liegt es nicht, Götz George war toll. Wir lecken immer noch unsere Wunden. Mit diesem Film habe ich wirklich einen ungeheuren Fall erlebt. Ein großer Film mit einer großen Werbung und einer großen Kampagne – mit einem tiefen Fall. Schade, denn ich hänge sehr an dem Film.

Frage: Wie viele Projekte liegen gleichzeitig auf Ihrem Schreibtisch?

Von Vietinghoff: Ich produziere nicht nur Kinofilme, sondern auch Fernsehproduktionen. Ein Kinofilm ist immer riskant, während eine Fernsehproduktion eine eher sichere Sache ist. Zum Beispiel kam ich vom Abschlussfest eines Münchener *Tatort* direkt in die Vorbereitungsphase des *Viktor Vogel*. Ich bin ein Einmannbetrieb, und für mich persönlich gilt, dass ich gerne dicht an den Projekten dran bin. Ich bin beim Dreh, im Schneideraum und immer im engen Kontakt mit den Menschen eines Films. Damit ist auch schon der Rahmen des Möglichen gesetzt: durchschnittlich anderthalb Kinofilme und zwei Auftragsproduktionen pro Jahr. Wenn ich mehr schaffen wollte, bräuchte ich einen angestellten Producer, der Entscheidungen treffen kann, wenn ich anderweitig beschäftigt bin.

Frage: Sie sind gelernter Fotograf. Wie wird man mit diesem Hintergrund Filmproduzent?

Von Vietinghoff: Ich war sogar leidenschaftlicher Bildjournalist und habe auch fünf Jahre lang damit mein Geld verdient. Ursprünglich wollte ich dann Kameramann werden, doch die Ausbildung hätte noch einmal fünf Jahre gedauert. Trotzdem war ich am Film interessiert, und so habe ich Aufnahmeleitung, Requisite gemacht, alles, was kam, um zu lernen, zu sehen, was passiert dabei eigentlich. Mir war schnell klar, dass beim Film viel an der Organisation hängt. Das liegt mir. Ich lasse mich gerne auf Leute ein und bin sehr kommunikativ. Für mich ist die Arbeit eher ein Vergnügen.

Frage: Ist dieser Werdegang typisch?

Von Vietinghoff: Meine Aufgaben beim Film lagen häufig im Kopierwerk, und da hatte ich natürlich aus meiner Fotografenvergangenheit einen großen Vorsprung. Irgendwann hat mich ein Regisseur gefragt, ob ich auch die Produktion übernehmen möchte. Ich habe dann relativ viele Produktionsleitungen gemacht, mit Planung und den Finanzen. Man muss viel kalkulieren, doch es gibt Preislisten mit festen Tarifen, es gibt Erfahrungswerte, wenn man verhandeln muss. Natürlich darf man nicht vergessen, dass es Ende der sechziger Jahre eine besondere Zeit war. Viele sind damals, als der neue deutsche Film seinen Aufschwung nahm, in die Filmbranche gegangen, interessanterweise viele Juristen wie zum Beispiel Alexander Kluge. Vielleicht, weil im Gerichtssaal auch immer Geschichten erzählt werden. Und die jungen Filmemacher wollten nicht mit den alten Produzenten arbeiten. So haben wir das selber gemacht und letztendlich kann ich sagen, für mich war es wie eine Art Berufung.

Frage: Sie haben rund 70 Filme gemacht, das Filmmuseum Berlin hat Ihnen eine eigene Ausstellung gewidmet. Haben Sie unter den vielen Produktionen einen Lieblingsfilm?

Von Vietinghoff: Nein, eigentlich nicht, es sind alles meine Kinder. Auch die missratenen liebt man. Bei allen Filmen muss ich die Story glaubwürdig finden, ich bin enttäuscht, wenn die Seele nicht erkennbar ist. Die Lilienthal-Filme finde ich herausragend. *Dunckel* von Lars Kraume sollte ich erwähnen. Er ist ein außergewöhnlicher Regisseur, er hat auch *Viktor Vogel* gedreht. Übrigens gehört dieser Film zu meinen Lieblingsfilmen, auch wenn er an den Kinokassen gefloppt ist.

Allerdings gibt es vielleicht zwei oder drei Filme, die ich selber durch und durch gelungen finde. Dazu gehört unbedingt *Mit brennender Geduld* oder *Ardiente Paciencia* von 1983. Ein Film über Pablo Neruda, der dann als Remake als *Der Postmann* wieder aufgelegt wurde. Mit dem Regisseur, Antonio Skarmeta, verbindet mich eine tiefe Freundschaft – er hat viel mit meinem Leben zu tun. Die Filme, die wir zusammen gedreht haben, haben eine große Seele, und sie werden auch nach unserem Tod noch zu sehen sein.

Info-Box

Weitere Informationen erhalten Sie bei:

Arbeitsgemeinschaft Neuer
Deutscher Spielfilmproduzenten
Agnesstr. 14
80801 München
Tel.: (0 89) 2 71 74 30
Fax: (0 89) 2 71 97 28

Bundesverband Deutscher
Fernsehproduzenten e. V.
Widenmayerstr. 32
80538 München
Tel.: (0 89) 21 21 47 10
Fax: (0 89) 2 28 55 62

Verband Deutscher Spielfilm-
produzenten e. V.
Beichstr. 8
80802 München
Tel.: (0 89) 34 86 02
Fax: (0 89) 33 74 32

Schweizerischer Verband der
FilmproduzentInnen
Zingstr. 16
CH-3007 Bern
Tel.: 00 41 (31) 3 72 40 01
Fax: 00 41 (31) 3 72 40 53
www.filmnet.ch/sfp/sfp.htm

Verband Österreichischer Filmproduzenten
Speisingerstr. 121
A-1230 Wien
Tel./Fax: 00 43 (1) 8 88 96 22
www.austrian-film.com

Sibylle Kurz, *Pitch it! Die Kunst, Filmprojekte erfolgreich zu verkaufen*,
    Bergisch-Gladbach 2000
Bastian Clevé, *Von der Idee zum Film. Produktionsmanagement für
    Film und Fernsehen*, Gerlingen 1998
Diane Iljine, Klaus Keil, *Der Produzent. Das Berufsbild des Film- und
    Fernsehproduzenten in Deutschland*, München 1997
Claudia Dillmann-Kühn, *Artur Brauner und die CCC. Filmgeschäft,
    Produktionsalltag, Studiogeschichte 1946 bis 1990*, Frankfurt 1990

Drehbuch

Zu einem guten Film gehören drei Dinge: ein gutes Buch, ein gutes Buch, ein gutes Buch. Diese anonyme, aber altehrwürdige Weisheit unterstützt auch Hollywood-Drehbuchveteran William Goldmann, wenn er behauptet, dass gute Geschichten überdauern – im Gegensatz zu Spezialeffekten, die in aktuellen Filmen große Mode sind.[7] Rodica Döhnert aus Berlin mangelt es nicht an guten Geschichten. Sie kann sich mittlerweile vor Angeboten kaum retten. »Ich schreibe über Grenzsituationen. Natürlich fließt auch viel von meinem eigenen Leben mit ein.« Alles, was sie ins Drehbuch schreibt, müsse Hand und Fuß haben. Die Recherchen nähmen mehr Zeit in Anspruch als das Schreiben selbst. Viele Ideen entstehen nicht nur am Laptop, sondern draußen im Leben. Kein Job für Stubenhocker.

»Ab und zu muss ich einfach raus, auf Sportplätze, in Krankenhäuser und in Selbsthilfegruppen, um in die Atmosphäre meiner Schauplätze einzutauchen.« Berlin sei dabei wichtige Inspiration, »weil hier so unterschiedliche Lebensgefühle nebeneinander existieren: Ost, West und viele Nationalitäten«. Damit der Hintergrund für ihre Geschichte stimmt, verbringt die Drehbuchautorin oft Stunden in Bibliotheken, trifft sich mit Ärzten und Forschern und besucht Univorlesungen. Das wichtigste Anschauungsmaterial sind und bleiben aber für sie Menschen: »Denn das sind ja meine späteren Zuschauer.«

Ein Drehbuch entsteht in mehreren Etappen. Zuerst müssen die Filmfiguren »ins Leben treten«, bevor Rodica Döhnert sie und ihre Geschichten zu Papier bringt. Bei der Berlinerin kann das schon mal eine Weile dauern. »Denn zuerst lungern die Figuren auf meinem Sofa rum, fressen meinen Kühlschrank leer und wollen dann auch noch von mir zum Arzt begleitet werden.« Ihre Personen brauchen eine Biografie, einen Charakter, Krankheiten, Fehler, Ansichten und Angewohnheiten.

Wenn sie dann eine ausgereifte Idee hat, setzt sie sich hin und verfasst erst mal das Treatment, eine knappe Zusammenfassung der Handlung und der Schlüsselszenen. Später kommt dann die lange Fassung mit Dialogen und genauen Handlungsanweisungen. Im Grunde umfasst ein Drehbuch zwei Bücher in einem: Es erzählt eine Geschichte – und liefert Anweisungen für Regisseur und Kameramann gleich mit. Mehr noch als der Romancier muss der Drehbuchautor seine Fantasie in konkrete Bilder fassen. Schauplätze werden genau beschrieben. Farben und Lichtstimmungen, Originaltöne und Musikeinspielungen müssen für das Team später nachvollziehbar sein. Der Requisiteur braucht Hinweise auf die stimmige Einrichtung einer Wohnung, die Kostümabteilung muss die Personen passend ankleiden.

Für Anfänger, mögen sie noch so gute Ideen haben, ist dies keine leichte Aufgabe. Erfahrung mit Film und Dreharbeiten hilft, präzise zu formulieren. Döhnert volontierte zu DDR-Zeiten beim Deutschen Fernsehfunk und studierte später Regie an der Hochschule für Film und Fernsehen in Babelsberg. »Nach der Wende kam der Crashkurs West. Ich drehte einen Industriefilm nach dem anderen und lernte so die westdeutsche Wirtschaft kennen«, erinnert sie sich. Als die alleinerziehende Mutter von zwei Kindern irgendwann einmal pleite war, kam ihr die rettende Idee, sich als Storyliner bei der Ufa Grundy zu bewerben. In einem bunt zusammengewürfelten Schreibteam von zwölf Leuten sollte sie sich Geschichten für die von Montag bis Freitag laufende 25-minütige Se-

rie *Alle zusammen – jeder für sich* ausdenken. Die Geschichten erfolgen bei dieser Art Serien immer in drei einander abwechselnden
Handlungssträngen. »Das hört sich simpel an, ist aber harte Arbeit und eine verdammt gute Schule fürs Drehbuchschreiben.«

Nach einem halben Jahr bereits schrieb sie die ersten eigenen
Folgen für eine Sat.1-Serie und kurz darauf das Drehbuch für *Flo-
rian – Liebe aus ganzem Herzen*, einen 90-minütigen Fernsehfilm,
der sieben Millionen Zuschauer vor den Bildschirm lockte.

Nach Meinung des Verbandes deutscher Drehbuchautoren werden Autorenteams aus sechs bis sieben Headwritern, Storylinern
und Dialogautoren die Zukunft des Fernsehens bestimmen. Es
wird Spezialisten für Exposés oder Treatments geben. Diese Zer-
splitterung bietet Anfängern Chancen, das Handwerk Stück für
Stück zu lernen.

Spielfilme entstehen dagegen meist im Kopf eines einzelnen Au-
tors. Er schreibt ein Drehbuch und bietet es einem Produzenten an.
Diesen steinigen Weg beschreitet zurzeit LeChêne Hippolyte, ein
Haitianer, der nach dem Studium in Deutschland hängen geblie-
ben ist. Unter dem Eindruck der blutigen Geschichte seiner Heimat
hat er seine Erfahrungen in einen »Politthriller mit psychologi-
schem Background« eingebunden. Bis die Story von der Kinolein-
wand flimmert, kann es allerdings noch dauern. Nur 60 bis 70
deutsche Filme kommen jährlich in die Kinos. Daher sei es nicht
leicht, erklärt Hippolyte, »einen Produzenten dazu zu bringen, gerade mein Treatment zu lesen«.[8] Allerdings ist er zuversichtlich, erhielt er doch immerhin durch die Drehbuchförderung der EU die
Gelegenheit, hochkarätig besetzte Seminare für Drehbuchautoren
zu besuchen und Kontakte zu knüpfen.

Auftragsarbeiten für Produzenten, die ihre Idee in ein Drehbuch
umgesetzt sehen möchten, sind das sicherere Geschäft. 15 000 bis
25 000 Euro erhält man für ein Script. Dies sei »ein Dienstleis-
tungsjob«, stellt Peter Kahane, ehemaliger DEFA-Regisseur, fest.
Neufassungen und Umarbeitungen von Geschichten und Dialogen
sind dabei die Regel. Auch Rodica Döhnert kennt das: Wenn ein
Regisseur versucht, beim Dreh Döhnerts Figuren umzumodeln, ist
Fingerspitzengefühl angesagt. »Schließlich sind die Figuren in meinem Kopf drin und leben mit mir. Sie einfach zu verändern, ist ein

schwieriger Prozess.« Auch Schauspieler möchten hin und wieder in den Text eingreifen, Produzenten aus Kostengründen bestimmte Szenen verändern, die Technik manches Schwierige lieber nicht umsetzen. Dennoch möchte sie ihren Job nicht eintauschen: »Ich weiß einfach, dass ich Geschichten übers Leben erzählen will. Seither bin ich süchtig nach dem Schreiben.«

Info-Box

Informationen bei:

Verband deutscher Drehbuchautoren
Rosenthaler Str. 39
10178 Berlin
Tel.: (0 30) 2 82 42 05
Fax: (0 30) 2 83 17 96
www.drehbuchautoren.de

Verband Filmregie und
Drehbuch
Schweiz (FDS)
Verbandsbüro/Secrétariat
Clausiusstrasse 68
CH-8033 Zürich
Tel. 00 41 (1) 2 53 19 88
Fax: 00 41 (1) 2 53 19 48
E-Mail info@realisateurs.ch

Interessengemeinschaft
österreichischer Autoren und
Autorinnen
Seidengasse 13
A-10170 Wien
Tel.: 00 43 (1) 5 26 29 44 13
Fax: 00 43 (1) 5 26 20 44 30
office.ig@litonline.ping.at

Schnupperkurse, Studiengänge und Autorenfortbildungen bei:

Autorenschule Hamburg
Friedensallee 7
22765 Hamburg
Tel.: (0 40) 39 90 99 31
Fax: (0 40) 3 90 95 00
www.medienundkultur.hamburg.de

Fortbildung für professionelle
DrebuchautorInnen:
Master School Drehbuch
August-Bebel-Str. 26-53
14482 Potsdam-Babelsberg
Tel.: (03 31) 7 43 87 60
Fax: (03 31) 7 43 87 99
www.filmboard.de/msd/
mster.html

Drehbuch-Akademie (dffb)
Potsdamer Str. 2
10785 Berlin
Tel.: (0 30) 25 75 90
Fax: (0 30) 2 57 59-1 61
www.dffb.de

Drehbuchwerkstatt München
Brecherspitzstr. 8
81541 München
Tel.: (0 89) 69 70 81 74
Fax: (0 89) 69 70 81 90
www.drehbuchwerkstatt.de

Autoren-Werkstatt »Talente«
Katholische Medienakademie
Frankenthaler Str. 229
67059 Ludwigshafen
Tel.: (06 21) 59 17 20
Fax: (06 21) 51 68 09

Drehbuchforum Wien
Stiftgasse 6
A-1070 Wien
Tel.: 00 43 (1) 5 26 85 03-5 00
Fax: 00 43 (1) 5 26 85 03-5 50
sabine.perthold@wu-wien.ac.at

Aus- und Fortbildung zu den Techniken des Drehbuchschreibens fördert die EU im Rahmen ihres M.E.D.I.A.-Programms. Infos unter:

Media Desk Deutschland
Friedensallee 14–16
22765 Hamburg
Tel.: (0 40) 3 90 65 85
Fax: (0 40) 3 90 86 32
www.abc.de/mediadesk.html

Media Desk Österreich
Spittelberggasse 3
A-1070 Wien
Tel.: 00 43 (1) 5 26 97 30
Fax: 00 43 (1) 5 26 97 30-4 40
media@filminstitut.or.at

Für Autoren, die ein Treatment oder Drehbuch in der Schublade liegen haben, vermittelt Stoffe und Drehbücher im TV-/Filmbereich:

Scripts for Sale Projektdevelopment
Elke Brand
Tesdorpstr. 12
20148 Hamburg
Tel.: (0 40) 43 19 03 80
Fax: (0 40) 43 19 03 81
www.scriptsforsale.de

Syd Field u. a., *Drehbuchschreiben für Fernsehen und Film. Ein Handbuch für Ausbildung und Praxis,* München 2000
Jean-Claude Carrière, Pascal Bonitzer, *Praxis des Drehbuchschreibens & über das Geschichtenerzählen,* Berlin 1999
Christiane Altenberg, Ingo Fleiß (Hg.), *Jenseits von Hollywood. Drehbuchautoren über ihre Kunst und ihr Handwerk. Essays und Gespräche,* Frankfurt am Main 2000

Drehbuchillustratoren

Filmfinanzierung hat ein bisschen was vom Lotteriegeschäft: Niemand kann vorhersagen, ob ein Film beim Publikum ankommen wird oder nicht. Geldgeber setzen schon deshalb gern auf Star-Kino, weil sie wissen, wie Julia Roberts oder Tom Cruise aussehen und welches Flair sie dem Projekt verleihen können. Was machen Produzenten, Drehbuchautoren, Regisseure, wenn sie erst einmal die Finanzierung der Gagen von Stars und Sternchen sicherstellen müssen? Welche Bank oder welcher Filmfonds bezahlt Drehbuchexperten mit Fantasie? Die Filmwirtschaft hat viel von der Werbung gelernt: Die Leute, die das Geld haben, brauchen mehr als Worte und Zahlen, wenn man ihr Interesse wecken will. Sie brauchen Bilder.

Filme werden präsentiert wie Werbekampagnen, und die Ausstattungsideen, die Atmosphäre, die Optik des geplanten Films werden von erfahrenen Zeichnern und Illustratoren in Bilder umgesetzt. Farbige realistische Gemälde im geschrumpften Breitwandformat zeigen Schlüsselszenen, wichtige Locations, aufwändige Kostüme, so wie sie bisher nur in den Köpfen der kreativen Mitarbeiter der Pre-Production herumspuken. Gleichzeitig bilden diese Entwürfe Anhaltspunkte für Setdesigner, Trickspezialisten und Kostümbildnern.

Interview

Martina Pilcerova erhielt 1999 den Preis als bester Science-Fiction-Künstler in der Tschechischen und der Slowakischen Republik. Bereits mit 15 Jahren veröffentlichte sie ihre ersten Comic Strips, von denen einige auch in Ungarn gedruckt wurden, und schuf Buchcover für Science-Fiction- (SF-) und Fantasy-Romane, darunter für die *Luke-Harrison*-Romane von Myra Çakan beim Argument Verlag, Hamburg, und das Cover für Heft 41 des deutschen SF-Magazins *Alien Contact*.

Frage: Sie haben bisher für Printmedien gearbeitet. Wie kamen Sie in Kontakt zum Film?

Pilcerova: Ganz allgemein gesprochen, habe ich während meines Kunststudiums in Bratislava auch einen zweijährigen Kurs über Animation und Kameraarbeit an der dortigen Filmhochschule belegt. Außerdem habe ich schon für den amerikanischen Spieleersteller Manticore Entwürfe gezeichnet. Im Februar 1999 hat meine Freundin Myra Çakan dann bei der Berlinale zufällig Herbert Gehr von Red Beat Pictures getroffen. Der hat sich spontan für ihr neues Buch *When the Music's over* interessiert, und weil wir sowieso schon zusammenarbeiten, hat sie ihm mein Portfolio gezeigt. Das muss ihm gefallen haben.

Frage: War es schwierig, die Ideen des Drehbuchs mit Ihrer eigenen Fantasie in Einklang zu bringen?

Pilcerova: Ich habe eng mit der Autorin zusammengearbeitet. Von Myra bekam ich alle nötigen Einzelheiten über die Story, außerdem schleppte sie mich zu den geplanten Locations. Von dort hab ich tonnenweise Fotomaterial für die weitere Arbeit mitgebracht.

Frage: Wie stark hat die Produktionsgesellschaft eingegriffen, die den Film herausbringt?

Pilcerova: Die Schlüsselszenen und die Entwürfe, beispielsweise für die Raumschiffe, haben der Produzent Herbert Gehr und ich ausführlich besprochen. Herbert gab mir dann jeweils grünes Licht für die Ausarbeitung der Skizzen, die ihm zusagten. Insgesamt sind sechs szenische Bilder zur Erläuterung der Handlung daraus geworden sowie je eine Skizze zu den Aliens und den Raumschiffen.

Frage: Haben Sie Vorbilder bei dieser doch recht speziellen Arbeit?

Pilcerova: Ich kenne nur wenige Leute, die sowohl Illustrationen als auch Filme machen. Zu den Künstlern, die mich persönlich inspirieren, gehören Michael Whelan, Syd Mead und John Harris.

Frage: Bevorzugen Sie die Filmarbeit oder doch die Buchillustrationen, die etwas freier sind?

Pilcerova: Ich liebe die Arbeit für den Film, obwohl sie schwieriger ist als für den Printbereich. Zum Beispiel werden die Termine viel enger gesetzt. In Zukunft würde ich gern beides machen. Zuerst muss ich allerdings noch mein Studium abschließen, anschließend gehe ich wegen *When the Music's over* eine Zeit lang nach Berlin.

Frage: Die USA als Mutterland des SF-Films locken Sie nicht?

Pilcerova: Ich habe in den letzten Jahren in den USA an Ausstellungen teilgenommen. Und mein Titelbild zu *Downtown Blues* erscheint in *Spectrum 8: The Best in Contemporary Fantastic Art* bei Underwood Books. Mein Agent in New York ist gerade an New Amsterdam Entertainment dran, wegen der neuen *Wüstenplanet*-Serie.[9] Diese Geschichte mochte ich schon immer sehr, und ich hoffe, dass ich an den weiteren Folgen der neuen Verfilmung mitarbeiten kann. Außerdem wird noch über ein Projekt mit dem Regisseur Roger Christian verhandelt. Aber das ist Zukunftsmusik.

Info-Box

Martina Pilcerovas Werke können im Internet auf folgenden Sites angesehen werden:

www.papiertiger.co.uk/esine/fantasy_gallery/pilc.html
www.asfa-art.org/members/pilcerova/index.hmtl
www.dardariee.de/html/wtmo_movie.html
www.martina.sk

Filmkalkulator

Wenn die Dreharbeiten beginnen, hat Oliver Knöffler seine Arbeit am Film bereits beendet. Der Filmkalkulator rechnet für Produzenten und Produktionsleiter aus, was ihr Projekt kosten wird. Dabei hat er als Angestellter im Art Department der Studios Babelsberg hauptsächlich mit den so genannten »below the line costs« zu tun. So nennt man in der Filmkalkulation alle Posten, die aus den eigentlichen Dreharbeiten, dem Technikteam und der Post-Production resultieren. »Above the line costs« betreffen demgegenüber die

Kosten für die Stoffentwicklung, Rechte, Drehbuch, die Gagen der Hauptdarsteller und der Regie sowie die kalkulatorischen Vergütungen für Produzenten und Koproduzenten.

Im Schnitt drei große Kinoproduktionen und einige TV-Movies gehen im Jahr durch Knöfflers Hände. Manchmal betreut seine Abteilung gleich zwei Filme parallel, »wie zum Beispiel die *Extremisten* und *Max und Joe*. Dann laufen auch unsere Arbeiten doppelgleisig«. Früher, zu DEFA-Zeiten, wurden hier sogar bis zu 18 Spielfilme und zusätzlich 20 TV-Filme pro Jahr gedreht.

Knöffler klärt mit den Kollegen aus den einzelnen Abteilungen, was die Bauten und Einrichtungen, die technischen Kosten und die Dispositionskosten ausmachen. Auf dem Studiogelände hat er kurze Wege. »Bei uns in Babelsberg läuft alles ineinander über: Die Produktion, die Werkstätten und die Disposition. Wir haben über alle Bereiche einen Überblick.«

Für einzelne Posten kann er Listenpreise heranziehen. Bei anderen Planungen hilft ihm seine jahrzehntelange Erfahrung und die Tatsache, dass er einmal als Schreiner in den Werkstätten des Studios begonnen hat. Er kennt sich aus, weiß, was Material und Arbeit kosten können – und dürfen: »Wir wissen ganz gut, wie man Materialien günstig einkaufen kann und wie die Ausführung am sparsamsten zu bewerkstelligen ist. Natürlich müssen wir auch einiges von Firmen außerhalb der Studios anfertigen lassen oder bei Großproduktionen eine Zeit lang zusätzliche Leute unter Vertrag nehmen.«

Für externe Produktionen, solche, die nicht in Babelsberg drehen, kalkulieren Knöffler und seine Kollegen auch kleinere Anfragen, wenn die Werkstätten nur ein einziges Set oder einen Teil der Ausstattung bauen sollen. Er bietet dann den Auftraggebern unterschiedliche Ausführungsvarianten an: »Filmproduktionen haben nie genug Geld, manchmal findet man auch eine einfachere Lösung.« Knöffler, der zur Kalkulation kam, weil er »ein Faible für Zahlen« hat, glaubt, dass die handwerkliche Erfahrung bei der Filmkalkulation fast noch wichtiger als die Rechenkünste ist. Jemand mit Banklehre etwa eigne sich für dieses Metier nur, wenn er bereit sei, viel über die praktische Seite des Filmens dazuzulernen. Ohne Begeisterung für den Film kommen offenbar auch die kühlen Rechner nicht aus. Neben dem »spitzen Bleistift« brauchen sie nach Knöfflers Erfahrung insbesondere Fingerspitzengefühl im Umgang mit Produktionscrew, Handwerkern und Auftraggebern.

Die Lust, Filme entstehen zu sehen, hat den Filmkalkulator bisher nicht verlassen. »Wenn ich im Kino sitze, sehe ich mit den Augen der Produzierenden. Zum Beispiel bei der *Unendlichen Geschichte* war ich schon stolz zu sehen, was sich aus der einfachen Idee letztlich entwickelt hatte, wie unsere Kulissen sich auf der Leinwand ausmachten.« Von den Dreharbeiten bekommt er allerdings streng beruflich gesehen nicht mehr viel mit. Wenn seine Arbeit getan ist, übernimmt ein Projektleiter vor Ort, der sich um etwaige Änderungswünsche kümmert – etwa wenn die Studiohandwerker auf die Schnelle eine zusätzliche Wand ziehen sollen. Die aufgelaufenen Stunden werden dann am Ende der Dreharbeiten mit der Produktion abgerechnet. Doch dann kalkuliert Oliver Knöffler schon wieder einen neuen Film.

Info-Box

Dirk Eggers, *Filmfinanzierung. Grundlagen und Beispiele*, Hamburg 1995
Peter Sehr, Hugo Leeb, Martin Thau, *Kalkulation (I). Vom Drehbuch zum Drehplan*, München 1998
–, *Kalkulation (II). Vom Drehplan zum Budget*, München 1998
(Beide Bände sind am Fallbeispiel *Die Reise nach Tramitz* geschrieben)

Location-Scout

Der Wagen durchbricht mit 150 Stundenkilometern die Leitplanke, stürzt 30 Meter in die Tiefe und landet im Dachatelier eines Designerhauses. Schnitt. Fünf Sekunden in einem Film, die viel Arbeit bedeuten. Denn: Welcher Designer lässt schon sein Haus von einem fliegenden Auto zerstören? Und wo gibt es Brücken, an denen die Verfolgungsjagd gedreht werden kann? Schließlich dürfen Autobahnen laut eines Erlasses aus dem Bundesinnenministerium nicht zu Drehzwecken gesperrt werden. »Und natürlich ist kein Designer so blöd und baut sein Haus direkt an der Autobahn«, ergänzt Claudia Menge von Argus Locations, heute Location Networx, in Berlin. Sie hat unter anderem für Leander Hausmanns *Sonnenallee* und Tom Tykwers *Lola rennt* als Location-Scout gearbeitet.

Filme werden immer schneller geschnitten: Innerhalb von 90 Minuten gibt es heute doppelt so viele Einstellungen wie früher. Jeder Charakter eines Films braucht außerdem eine eigene Lebenswelt, die sich optisch von den anderen unterscheidet. Reichlich Arbeit also für Location-Scouts, die Drehorte für Filmaufnahmen suchen. »Wir kümmern uns darum, eine Realität zu finden, die in die Filmlogik passt«, erklärt Menge. Für einen Film sollte sie ein Marmorbad mit einer großen Wanne in der Mitte suchen. »Klingt leicht, ist es aber nicht. So wohnt ja kein Mensch.« Also hieß es erst einmal Architekten und Redakteure von Architekturzeitungen anrufen, ob irgendwer schon einmal so ein Badezimmer gesehen hat.

Ist dies der Fall, recherchiert Menge die Telefonnummer oder fährt hin. Doch damit allein ist es nicht getan. Schließlich muss es auch möglich sein, dort zu drehen. »Ich klingele und versuche den Leuten klarzumachen, dass ihre Wohnung gut in unseren Film passen würde.« Sie rede »mit Engelszungen und Hartnäckigkeit« und verspreche, dass alles am Schluss wieder ganz genauso aussehe wie vorher. Manche fänden das toll, viele seien aber skeptisch, wenn es darum geht, die eigenen vier Wände von Filmteams umkrempeln zu lassen.

Wenn sich kein geeignetes Motiv finden lässt, schlägt Menge vor zu bauen. »Kulissen aus Pappmaché allerdings wirken immer statisch und steril, aber manche Sachen lassen sich eben nicht auftreiben.« Dazu gehörte auch ein über 30 Quadratmeter großes Kinderzimmer im Plattenbau, bei dem die Normgrößen für solche Räume aber deutlich unter diesem Wert liegen. »So was gibt's höchstens, wenn jemand illegal eine Wand rausgenommen und dann den neuen Raum auch noch zum Kinderzimmer gemacht hat. Und der muss außerdem bereit sein, seine widerrechtlichen Baumaßnahmen im Film zu präsentieren. Mein Job ist es, genau den zu finden.« Dazu müsse man, so Menge, vor allem clever sein, ein detektivisches Gespür haben und für die unmöglichsten Sachen Lösungen herbeiführen können.

Der Job eines Location-Scouts beginnt meist mit dem Anruf eines Regisseurs oder Ausstatters: »Uns fehlt ein Motiv« oder »Wir haben da so eine Szene …«. Manchmal erhält Menge einen Grundriss der Wohnung, nach der sie suchen soll, zum Beispiel drei Zimmer mit Balkon, ohne Baum davor, kein Haus gegenüber und ohne Ausblick auf irgendetwas, das an Berlin erinnern könnte, denn die Szene spielt in Stuttgart. »Und leise soll es natürlich auch sein, weil mit Ton gedreht wird. Für so was braucht ein normaler Makler schon Wochen. Wir müssen das in zwei Tagen finden.« Schließlich ist Zeit Geld und Filmen teuer: Ein Drehtag kann einige zehntausend Euro kosten. »Und dann ganz plötzlich fällt dem Team auf, dass ein bestimmtes Motiv fehlt. Am besten, der Location-Scout zaubert direkt am Telefon ein paar Topvorschläge aus dem Hut.« Und dann muss er in kürzester Zeit die Bewohner davon überzeugen, am nächsten Tag ihr Wohnzimmer mit wasserdichter Teichfolie auslegen und unter Wasser setzen zu lassen – wenn das Drehbuch einen Wasserrohrbruch vorsieht.

Manche Regisseure, vor allem in der Werbung, schicken auch so genannte Moods, Aufnahmen, die das Gesuchte in irgendeiner Form andeuten sollen. »Da kommen die Leute mit dem Foto von einem japanischen Großflughafen und wollen, dass ich so was in Berlin finde.« Tegel allerdings brauche man – wegen konstanter Überlastung – gar nicht erst zu versuchen. »Am Anfang kostet das alles wahnsinnig viel Zeit, aber später weiß man vieles aus Erfahrung«, sagt Menge, die selbst beim ZDF als Kabelträgerin für die *Hitparade* und *Der große Preis* angefangen hat.

Menge recherchiert auch in ihrer eigenen Bildkartei, die sie über die Jahre angelegt hat. »Motive ändern sich aber schnell. Ein Haus kann zwei Monate leer stehen und danach wieder bewohnt sein – oder abgerissen oder im Baugerüst.« So fährt sie neben den Recherchen viel durch die Stadt und macht Fotos von möglichen Motiven. Manche Scouts bieten auch Location-Management an und betreuen die Locations auch während des Drehs. Antworten gilt es dann zu folgenden Fragen zu finden: Wo gibt es Strom? Wo sind die Toiletten? Wo kann man parken? Wie können Motivgeber und Nachbarschaft bei Laune gehalten werden? Außerdem kümmern sich die Location-Manager darum, den ursprünglichen Zustand wiederherzustellen. Darüber hinaus sind sie, wie Menge erläutert, Ansprechpartner bei Schadenersatzforderungen, »wenn ein LKW übers Rosenbeet gefahren ist oder eine Lampe ein Brandloch in der Gardine verursacht hat.« Die meisten Motivgeber würden jedoch gut von den Produktionsgesellschaften bezahlt.

Und wie landet das Auto nach der Verfolgungsjagd doch noch im Designerhaus? Menge klärt auf: »Man splittet die Szene: Erst filmt man, wie der Wagen durch die Leitplanke knallt, dann von unten den Wagen im Flug, und dann die Landung in einem Designerhaus, das ganz woanders steht. Am besten noch eins, wo es sowieso schon reinregnete.«

Info-Box

Die Empfehlung von Claudia Menge an Quereinsteiger lautet, sich zunächst durch Praktika am Set ein Bild von den Dreharbeiten und den Besonderheiten filmtechnisch geeigneter Drehorte zu machen. Dann kann man sich in der Assistenz für einen Scout versuchen. Adressen findet man im Internet unter www.filmabc.de.

Casting-Agentur

Wenn Kinoliebhaber an Doris Day denken, fällt ihnen sofort Rock Hudson ein. Und die Gesichter einer Reihe anderer Schauspieler stehen vor ihrem geistigen Auge, deren Namen sich wohl nur wenige von ihnen gemerkt haben, die aber regelmäßig zur Besetzung der Doris-Day-Filme gehörten. Dass diese Filme in den sechziger Jahren eine regelrechte Marke – auf gut Amerikanisch: »household name« – werden konnten, verdanken sie eben nicht nur der Hauptdarstellerin. Auch sie brauchte die richtige Bühne, vor allem die richtigen Partner für ihre Auftritte. Filme gut zu besetzen, zu »casten«, ist eine Kunst für sich.

»In meinem Beruf habe ich immer Kontakt mit Menschen. Ich kann kreativ sein. Und ich habe eine wirklich große Möglichkeit,

Filme zu beeinflussen.« Simone Bär leitet eine von vielleicht fünf oder sechs Casting-Agenturen in Berlin. Anders als in den Vereinigten Staaten, wo die Namen der Besetzungsexperten im Abspann der Filme genannt werden, hat es ihre Branche schwer, sich in Deutschland durchzusetzen. »Das sieht man an der geringen Zahl von Agenturen, obwohl Berlin schon jetzt zu den aufstrebenden Film- und Fernsehzentren des Landes gehört.«

Casting-Agentin und Regie arbeiten eng zusammen, um gemeinsam die beste Schauspielmannschaft zusammenzustellen. Mit Michael Klier hat Simone Bär das Team für *Heidi M.* gefunden, mit Christian Petzold die Besetzung von *Innere Sicherheit* und *Toter Mann*. Nicht nur die künstlerische Seite und das Gespür für Gesichter gehören zu ihrem Metier. Sie muss außerdem die Markttrends im Kino kennen, über die Organisation am Set Bescheid wissen, Verhandlungen führen und schließlich Drehbücher lesen und verstehen können. In der Hauptsaison zwischen März und November dauert Bärs Arbeitstag im Durchschnitt zehn Stunden – häufig auch am Wochenende.

Gute Schauspieler, die den Erfolg an der Kinokasse wahrscheinlicher machen, sind gefragt. Oft muss die Idealbesetzung umgestoßen werden, weil jemand zu einem bestimmten Zeitpunkt gar nicht zur Verfügung steht. Für einen anderen Wunschdarsteller wiederum verschiebt man die Termine für die Drehtage in Abstimmung mit allen anderen Beteiligten. Simone Bär wird deshalb schon in der Planungsphase eines Films beteiligt, um frühzeitig die Drehtermine der Schauspieler in Erfahrung bringen zu können. Fingerspitzengefühl ist gefragt, wenn ein Darsteller ausfällt, denn sein Nachfolger darf nicht das Gefühl bekommen, zweite Wahl zu sein.

Das belastet nicht nur die körperlichen Kräfte. »Wie jeder Beruf erschöpft sich wohl auch dieser irgendwann einmal.« Simone Bär schränkt aber sofort ein: »Das passiert aber nicht schnell, denn es gibt viel Abwechslung.« Eine Schattenseite sieht sie allerdings darin, dass die Leistungen ihres Berufsstandes in Deutschland noch nicht wirklich anerkannt werden. Die Höhepunkte des Berufs sind für Simone Bär eindeutig: »gute Drehbücher, perfekte Besetzungen, tolle Filme«.

Vorkenntnisse aus vielen Branchen können dabei helfen, das

richtige Gesicht für eine Rolle auszuwählen, doch besonders nützlich findet Frau Bär die persönliche Erfahrung am Set. »Ich selbst bin über einige Umwege dazu gekommen,« überlegt sie. Sie hatte Erfahrung in der Regieassistenz und Produktionsleitung gesammelt. »Aber ich denke, wer über künstlerisches und außerdem noch Organisationstalent verfügt, Erfahrungen am Set sammelt, soziale Kompetenz hat und auch für sein Privatleben akzeptieren kann, dass es sicher keinen normierten Alltag gibt, der kann diesen Beruf lernen. Frauen sagt man übrigens mehr Einfühlungsvermögen nach.« Außerdem brauche der Caster Persönlichkeit und Selbstbewusstsein, um seine Vorschläge mit Verve zu vertreten oder »unmögliche Termine möglich zu machen«.

Trotz des Stresses liebt Simone Bär ihren Beruf. Auch wenn sie sich Alternativen vorstellen könnte – eine gute Truppe für einen guten Film zusammenzuschweißen, ist eine der befriedigendsten Aufgaben, die sie kennt.

Von Praktika bei Casting-Agenturen rät Simone Bär eher ab. Sie kennt auch keine Kollegen, die so etwas anbieten: »Wir haben einfach keine Zeit für Experimente«, sagt sie. Sie empfiehlt für den Einstieg, erst einmal den Umweg über Filmproduktion und Set zu nehmen. Auch die Arbeit in einer der viel zahlreicheren Künstleragenturen vermittle einen ersten Einblick in die Branche.

Info-Box

Seriöse Schauspieleragenturen und Schauspielermanager findet man auf folgenden Websites:

www.schauspieler-agenturen.de
www.film-fernsehen.de

Produktionsleiter

»Arbeitszeit ist auch Lebenszeit. Die Leute, die an einem Film arbeiten, wissen ganz genau, was sie eigentlich tun sollen, die beherr schen ihr Handwerk. Aber dafür zu sorgen, dass alle Spaß an der Arbeit haben, dass die Chemie stimmt und unterm Strich auch die Kosten – das nenne ich eine gute Organisation. Und das kann ja schließlich auch Freude machen.« Oliver Lüer ist Produktionsleiter und verantwortlich für Filmbudgets in Höhe von drei Millionen Euro und mehr. Der Produzent beschafft das Geld – der Produktionsleiter gibt es aus. Lüer heuert die Crew an, bestellt den Film-Caterer und zahlt Gebühren für Drehgenehmigungen.

Seine Erfahrung, seine Kontakte und sein Organisationstalent helfen ihm, für diese Summen möglichst viel zu bekommen. »Ich hab noch nie gehört, dass eine Produktion gesagt hätte, sie hätten genug Geld«, beschreibt ein Filmgeräteverleiher das Verhandlungsgeschick der meisten Produktionsleiter. Allerdings entscheiden Lüer und seine Kollegen nicht allein darüber, wie viel sie für was bezahlen. Filmarbeit ist Teamarbeit. Wenn zum Beispiel der Regisseur einen bestimmten Kameramann engagieren möchte, akzeptiert der Berliner das meist. »Was soll's«, sagt er sich dann, »einen Kameramann braucht man ja sowieso. Warum also nicht den, mit dem der Regisseur schon gern und erfolgreich zusammengearbeitet hat. Das kann nur gut sein, wenn ein Team sich harmonisch ergänzt.«

Die gute Zusammenarbeit der einzelnen Departments, die am Projekt beteiligt sind, fällt auch in Lüers Ressort. Er ist derjenige, der Konflikte lösen muss, am besten aber gar nicht erst aufkommen lässt. Der Produktionsleiter muss das Drehbuch, die Sparsamkeit des Produzenten und die kreativen Ideen des Regisseurs miteinander zu einem wirtschaftlichen und künstlerischen Ganzen verbinden. »Ich muss mich im Zweifelsfall in Fragen des Tierschutzes auskennen oder mit der Arbeitszeitregelung für minderjährige Darsteller.« Und wenn das Drehbuch vorschreibt, dass in einer Szene ein Lkw von der Straße abkommt und an Klippen zerschellt, muss Lüer wissen, dass er den Lastwagen für ein paar tausend Euro kaufen kann – dass es aber 50 000 Euro kostet, ihn am Fuß der Klippen wieder zu bergen. Entweder er kalkuliert das rechtzeitig im Budget mit ein, oder er muss mit Autor und Regisseur verhandeln, die Szene zu ändern. »Man kann ja das Ding schließlich nicht in den Kreidefelsen liegen lassen«, kommentiert Lüer das Problem, »und ich bin es natürlich, bei dem dann das Umweltamt anklopft.«

Während der Dreharbeiten beschäftigt er mehrere Assistenten, Aufnahmeleiter und auch Praktikanten, die ihm so gut es geht den Rücken von alltäglichen Problemen freihalten, damit er sich dem Controlling und der Vorsorge für die nächsten Tage widmen kann. Das Filmgeschäft steckt immer voller Überraschungen – und am Organisieren, Telefonieren und daran, das scheinbar Unmögliche möglich zu machen, sollte man als Produktionsleiter Freude haben.

Ein Team, das gern miteinander arbeitet, arbeitet reibungslos. Und solange die jeweiligen Budgets realistisch, das heißt groß genug sind, gibt es selten Sonderwünsche. Das Ergebnis ist dann nicht nur Spaß am Set, sondern am Ende auch ein Produkt, das sich sehen lassen kann. Die gemeinsame Arbeit und ihr Erfolg festigen den Zusammenhalt eines Teams aus Tonmeistern, Kameraleuten und anderen Freiberuflern der Branche, die dann auch gern für ein weiteres Projekt zur Verfügung stehen werden. Für ein interessantes Vorhaben kann Olli Lüer sogar in der Weihnachtszeit innerhalb von zwei Wochen über hundert Mann zusammentrommeln.

Vertragsverhandlungen führt Lüer übrigens auch für sich selbst, denn wie viele Produktionsleiter ist er Freiberufler, der Arbeitsbedingungen, Aufgabenspektrum und Budget jeweils von Film zu Film aushandeln muss. Das gilt auch für die Fernseharbeit. Zumindest in Deutschland liegen die Budgets mit ein bis zwei Millionen Euro für einen Fernsehfilm nahe an denen des Kinos. Als Freiberufler kann es Lüer auch passieren, dass er zwei Projekte zugunsten eines dritten absagt und sich ausgerechnet dieses Projekt im allerletzten Moment zerschlägt. Nur mit Erfahrung erkennt man rechtzeitig eine gefährdete Finanzierung. »Du kannst dein Wort immer nur einmal geben«, sagt Lüer darum auch sehr deutlich. »Ich lege Wert darauf, mein Wort zu halten, selbst wenn mir jemand für einen Wortbruch für ein anderes Projekt eine höhere Gage bieten würde. Wenn ich mein Wort gegeben habe, dann bin ich verpflichtet.«

Seiner Erfahrung nach sind die meisten Produktionsleiter heute Quereinsteiger. Viele haben sich langsam Schritt für Schritt hochgearbeitet. Die Branche boomt, und hoffnungsvolle Talente erhalten relativ problemlos Budgets und Aufgaben, an denen sie mitunter aber auch schnell ihre eigenen Grenzen erfahren. Denn Verträge für Filme mit 50 Haupt- und Nebenrollen, Drehpläne für etliche Wochen und rund 160 Männer und Frauen, die für den reibungslosen Ablauf vor der Kamera sorgen sollen, bringt man als Anfänger einfach nicht so schnell auf einen gemeinsamen Nenner. Er selbst hat praktische Erfahrungen als Praktikant, Fahrer und Aufnahmeleiter gesammelt, bevor er seine erste Produktionsleitung übernahm. Der Erfolg von *Liebling Kreuzberg* hat ihm dann geholfen, seinen Namen bekannt zu machen, und ihm den Weg geebnet, als er sich um die Produktionsleitung von Kinofilmen beworben hat.

Vom Glamour des Filmgeschäfts bekommt er während seiner Arbeit nichts zu spüren. Als er in Hollywood war, war er dort, um zu arbeiten. »Ich sehe das Ganze eben immer von innen. Da ist es Alltag. Arbeit.« Je professioneller etwa die Schauspieler seien, desto angenehmer und problemloser gestalte sich auch die Zusammenarbeit: »Anthony Hopkins zum Beispiel verabschiedete sich am letzten Drehtag von *Und der Himmel steht still* bei allen Mitarbeitern persönlich mit Handschlag, stieg in sein Auto und fuhr ohne weiteres Aufsehen wieder nach Hause.« Mit solchen Stars zu arbeiten, wirkt sich nicht nur beruhigend und motivierend auf das ganze Team am Set aus, sondern es entstehen dabei auch gute Filme, die von der kreativen Konzentration der Dreharbeiten Zeugnis ablegen. Und dies allen Beteiligten zu ermöglichen, ist Lüers Job – zwölf bis sechzehn Stunden am Tag und bis zu zehn Monate im Jahr.

Info-Box

Informationen erhält man bei:

Bundesverband Produktion e. V.
Verband der Herstellungsleiter,
Produktionsleiter, Aufnahmeleiter,
Filmgeschäftsführer und Produktionssekretärinnen
Schwere-Reiter-Str. 35,
Gebäude 15/1
80797 München
Tel.: (0 89) 30 72 62 66
Fax: (0 89) 30 72 62 67
www.bv-produktion.de

Schweizerischer Verband
der FilmproduzentInnen
Zingstr. 16
CH-3007 Bern
Tel.: 00 41 (31) 3 72 40 01
Fax: 00 41 (31) 3 72 40 53

Praktika stellen einen sinnvollen Einstieg in die Karriere als Produktionsleiter dar. Um den Kontakt zu Produktionsfirmen herzustellen, bieten sich verschiedene Vorgehensweisen an:

Die Zentrale Bühnen-, Fernseh- und Filmvermittlung (ZBF) hat Agenturen in Bonn, Berlin, Hamburg, München und Leipzig. Adressen gibts im Internet unter www.aaonline.dkf.de/zbf.

Eine Internet-Datenbank mit rund 20 000 Adressen aus der Filmbranche, darunter Produktionsfirmen, findet man im Internet unter www.filmabc.de (ca. 40 Euro Jahresgebühr)

Außerdem empfiehlt sich der regelmäßige Blick in die Branchenmagazine mit ihren Vorankündigungen für Filmprojekte zur rechtzeitigen Bewerbung um Praktikaplätze.

Produktionsassistent

Sinologie und Politologie hat Sonja Döring studiert, eine Schauspielausbildung begonnen und schließlich ein Studium der Theaterwissenschaften mit einer Magisterarbeit über Talkshows beendet. Darüber hinaus hat sie elf Jahre in der Altenpflege gearbeitet und ein Praktikum beim Fernsehen in Venezuela absolviert. Qualifiziert dieser Lebenslauf zur Produktionsassistentin? »Ich glaube, die wichtigste Voraussetzung für diesen Job ist tatsächlich ein Sinn für schnelle und pragmatische Lösungen«, erläutert Döring. Wie und wo man diese Fähigkeit erwirbt, sei zweitrangig.

Beim Dreh unterstützen die Produktionsassistenten den Produktionsleiter oder Line-Producer. Wie vielseitig ihre Arbeit ist, hängt davon ab, wie viel Verantwortung für Logistik und den Arbeitsablauf eines Films der Produktionsleiter seinem direkten Mitarbeiter überlässt. Das fängt beim Einsatzplan für die Schauspieler, der Regelung von Transportfragen, der Buchung von Wohnungen oder Hotelzimmern an und hört auf mit dem täglichen Verteilen der Dispositionen für den nächsten Tag.

Ausnahmegenehmigungen für das Drehen mit Kindern sind einzuholen, Verträge zu schreiben und Korrespondenzen abzuwickeln, Termine zu planen und zu koordinieren, Filmausrüstung oder Baustellen-WCs zu mieten. Gerade bei Dreharbeiten im Ausland erledigt der Produktionsassistent als »Mädchen für alles« fünf Jobs auf einmal. Verhandlungsgeschick, Sprachkenntnisse, ein Grundverständnis für Filmtechnik und ein Gespür fürs Kreative sollte man mitbringen. »Und«, betont Döring, »immer eine Lösung finden, wenn etwas dazwischenkommt. Über Fehler kann man hinterher reden.«

Döring hält ständigen Kontakt zum Produktionsleiter und zum Aufnahmeleiter wegen des Drehplans, des Budgets oder der Stimmung am Set. Wenn dieses Trio gut zueinander passt, entlastet es sich gegenseitig. Eigentlich ist der Arbeitsplatz der Produktionsassistenz das Büro. Der Kontakt zur restlichen Crew besteht nicht selten nur in den Telefonaten und Gesprächen mit diesen engsten Mitarbeitern. Wechselseitiges Vertrauen bedingt die Arbeit, so dass man sich gegenseitig in einigen Aufgaben auch vertreten kann.

Solche Vertretungen bedeuten einerseits eine zusätzliche Verantwortung für die Produktionsassistenz, sind andererseits manchmal aber auch eine willkommene Abwechslung. Arbeitszeiten von täglich zwölf oder 14 Stunden, 60 bis 70 Stunden pro Woche während der Drehphase sind nicht ungewöhnlich. Nicht jedes Privatleben hält es aus, wenn etwa nächtliche Anrufe, ein überraschender Wochenendeinsatz und die Überzeugung, die Produktionsassistenz sei stets verfügbar für die Nöte der Crew, jede Verabredung umstoßen können.

»Trotz des Stresses ist es spannend, als *Assistant to Production Manager* bei einem Kinofilm zu arbeiten und einen größeren Mitarbeiterstab für die Aufgaben zu haben«, beschreibt Sonja Döring den Unterschied zur Arbeit beim Fernsehen. »Außerdem ist es Kino: Während der Dreharbeiten zu *The Pianist* bin ich Roman Polanski begegnet. Der Mann ist leibhaftige Filmgeschichte.«

Ein wenig nachdenklich wird sie bei dem Gedanken, ob sie sich für ihr Leben Alternativen zu diesem Beruf vorstellen kann. »Ich glaube, dass man nur auf Dauer erfolgreich ist, wenn auch das Privatleben stimmt, wenn man sich bei all dem Stress private Nischen schafft und wieder auftankt.« Will Döring irgendwann selbst Produktionsleiterin werden? »Warum nicht ... Die Hierarchien sind stark vorgegeben, doch vielleicht ergibt sich das eines Tages.« Nach ihrer Erfahrung braucht man allerdings persönliche Kontakte und einen guten Mentor in der Branche, um vorwärts zu kommen. »Hineinzukommen ist meist nicht das Problem. Aber drin bleiben und hochkommen verlangt viel Arbeit und Nervenstärke.«

Ob ihr vielleicht die Erfahrung der Altenpflege geholfen hat? »Ich glaube nicht, dass das eine zwingend nötige Erfahrung ist«, lacht sie, fügt dann aber hinzu: »Geschadet hat es bestimmt nicht.«

Info-Box

Praktika für den Einstieg als Produktionsassistent werden im Internet auf folgender Seite angeboten:
www.regie.de (Kleinanzeigen)
Dort finden sich auch kommentierte Adressen deutscher Produktionsgesellschaften:
www.regie.de/adressen

Technischer Berater

Wie man Technischer Berater beim Film wird? Nichts einfacher als das: Man spezialisiert sich auf ein bestimmtes Thema, etwa als Dozent oder Buchautor, wartet, bis jemand einen Film mit diesem Thema dreht, und wird gebeten, über die genauen Einzelheiten Auskunft und Hintergrundinformationen zu geben. Mit anderen Worten, mit jedem Beruf oder intensiven Hobby kann man Technischer Berater beim Film werden – als Tischler für einen Film, der unter Tischlern spielt, als Fachmann für Modelleisenbahnen, wenn die in der Story eine tragende Rolle spielen, als Spezialistin für amerikanische Quilts, wenn in der Geschichte fortgesetzt an einem genäht werden soll. Der springende Punkt ist allerdings: Man muss warten, bis man von den Filmemachern entdeckt wird.

Als der Regisseur James Cameron Vorbereitungen für seinen späteren Welterfolg *Titanic* traf, stieß er auf Don Lynch und Ken Marschall. Die beiden hatten zusammen an dem Buch *Titanic – An Illustrated History*[10] gearbeitet. Lynch lieferte den Text, Marschall die Illustrationen. Lynch hatte seit seiner Jugend zu dem Schiff geforscht, war der Historischen Gesellschaft der Titanic beigetreten und hatte viele der überlebenden Passagiere ausfindig gemacht. Marschall wiederum gilt als führend in der Darstellung der Titanic. »Cameron war von Kens Kunstwerken beeindruckt und wollte sie auf der Leinwand zum Leben erwecken«, beschreibt Don Lynch die Zusammenarbeit des Trios. Die Titanic-Experten konnten dem Regisseur »ein Höchstmaß physikalischer und historischer Genauigkeit auf seiner Titanic garantieren«.

Dass dem Film *Titanic* ein so überwältigender Erfolg beschieden war, ist nicht zuletzt der dritten Hauptdarstellerin des Films, der so liebevoll rekonstruierten Titanic zu verdanken. Die Liebe zum Detail bei der Ausstattung der Sets, die die Fachleute durch jahrelange Forschung und akribische Rekonstruktion fast beängstigend real zum Leben erwecken konnten, war der eigentliche »Augenöffner« des Films. Denn der Untergang des Schiffs und die Geschichte von »boy meets girl« hätten nach zahlreichen Verfilmungen des Stoffs nicht so viele Zuschauer ins Kino gezogen. Einzigartig war vielmehr die Faszination des Reichtums, der Eleganz und der Arroganz dieser Zeit, die in jeder Einzelheit der Rekonstruktion spürbar wird. Vor diesem Hintergrund »funktioniert« der Sex-Appeal der Schauspieler DiCaprio und Winslett.

Diese historische Genauigkeit müssen Regie und Produktion wollen: »Jim wollte zum Beispiel wissen, ob jemand jetzt Tennis spielen und eine Minute später am Schwimmbad sein konnte. War es möglich, leicht von einer Stelle des Schiffs zur nächsten zu gelangen ...? Er wollte, dass alle Aktivitäten tatsächlich möglich gewesen wären, selbst wenn das nur die größten Titanic-Bewunderer hätten wissen können.« Solche Akribie kostet Zeit und Geld bei der Vorbereitung eines Films. Und nicht immer setzen sich die Berater durch, denn Wetter, Location oder Technik mögen manches Wünschenswerte oder Korrekte verbieten.

Und nicht immer ernten historische Berater für ihr Engagement so viel Lob wie die Spezialisten der Titanic. Professor Eberhard Jäckel, der über ein ausgezeichnetes Fachwissen über den Nationalsozialismus verfügt, erfuhr harte Kritik bei seiner Zusammenarbeit mit Guido Knopp in dessen Projekt *Holokaust*. Eine Marketingidee, urteilte der evangelische Pressedienst, sei Jäckels etymologisch und politisch begründeter Vorschlag, Holocaust mit einem *k* zu schreiben.[11] Es ist also nicht immer leicht für den Fachmann, zwischen der Publikumswirksamkeit und der wissenschaftlichen Quellengenauigkeit den richtigen Weg zu finden.

Dass es oft Historiker sind, die als technische Berater bei Filmen tätig werden, liegt zum einen an den vielen historischen Stoffen, die sich zur Verfilmung eignen, und den zahlreichen Fernsehdokumentationen, die geschichtliche Themen aufgreifen. Zum anderen schätzen Filmemacher die wissenschaftliche Genauigkeit und Detailfreude, mit der Historiker gewohnt sind zu arbeiten. Zu der künstlerischen Gratwanderung, auf die sie sich hin und wieder einlassen, gehört auch die Selbstdisziplin, Ungenauigkeiten bei der Darstellung, zum Beispiel von Geschichte, zugunsten der Erzählung von Geschichten zu ertragen. Es ist das Medium Film, das die Regeln für den Spielraum eines Beraters vorschreibt.

Info-Box

Ausgewiesene Experten können sich unter der Internet-Adresse www.regie.de im Branchenverzeichnis unter »Produktion/Berater« eintragen lassen oder ihre spezielle Qualifikation auf dieser Site in der Rubrik »Kleinanzeigen« anbieten.

Weitere Berufe im Bereich Filmproduktion

Medienanwalt

Das Urheberrecht ist ein ziemlich verzwicktes Gesetz, um es milde auszudrücken. Damit die Rechte für das Gesamtkunstwerk

Film, an dem von der ersten Idee bis zur Vorführung im Kino oder der Ausstrahlung im Fernsehen Konzeptionisten, Autoren, Komponisten und viele andere Menschen beteiligt sind, am Ende ausschließlich beim Produzenten liegen, müssen zahlreiche komplizierte Verträge geschlossen werden, die alle Eventualitäten berücksichtigen. In der Regel selbstständige Fachanwälte unterstützen die Produktionsgesellschaften – große Spielfilm- oder TV-Produktionen beschäftigen aber auch Juristen als feste Mitarbeiter.

Rechercheure

Angenommen, ein Regisseur oder Drehbuchautor plant eine Szene, die in einem Plattengeschäft im November 1954 spielt. Welcher Hit war gerade die Nummer eins? Mit welchen Plattencovern könnte man die Schaufenster dekorieren? Das finden Rechercheure heraus, indem sie Archive durchforsten oder die richtigen Experten kennen, die sie fragen können. Eine gute Allgemeinbildung hilft – wichtiger noch ist die Fähigkeit, auch entlegene Informationen zu beschaffen.

Filmversicherungsagent

Ob der Agent die Beine von Marlene Dietrich, die er damals hoch versicherte, aus der Nähe begutachten durfte, ist nicht überliefert. Versicherungsagenten haben heute aber andere durchaus reizvolle Aufgaben, wenn sie mit Regisseuren und Produzenten nach Lösungen für ungewöhnliche Fälle suchen. Wie hoch mag das Risiko sein, dass sich ein Film verzögert, weil ein Rapsfeld wegen schlechten Wetters erst vierzehn Tage später als üblich blüht? Die Hauptdarstellerin bekommt unvermutet Heuschnupfen, als sie im Weizenfeld dreht? Die Aufnahmen werden abgebrochen, eine neue Location mit Roggen muss her. Jeder ausgefallene Drehtag kostet zigtausend Euro. Gegen solche Risiken können Produktionsfirmen sich versichern, auch gegen Diebstahl von Ausrüstung, Unfall oder die Überschreitung des Budgets.

4.

Filme machen

In der *Tom-Sawyer*-Verfilmung von 1938 gibt es die wunderbare Szene, in der Tom verdonnert wird, zur Strafe den Gartenzaun zu streichen. Seine Freunde hänseln ihn deswegen, doch er macht nicht nur unverdrossen weiter, sondern »verkauft« den anderen Jungen die Arbeit als erstrebenswertes Vergnügen. Am Ende streichen sie für ihn den Zaun – und bezahlen noch dafür.

Aus einem sehr distanzierten Blickwinkel mag das Filmemachen als ähnlich trickreiche Veranstaltung wirken. Nachdem Produzenten und Drehbuchschreiber ein Jahr oder mehr über dem Stoff gebrütet und Gelder locker gemacht haben, wird die ganze Geschichte plötzlich in vier bis sechs Wochen verfilmt. Bis zu 16 Stunden können Drehtage dauern, sieben Tage die Woche, ob Regen oder Sonne – das laut Dramaturgie erwünschte Wetter regiert die Arbeit, nicht der Schnupfen des Toningenieurs oder der Sonnenbrand des Kameraassistenten. Am Ende des Tages sitzen dann noch Continuity und Tonassistent da und schreiben Berichte, die Regieassistentin wirft den Drehplan des nächsten Tages um und irgendjemand fährt ins Kopierwerk, um den Film in die Belichtung zu geben.

»Alle, die ich kenne, sind Filmverrückte, die ganz für den Beruf leben. Privatleben findet so gut wie nicht statt.« Kathrin Melhop, Regieassistentin, bringt die Sache auf den Punkt: Jeder Einzelne, mit dem wir gesprochen haben, liebt den Film, verzichtet auf sein Privatleben und gibt sein Bestes, um aus einem Projekt einen Erfolg zu machen. Immer heißt es: »Hätte ich nur ein, zwei Wochen mehr Zeit, mich vorzubereiten.« Aber dann schaffen es doch alle in der gleichen Rekordzeit – wie immer.

Alle leben ein bisschen auf dem Schleudersitz, denn jeder der Filmemacher hat (wie die meisten anderen Beteiligten) nur den Vertrag für den laufenden Film in der Tasche. Eigentlich könnten sie danach erst einmal ausruhen. Aber dann ist es gleich wieder da, das Kribbeln ...

Info-Box

Noch immer ist Learning-by-Doing ein allseits akzeptierter Einstieg ins Filmgeschäft: Der Jurist Alexander Kluge hatte Spaß daran, Geschichten zu erzählen, und wurde Regisseur. Der Bildreporter Joachim von Vietinghoff war als Produzent so erfolgreich, dass das Filmmuseum Berlin ihm und seinen Filmen eine eigene Ausstellung gewidmet hat. Nun sind die Menschen aber verschieden, und wer besser theoretisch-systematisch lernt, kann sich an einer Filmhochschule die Grundlagen erarbeiten. Hier nur die wichtigsten Unterrichtsstätten:

Deutsche Film- und Fernsehakademie Berlin (dffb)
Potsdamer Str. 2
10785 Berlin
Tel.: (0 30) 2 57 59-1 46
Fax: (0 30) 30 09 04-1 62
www.dffb.de

Hochschule für Film und
Fernsehen Konrad Wolf
Marlene-Dietrich-Allee 11
14482 Potsdam-Babelsberg
Tel.: (03 31) 62 02-0
Fax: (03 31) 62 02-5 49
www.hff-potsdam.de

Hochschule für Fernsehen und
Film München
Frankenthaler Str. 23
81539 München
Tel.: (0 89) 6 89-57-0
Fax: (0 89) 6 89 57-1 89
www.hff-muenchen.mhn.de

Universität Hamburg
Institut für Theater,
Musiktheater und Film
Friedensallee 9
22765 Hamburg
Tel.: (0 40) 4 28 38-41 43
Fax: (0 40) 4 28 38-41 68
www.uni-hamburg.de

Filmakademie Baden-Württemberg
Mathildenstr. 20
71638 Ludwigsburg
Tel.: (0 71 41) 9 69-0
Fax: (0 71 41) 9 69-2 99
www.filmakademie.de

Kunsthochschule für Medien
Köln
Peter-Welter-Platz 2
50676 Köln
Tel.: (02 21) 2 01 89-0
Fax: (02 21) 2 01 89-17
www.khm.de
www.digitale.khm.de

Universität für Musik und
Darstellende Kunst Wien
Abteilung Film und Fernsehen
Metternichgasse 12
A-1030 Wien
Tel.: 00 43 (1) 7 13 52 12-29
Fax: 00 43 (1) 7 13 52 12-1 14
www.mdw.ac.at

Staatliche Schauspielschulen:

Hochschule für Musik und Theater
Felix Mendelssohn Bartholdy Leipzig
Postfach 10 08 09
04008 Leipzig
Tel.: (03 41) 21 44-55
Fax: (03 41) 21 44-5 03
www.hmt-leipzig.de

Hochschule für Musik und
Darstellende Kunst Frankfurt/Main
Fachbereich Darstellende Kunst
Eschersheimer Landstr. 29-39
60322 Frankfurt/Main
Tel.: (0 69) 15 40 07-3 30
Fax: (0 69) 15 40 07-1 08

Hochschule der Künste Berlin
Fachbereich Darstellende Kunst
Hardenbergstr. 33
10623 Berlin
Tel.: (0 30) 31 85-22 04
Fax: (0 30) 31 85-26 89
www.hdk-berlin.de

Universität für Musik und
Darstellende Kunst Wien
Abteilung Schauspiel und Regie
Palais Cumberland
Penzinger Str. 9
A-1140 Wien
Tel: 00 43 (1) 8 94 21 41
Fax: 00 43 (1) 8 94 21 44
wspoerk@max-reinhardt.ac.at

Seminar für Filmwissenschaft
Plattenstr. 54
CH-8032 Zürich
Tel.: 00 41 (1) 2 57 35 37
Fax: 00 41 (1) 2 62 06 31
www.film.unizh.ch

Hochschule für Film und
Fernsehen Konrad Wolf
Marlene-Dietrich-Allee 11
14482 Potsdam-Babelsberg
Tel.: (03 31) 62 02-0
Fax: (03 31) 62 02-5 49
www.hff-potsdam.de

Hochschule für Schauspielkunst
Ernst Busch Berlin
Abteilung Schauspiel
Schnellerstr. 104
12439 Berlin
Tel.: (0 30) 63 99 75-0
Fax: (0 30) 63 99 75-75

Folkwang-Hochschule Essen
Fachbereich 3: Darstellende
Künste
Klemensborn 39
45239 Essen
Tel.: (02 01) 49 03-0
Fax: (02 01) 49 03-2 88
www.folkwang.uni-essen.de

Tilo R. Knops, *Studienführer für Medienberufe. Medienausbildung in Deutschland*, Hamburg 1995 (Hier erhält man einen Gesamtüberblick über die Filmhochschulen.)
Pierre Kandorfer, *DuMonts Lehrbuch der Filmgestaltung. Theoretischtechnische Grundlagen der Filmkunde*, Köln 1984
Andreas A. Reil, *Fachwörterbuch Foto, Film und Fernsehen. Deutsch-Englisch, Englisch-Deutsch*, Wesseling 2000

Regie

»Die Leute sollten sich bekreuzigen, wenn sie seinen Namen aussprechen«, soll Marlene Dietrich über Orson Welles gesagt haben. Die Schriftstellerin Dorothy Parker schilderte ihre Begegnung mit dem Regisseur folgendermaßen: »Es ist, als träfe man Gott, ohne erst zu sterben.« Sind Regisseure demnach die letzten Götter in einem ungläubigen Zeitalter? Wenn ja, dann wäre wohl Erich von Stroheim, der gern in Reitstiefeln und wie die Karikatur eines preußischen Generals auftrat, die Idealbesetzung für den Job. Gute Filme hat er nebenbei auch inszeniert.

Regisseure entscheiden über die dramaturgische Bearbeitung des Drehbuchs, wählen die Darsteller und die Crew aus und steuern die Entwürfe von Filmarchitekten und Kostümbildnern. Sie führen ihre Schauspieler durch die Inszenierung und setzen schließlich im Schneideraum mit dem Cutter die Filmschnipsel zur endgültigen Story zusammen. Bei den Dreharbeiten haben sie in allem das letzte Wort: Der Film wird *ihr* Film – nicht nur Cineasten können einen Wenders-Film, einen John-Ford-Western oder eine Cukor-Komödie erkennen, ohne den Abspann zu lesen.

Andererseits gibt es auch Kultfilme wie *Hellzapoppin*, bei denen der Name des Regisseurs allenfalls Cineasten bekannt ist (in diesem Fall hieß er H. C. Potter – und es war auch nicht sein erster Film). Geht es um die ursprüngliche *Star-Wars-Trilogie*, fällt nur immer der Name von George Lucas, obwohl bei den Teilen *Das Empire schlägt zurück* und *Die Rückkehr der Jedi-Ritter* Irvin Kershner respektive Richard Marquand Regie geführt haben.

Kaum einer kann sich wohl daran erinnern, dass Edward F. Cline bei zahlreichen Filmen mit dem Komiker W. C. Fields die Regie geführt hat – hinter dem Namen des Stars ist sein eigener Ruhm längst verblasst.

Der Regisseur Victor Fleming verdankt seinen Oscar für *Vom Winde verweht* eigentlich dem Star Clark Gable, der dafür sorgte, dass George Cukor in der Regie abgelöst wurde. Die Ironie der Geschichte: Fleming musste wegen eines Nervenzusammenbruchs am Ende von Sam Wood ersetzt werden. Der Name hinter dem Film, an den sich die Filmwelt erinnert, ist der des Produzenten: David O. Selznick.

Einen Hinweis darauf, dass die Allgewalt der Regisseure begrenzt ist, gibt der wohl bekannteste deutsche Kameramann. Michael Ballhaus bedauert in einem Interview in der Fachzeitschrift *Der Kameramann*, dass seit einigen Jahren ein Monitor das Bild aus der Kamera allgemein sichtbar macht: »Denn jetzt ist nicht mehr der Kameramann derjenige, der die Kontrolle über dieses schwarze Wunderkästchen hat, aus dem durch Belichtung später ein Bild entsteht.«[12] Im Umkehrschluss heißt das: Die Regie musste sich früher darauf verlassen, dass der Kameramann bereit und fähig war, ihre Ideen in Bilder umzusetzen.

Selbst beim Schnitt greifen mitunter andere ein. Wenn uns heute gut tausend Meter Filmrolle des Klassikers *Metropolis* von Regisseur Fritz Lang fehlen und nur Fachleute wissen, wie die Story wirklich aufgebaut ist, liegt das daran, dass der amerikanische Verleih Paramount den Film radikal neu geschnitten und damit auch neu erzählt hat. Heute bekommt das Kinopublikum den Director's Cut mit all den Szenen und Bildern, die der Regisseur eigentlich zeigen wollte, aber nicht durfte, bei sehr erfolgreichen Filmen ein paar Jahre nach der Version des Produzenten oder Verleihs zu sehen, als Bonbon für treue Fans.

Das Filmkunstwerk möglichst so zu realisieren, wie es in ihrer Fantasie bereits existiert, ist das Ziel aller Regisseure. Nahe gekommen sind dem wohl die deutschen Autorenfilmer, die sich von Anfang an bemüht haben, Produzenten zu finden, deren Ideen vom Film sich mit den ihren decken. Der Regisseur Adolf Winkelmann ging so weit, sein Team mit den fertigen Kopien des Films *Je-*

de Menge Kohle in die Kinos zu schicken, um die angemessene Vorführung sicherzustellen.

So viele Regisseure – so viele Regiepersönlichkeiten, Geschichten, Filme und Wege zum Beruf. Manche, wie George Cukor, kamen von der Theaterbühne, manche sind Quereinsteiger gewesen, wie Victor Fleming, der ursprünglich Rennfahrer war und sich dann im Gewerbe hochgearbeitet hat. Mancher Kameramann wird über die Bildregie zum Co-Regisseur. Und dann gibt es noch die formelle Ausbildung an den Filmhochschulen. Auf keinem dieser Wege zur Regie schadet es, sich am Beispiel Tom Tykwers zu orientieren: Ganz viele Filme gucken.

Interview

Ihr erster abendfüllender Spielfilm, *Madame X* aus dem Jahre 1977, machte Ulrike Ottinger weit über Cineastenkreise hinaus bekannt. Zugleich wurde sie zur Heldin einer ganzen Generation von Frauen, die wie ihre Protagonistin, die schöne und grausame Herrscherin des Chinesischen Meeres, zu neuen Abenteuern aufbrechen wollten. Ulrike Ottingers Filme erzählen ihre Geschichten in Bildern, die den Betrachter anziehen und doch auf emotionale Verführung verzichten. Der »fremde Blick« der Regisseurin auf scheinbar exotische Welten verfolgt in der Berliner Trilogie – *Bildnis einer Trinkerin, Freak Orlando* und *Dorian Gray im Spiegel der Boulevardpresse* – die logische Fortentwicklung von Zeitströmungen in die Zukunft. In den neueren Filmen, *China. Die Künste – Der Alltag, Johanna d'Arc of Mongolia* oder *Taiga*, schaut die Regisseurin auf die Normalität fremder Mythen. Ottinger, die auch ihre eigene Kamerafrau ist, beherrscht die vielen Künste des Autorenfilms perfekt und hat mit ihren Filmen eine Reihe von Nachwuchsregisseuren beeinflusst.

Frage: Sie sind auch bildende Künstlerin, haben in München und Paris Kunst studiert, Ausstellungen gehabt. Warum haben Sie sich den bewegten Bildern zugewandt, was hat Ihnen Lust auf Filme gemacht?

Ottinger: Man wird ja in eine Situation hineingeboren. Als ich groß wurde, in Konstanz, haben allenfalls die Franzosen, die französische Militärverwaltung, interessante Filme aus den dreißiger und vierziger Jahren gezeigt. Künstlerische Berufe waren mir von Hause aus vertraut, da lag es nahe, sich der Bildenden Kunst zuzuwenden. Auf die Idee, Filme zu machen, bin ich gar nicht gekommen, weil die Filme damals so schlecht waren. Eine kindliche Faszination hatten für mich Piratenfilme. Ich war absolut fasziniert von Errol Flynn und Tyrone Power, ich wollte unbedingt über die Weltmeere segeln. Dann bin 1961 nach Paris gegangen, und da war Kino etwas ganz Wichtiges. Als ich hinkam, fragte man mich nach den Marx Brothers, und ich wusste nicht, wer das war, und war unten durch. In Paris bin ich mit wachsender Begeisterung in die Kinos gegangen, habe viele Filme von internationalen Filmkünstlern gesehen. Von dem Augenblick an habe ich mich dem Film zugewandt.

Frage: Wer oder was hat Sie dann ermutigt, tatsächlich mit dem Filmen zu beginnen?

Ottinger: Mein erstes Drehbuch habe ich 1966 geschrieben, *Die mongolische Doppelschublade*. Einige der Figuren sollten gezeichnet sein, wie in Comics, das waren ganz biedere Leute mit biederen Geschichten, dazu sollte ein reales Schauspielerpaar kommen, ganz verrückte Gestalten mit einer fantastischen Geschichte. Ich wollte mit Fantasie und Realität spielen, ich wollte die Beziehung zwischen Fiktionalem und Realität zum Thema machen. Damals saßen an verantwortlicher Stelle Leute mit Lust auf Experimente, die Atmosphäre war bestimmt von Malraux und Lang. Ich habe ein Stipendium bekommen und die Produktionsmittel vom französischen Fernsehen. Dann kam der Mai '68, vieles wurde auf Eis gelegt, und nach den Unruhen waren die meisten dieser Leute aus den Redaktionen verschwunden. Ich bin zurück nach Deutschland gegangen, habe in Konstanz einen Filmclub gegründet. Ich brauchte Zeit, um zu überdenken, wie ich weiterarbeiten will. Und ich habe weiter Drehbücher geschrieben.

Meinen ersten Film habe ich dann anderthalb Jahre lang gedreht, mit vielen Freunden, darunter die Theatergruppe C aus Argentinien. Es war abenteuerlich. Da tauchte eine alte Kamera auf, und ein Kameramann hat mir ein paar Stunden lang gezeigt, wie eine Arriflex funktioniert. Lichtsetzung, Bildkomposition, das kannte ich ja schon von der Fotografie her. Der ganze Film – *Laokoon und Söhne* – hat vielleicht 10 000 Mark gekostet damals, im Grunde habe ich nur das Material und das Kopierwerk bezahlt.

Frage: Dass Sie Ihre Filme wenigstens zum Teil selbst produzieren, scheint ein Prinzip zu sein. Wie sehen Sie das Verhältnis zwischen Produzenten und Regisseuren?

Ottinger: Regie ist einer der faszinierendsten Berufe, den ich mir denken kann. Das Einzige, was ich unerträglich finde und das 90 Prozent meiner Zeit in Anspruch nimmt, ist die Suche nach Geld. Es gibt so wenige risikofreudige Produzenten in Deutschland. Für mein neuestes Projekt *Die Blutgräfin* habe ich einen ausländischen Produzenten gefunden, der sieht das genauso. À la longue haben sich meine Filme seit 20, 30 Jahren in alle Welt verkauft. Ich mache ein sehr genaues Drehbuch, wer meine Filme kennt, weiß also, auf was er sich einlässt. Und gerade weil ich selber produziert habe, bin ich sehr zugänglich, ich kenne die Zwänge, ich bemühe mich immer, schnell zu arbeiten und gut vorbereitet zu sein, damit das Geld wirtschaftlich eingesetzt wird. Ich finde es nicht falsch, dass Filme wirtschaftlich sein sollen. Mein Kritikpunkt ist, dass der Film in die Hände von uninspirierten Betriebswirten gefallen ist. Wenn alles nur unter dem Gesichtspunkt der unmittelbaren Verwertbarkeit gesehen wird, besteht die Gefahr, dass irgendwann nichts mehr verwertbar ist. Die Filmförderung legt bürokratisch die Richtlinien fest, wie ein Drehbuch gemacht sein soll, neuere Formen der Dramaturgie werden damit administrativ beschnitten, gar nicht erst entwickelt.

Frage: Wie halten Sie als Regisseurin die Balance zwischen Ihren eigenen Ideen und den Vorstellungen anderer, vor allem Ihres Teams?

Ottinger: Da bin ich ein sehr spezieller Fall. Wenn sie sich meine Drehbücher ansehen, da ist alles gesammelt, wie in einem Musterbuch, unendlich viele Materialien zu Kostüm, zur Maske, zu den Drehorten. Ich gehöre zum in Deutschland meist gescholtenen Stand der Autorenfilmer. Ich habe eine Idee und ich setze sie um. Ich hab' da nicht meine Berater. Zu jedem Projekt lese ich unendlich viel, kenne mich so aus in der Materie, dass ich darin träume, und es ist alles bestimmt im Stil bis hin zu den Farben.

Da wird nicht der Location-Scout losgeschickt, um bestimmte Orte zu suchen. Ich bin zehn, zwölf Jahre durch Berlin gelaufen und habe Industrielandschaften fotografiert. In den drei großen Spielfilmen, vor allem im *Dorian Gray,* habe ich diese Orte dann benutzt, ich kannte sie schon alle. Das gehört für mich zusammen. Gleichwohl möchte ich mit den besten Leuten im Schnitt und Kostüm arbeiten, es ist solch ein Reichtum, mit kreativen Leuten zu arbeiten. Das sind meine Partner.

Frage: Wie sehen Ihre Mitarbeiter diese Vorgaben?

Ottinger: Große Mitarbeiter ertragen das, weil sie die Qualität des Entwurfs sehen, da gibt es diese Probleme von Kompetenz – »Ich will rot, ich will grün« – nicht. Auf eine der Vorbereitungstouren für *Johanna d'Arc of Mongolia* habe ich meine Kostümbildnerin, Gisela Storch, mitgenommen, damit sie die traditionellen Kostüme in der Mongolei sieht, sich alles Interessante notieren kann. Ich habe es fotografiert. Ich habe ihr die ganzen Bücher dazu rausgesucht, weil ich mich auskannte, und sie hatte eine fantastische Vorbereitung. Dann konnte sie bestimmte Kostüme nachschneidern, solche, die im Original zu alt, zu brüchig waren, um sie für die Dreharbeiten zu benutzen. Sie wurde eine richtige Expertin. Der Austausch findet eben am konkreten Objekt statt.

Frage: Die meisten Regisseure, Sie aber besonders, sind über einen langen Zeitraum an den verschiedenen Herstellungsphasen eines Films beteiligt. Welche dieser Phasen ist Ihnen die liebste?

Ottinger: Ganz wunderbar ist, wenn man weiß, man hat das Geld zusammen und geht an die unmittelbaren Vorbereitungen. Dann die Drehphase, manchmal ist die so anstrengend, dass man schreien möchte. Für die *Johanna d'Arc* mussten wir eine regelrechte Expedition organisieren. Es gibt keine Infrastruktur in der inneren Mongolei, da brauchten wir eine Woche, um einen Fluss zu überqueren bei Hochwasser, die eine Hälfte des Teams war schon auf der anderen Seite. Hollywood würde so nicht arbeiten – die würden erst mal Straßen betonieren und das Grasland niedertrampeln. Und doch freut man sich. Man schläft nur vier, fünf Stunden die Nacht. Es ist eine Ausnahmesituation, man braucht den Schlaf nicht. Und dann die wunderbare Phase die ersten vier Wochen im Schneideraum, da entspanne ich mich, kann mir eine Stunde Zeit nehmen, um eine Entscheidung zu treffen. Großartig sind auch die Anspannung, bevor man die ersten Muster sieht, und dann die Erleichterung, wenn sie so sind, wie man sie sich vorstellte. Eigentlich liebe ich alle Phasen, jede zu ihrer Zeit.

Frage: Was macht das Filmen schwierig?

Ottinger: Abgesehen von der Finanzierung? Die Infrastruktur, die Rahmenbedingungen. Ich hab' meinen ersten Dokumentarfilm eigentlich nur gemacht, weil die chinesischen Behörden lange nicht auf meine Anfragen wegen der Dreharbeiten in der Mongolei reagiert haben. Dann wollten sie doch Gespräche, und ich habe gesagt, ich komme nur, wenn ich die Erlaubnis erhalte, all die Orte dokumentarisch festzuhalten. Ich bin mit einem kleinen Team unterwegs gewesen, ein Assistent für die Technik, ein Tonmeister, ein Dolmetscher. Daraus ist dann *China. Die Künste – Der Alltag* entstanden. Als wir dann den eigentlich geplanten Spielfilm realisiert haben, war das auch schwierig, wegen des gespannten Verhältnisses zwischen den Chinesen und den Mongolen. Ich war an den Mongolen interessiert, wollte mit ihnen arbeiten – aber um die Chinesen kommt man nicht herum, die verwalten die Autonome Provinz. Es war eine komplizierte diplomatische Aktion.

Frage: Was raten Sie Menschen, die sich für den Regieberuf interessieren?

Ottinger: Eine große Weite und hohe Disziplin. Die Weite gewinnt man, wenn man bei vielen Regisseuren zuschaut, sieht, wie sich die Stile unterscheiden. Ich glaube, dass intelligente Menschen am besten durch Zuschauen lernen. Wir bekommen viele Briefe von Leuten, die sich als Praktikanten bei uns bewerben. Generell denke ich, die formale Ausbildung ist zu normiert auf eine bestimmte Art, Filme zu machen. Ich glaube, die interessanteren Leute kommen kaum zum Zuge, sondern die, die sich stromlinienförmig einfügen. Die Leute, die normale Filme machen, sind immer da, doch man müsste die Unangepassten unterstützen. An den Dogma-Leuten sieht man aber, dass sich nicht alle vorschreiben lassen, wie sie arbeiten sollen. Aber kaum waren sie erfolgreich, wurden auch sie vom System wieder vereinnahmt.

Für den Film ist es – auch wirtschaftlich – sinnvoll, dass man aus einem großen Fundus an Inspiration schöpfen kann.

Frage: Gibt es Filme anderer Regisseure, Regisseurinnen, die Sie inspiriert haben?

Ottinger: Gute Filme sind ein Geschenk des Himmels. Da steht jeder für sich. Wenn ich einige Filme nennen soll, die ich liebe, vielleicht die Cassavetes-Filme. Außerdem bin ich ein Fan von Erich von Stroheim, ich mag die frühen Hitchcock-Filme, ich mag *Prêt-à-Porter*, *Short Cuts* von Altman. Aber wirklich, es gibt unendlich viele Filme, die mir gefallen. Es ist jedes Mal ein kleines Wunder, dass Filme zustande kommen. Immer gibt es Probleme: In der Wüste kommen die Kamele, und plötzlich schiebt sich eine Wolke vor die Sonne. Wie wird das überhaupt jedes Mal realisiert ...

Frage: Und unter Ihren eigenen Arbeiten, haben Sie da einen Liebling?

Ottinger: Ich denke, jeder einzelne Film steht in der eigenen Geschichte für das, was in der Zeit wichtig war. Kürzlich habe ich meinen ersten Film wieder gesehen, und da waren so viele Kollegen im Raum, und da habe ich mich ein bisschen geschämt, weil es so arme Mittel waren. Ich habe künstlerisch sehr viel Erfahrung gehabt, aber nicht filmisch. Doch sie haben mich umarmt und sagten: »Was haben wir damals für Filme gemacht!« Die *Madame X*, mit der ich bekannt geworden bin, sollte im Gelben Meer spielen und wurde aus finanziellen Gründen auf dem Bodensee gedreht, auf einem alten Schleppkahn der Bregenzer Festspiele, der fünf Jahre gestanden hatte, ganz verwittert war. Als habe er die Stürme im Gelben Meer überstanden. Was da als Satire, als Komödie daherkam, war für bestimmte Feministinnen ein Affront, ich wurde buchstäblich geprügelt für den Film. Ich wünschte mir manchmal etwas von der Leidenschaft in der Filmszene zurück, nicht die Prügel, doch die Intensität der Auseinandersetzung würde ich mir zurückwünschen. Dieser Film hat einen Skandal ausgelöst, wurde heftig diskutiert, es gibt Unmengen von Presse, Interviews, Artikeln und Briefen dazu. Vor diesem Hintergrund mag ich alle meine Filme, an jedem Film habe ich Kleinigkeiten auszusetzen, und einiges mag ich besonders gerne.

Frage: Welche Projekte verfolgen Sie zur Zeit?

Ottinger: Als Regisseurin, besonders als Autorenfilmerin, muss ich langfristig denken und planen. Ich habe ein fertiges Drehbuch, *Diamond Dance*, das könnte ich in Babelsberg verfilmen, aber das will ich nicht. Der Film spielt in New York und soll da gedreht werden, also suche ich weiter nach der Finanzierung. Für die *Blutgräfin* – in das Buch hat Elfriede Jelinek den wienerischen Ton hineingebracht – brauche ich eine deutsche Koproduktion. Im Sommer 2000 hab ich zum ersten Mal mit einer digitalen Kamera gedreht – auf den alten europäischen Tangenten nach Osten, bis nach Odessa, diese Regionen Europas, die eigentlich keiner mehr kennt. Diese *Südostpassage* wird wieder einer meiner komplizierteren Filme sein: Kunst soll die Realität reflektieren, nicht 1:1 abbilden.

Info-Box

Mehr Informationen zu den Filmen Ulrike Ottingers sind auf der Internetseite www.ulrikeottinger.com zu finden.

Informationen zum Berufsbild bei:

Bundesverband der Fernseh- und Filmregisseure in Deutschland e. V.
Adelheidstrasse 7
80798 München
Tel.: (0 89) 2 71 63 80
Fax: (0 89) 2 71 45 52

Neben den Film- und Fernsehhochschulen bieten folgende Schulen Lehrgänge zur Regie an:

Internationale FilmSchule Köln
Glück-Haus
Werderstr. 1
50672 Köln
Tel.: (02 21) 92 01 88-0
Fax: (02 21) 92 01 88-99
www.filmschule.de

Theaterakademie Mannheim
Elisabeth Rodenbach
Private Berufsfachschule für
Schauspiel und Regie
Harrlachweg 1
68163 Mannheim
Tel.: (06 21) 41 75 30
Fax: (06 21) 41 76 91

Otto-Falckenberg-Schule
Fachakademie für Darstellende
Kunst der Landeshauptstadt
München
Hildegardstr. 3
80539 München
Tel.: (0 89) 2 37 21-3 41
Fax: (0 89) 2 37 21-2 68

Athanor
Private Fachakademie für
Darstellende Kunst Burghausen
Türkenstr. 53
80799 München
Tel.: (0 89) 2 72-40 81
Fax: (0 89) 2 72-42 29

Avril Rowlands, *Film-Script. Ein Handbuch für Regisseure, Aufnahmeleiter und deren Assistenten*, Köln 1998
Alan A. Armer, *Das Lehrbuch der Film- und Fernsehregie*, Frankfurt/M. 1997
Elisabeth Ward, Alain Silver, *The Film Director's Team. A Practical Guide for Production Managers, Assistent Directors and all Filmmakers*, Los Angeles 1992
Steven D. Katz, *Die richtige Einstellung*, Frankfurt/M. 2000

Dokumentarfilmer

Mit Wim Wenders' *Buena Vista Social Club* feierte am Ende des 20. Jahrhunderts ein Filmgenre sein Comeback, das bereits auf Dauer aus den Kinos verbannt schien: der Dokumentarfilm. Diese Sparte, die nicht wie der Spielfilm erfundene Geschichten erzählt, sondern vom Alltag berichtet – ob bei den Nachbarn um die Ecke oder am Ende der Welt –, machte zu Beginn der Filmgeschichte den überwiegenden Teil der Filmproduktion aus. Als das Publikum im ersten Film der Brüder Lumière eine Eisenbahn auf sich zurollen sah und flüchtete, war das zugleich die Geburtsstunde des Dokumentarfilms.

Anrühren und bewegen wollen Dokumentarfilmer wie Jens Arndt ihr Publikum noch heute. Wenn er in dem Feature *La Paloma ade* über Coco Schumann, einen Überlebenden des Lager-Orchesters von Auschwitz, weiche Jazzballaden mit warmer swingender Stimmung auf Bilder von nackten Baracken legt, in denen die Musiker damals die SS-Männer bei ihren Folterungen unterhalten

mussten, schnürt sich den Zuschauern die Kehle zu. »Das ist meine Auffassung von Dokumentarfilm: Ich benutze die filmischen Mittel, um eine Geschichte zu unterstreichen, herauszuarbeiten.«
Am Schneidetisch zu sitzen, aus dem Kameramaterial »wie ein Bildhauer aus einem Holzklotz freizuschlagen, was darin an Seele enthalten ist«, löst Glücksgefühle in ihm aus. Dass er dafür wochenlang mit diesem Material gelebt hat, es in- und auswendig kennt und allmählich erkennt, was er weglassen muss, macht die Arbeit für ihn nur attraktiver. Ein bis zwei 60-Minuten-Filme könne man so im Jahr drehen, nur zwängen Programmschienen und Sendeplätze oft dazu, sich auf kürzere Stücke einzulassen.

Unter diesem Manko leiden viele Dokumentarfilmer, wie auch die Arbeitsgemeinschaft Dokumentarfilm bestätigt, ein Zusammenschluss von rund 200 Dokumentaristen. Als »Trüffelschweine des Medienbetriebs« bezeichnen sie sich sarkastisch, »gut genug, um heiße Themen und Fördergelder aufzuspüren«. Nur etwa 200 der etwa 4 500 Leinwände in deutschen Kinos stünden ihren Produktionen überhaupt offen. »Das WDR-Kontingent von 2001 für ARTE war bereits im März zu«, kommentiert Jens Arndt die Lage im Fernsehbereich.

Der gelernte Theaterwissenschaftler ist froh, zur »wilden Zeit der Wende« über RIAS-TV in die Redaktionen vorgedrungen zu sein. »Der Sender war superamerikanisch, im guten Sinne. Die haben nur gefragt: ›Was schlagt ihr als Thema vor‹, und gesagt: ›Dann macht mal‹, wenn es sie interessiert hat.« Zusammen mit seinem Kameramann drehte er einen Film über die erste verlassene Russenkaserne in der Nähe Berlins: Bilder des heruntergekommenen Geländes mit alten Kasernen und Ruinen, unterlegt mit O-Ton aus dem Alltag der abgezogenen russischen Soldaten. »Ich versuche, dass die Geschichte sich mit Bildern und Tönen ganz von selbst erzählt. Kommentar setze ich ganz sparsam ein.« Er versucht mit seinen Filmen, im Kleinen das Große zu entdecken: »Im winzigen Umfeld eines einzelnen Menschen steckt das ganze Zeitalter.«

Im Ungewöhnlichen die Normalität zu suchen, ist die Mission von Jens Becker. Der Absolvent der Filmhochschule Babelsberg drehte bereits während des Studiums Dokumentarfilme und gründete nach dem Diplom mit Kommilitonen den Verein Filmdokument. »Als das Projekt scheiterte, begriff ich, dass ich für mich selbst sorgen muss.« Becker sucht seine Themen überall auf der Welt, eine seiner Dokumentationen berichtet über Henker, die in Ungarn, Rumänien oder Frankreich Menschen durch Guillotine oder Strick exekutierten. Im Laufe der Jahre hat er sich ein Netz aus Kontakten und Mittelsmännern aufgebaut. »Henker findet man nicht im Telefonbuch. Dafür braucht man schon mal Geheimakten oder einen Privatdetektiv.« Das wichtigste Gebot für Becker lautet: »Man muss auf Menschen aus allen Schichten – vom Sozialhilfeempfänger bis zum Millionär – zugehen können und sie so annehmen, wie sie sind.«

Auf Menschen zuzugehen, kann für einen Dokumentarfilmer schon mal ein Jahr intensiver Vorarbeit bedeuten. Für seinen Film über Jacky Spelter spielte Jens Arndt ein gutes Jahr regelmäßig Schach mit »Deutschlands ältestem Rock'n'Roller«, obwohl er 20 Jahren aus der Übung war. Doch Schach war eben das Hobby des siebzigjährigen Exzentrikers mit Koteletten und Entenschwanzfrisur, und über dem Spielbrett ließ es sich gut plaudern.

»Vertrauen zu schaffen, ist das Wichtigste für einen guten Film«, meint Arndt. Die Menschen stehen immer im Vordergrund der Dokumentation. Nur bei grundsätzlichem Vertrauen zum Regisseur öffnet sich ein Protagonist bei den Dreharbeiten und vergisst die Kamera und das Licht. Arndt dreht deshalb gern auf Videomaterial, bei dem er mit einem kleinen Zwei-Mann-Team arbeiten kann. Die Intimität dieser überschaubaren Produktionen schätzte auch Wim Wenders bei seiner Arbeit mit digitaler Technik an *Buena Vista Social Club*. Die kleinen Kameras ließen eine andere Atmosphäre beim Drehen zu.[13]

Jens Becker macht aber auch auf einen anderen Aspekt solcher Dreharbeiten aufmerksam: »Man muss seine Interviewpartner manchmal schützen und ihnen klar machen, dass sie sich gut überlegen, was sie vor der Kamera erzählen. Auch auf das Risiko hin, dass einem zum Schluss ein besonders schmissiges Zitat fehlt.«

Info-Box

Die Verkaufsplattform *German Documentaries* ist spezialisiert auf den Auslandsvertrieb über das Internet. Infos über:

Arbeitsgemeinschaft Dokumentarfilm
Schweizer Str. 6
60594 Frankfurt/Main
Tel.: (0 69) 62 37 00
Fax: (0 69) 6 03 21 85
www.adok.de

In der Schweiz informiert:

Schweizerischer Verband der
Filmjournalistinnen und
Filmjournalisten
Lerberstr. 12
CH-3013 Bern
Tel./Fax: 00 41 (31) 3 33 29 25

Workshops und Seminare für Einsteiger mit jeweils unterschiedlichen Schwerpunkten sind bei folgenden Institutionen möglich:

Filmhaus Hamburg – medien und
kulturarbeit e. V.
Friedensallee 7
22765 Hamburg
Tel.: (0 40) 39 90 99 31
Fax: (0 40) 3 90 95 00
www.medienundkultur.hamburg.de

Master School Dokumentarfilm
Filmwerkstatt Münster e. V.
Gartenstr. 123
48147 Münster
Tel.: (02 51) 2 30 36 21
Fax: (02 51) 2 30 36 09
www.masterschool-
dokumentarfilm.de

Mountain Multi Media
Mountain-Academy
Bahnhofzentrum
CH-3855 Brienz
Tel.: 00 41 (33) 9 52 13 33
Fax: 00 41 (33) 9 52 13 34
www.mountain-academy.ch

Eine zweisprachige Ausbildung (deutsch/italienisch) mit abschließendem Diplom für Dokumentarfilm und AV-Medien bietet die Schule für

Fernsehen und Film in Bozen an. Die Schwerpunkte liegen bei Kamera/Schnitt, Post-Production/Stoffentwicklung und Produktion:

ZeLIG – Schule für Fernsehen und Film
Carduccistr. 15
I-39100 Bozen
Tel.: 00 39 (4 71) 97 79 30
Fax: 00 39 (4 71) 97 79 31
www.zeligfilm.it

Manfred Hattendorf (Hg.), *Dokumentarfilm und Authentizität. Ästhetik und Pragmatik einer Gattung*, Konstanz 1999
Peter Zimmermann (Hg.), *Fernseh-Dokumentarismus. Bilanz und Perspektiven*, Konstanz 1994

Schauspieler

Die gute Nachricht vorweg: Jeder könnte Schauspieler werden. Denn das viel beschworene Naturtalent ist eine Mystifizierung. »Begabung besteht aus je einem Teil Verständnis für die Aufgabe und einem Teil harter Arbeit.« Hans-Eckart Eckhardt sollte über das nötige Rüstzeug für seinen Beruf Bescheid wissen. Er hat die renommierte Berliner Max-Reinhardt-Schule besucht, seine ersten Sporen am Landestheater Tübingen und den städtischen Bühnen Kiel verdient, hat unter Regisseuren wie Hans Neuenfels, Klaus Emmerich und Boy Gobert Theater gespielt und ist seit fast zwanzig Jahren eine feste Größe im deutschen Kino und Fernsehen. Ein Star?

»Auf den äußeren Glamour wartet, wer die Arbeit nicht liebt«, sagt Eckhardt. Georg Thomalla, erinnert er sich, habe einem jungen Kollegen einmal gesagt, man müsse schon wissen, dass es keine Garantie auf Erfolg gebe, wenn man diesen Beruf ergreife. Misserfolge, die Zeit des Wartens auf das nächste Angebot oder größere Rollen, sind für alle Schauspieler harte Belastungen, mit denen jeder auf seine Art umgeht.

Eckhardt trainiert in diesen Phasen seine Techniken, um Körper und Geist für das Rollenspiel vor der Kamera oder auf der Bühne offen zu halten. »Man muss sich davor hüten, in Depressionen zu verfallen«, stattdessen empfiehlt er, »optimistisch seine Kontakte zu pflegen«.

Die Berlinerin Anna Holmes hat nicht über mangelnde Angebote vom Fernsehen zu klagen, wünscht sich aber andere Rollen. Damit das Spektrum ihres Könnens auch auf dem Demo-Band deutlich wird, mit dem ihre Agentur bei Casting-Firmen und Sendern für sie wirbt, drehte sie kurzerhand mit Freunden einen eigenen Kurzfilm.

Doch vergangene Rollen und Demo-Band in allen Ehren: Ohne Casting, das Vorsprechen bei einer spezialisierten Agentur oder der Produktionsgesellschaft, wird selbst ein so bekannter Schauspieler wie Eckhardt selten besetzt. Regisseur und Produzent wollen sich bei Probeaufnahmen ein genaues Bild verschaffen. Manchmal brauchen sie auch noch ein Wiederholung »in der grünen Weste, die der Charakter tragen soll«. Film hat viel mit dem Äußeren zu tun.

Ob Cold Reading oder vorbereiteter Text, Eckhardt wartet beim Casting nicht auf Anweisungen. »Ich muss entscheiden, wie ich die Rolle auffasse – sonst kann sich auch keiner für mich entscheiden.« Dieses Selbstbewusstsein ist in der Praxis gewachsen, und das Erarbeiten von Rollen ist für ihn nach wie vor »ein unendlich schöner Vorgang«. Beim Fernsehen und erst recht im Film funktioniert das allerdings anders als im Theater. Dort hat man für eine größere Produktion eine Probezeit von drei Monaten, in der das Stück chronologisch erarbeitet wird: »Da wird jeder Satz wieder und wieder abgeklopft und gedreht.«

Beim Fernsehen muss es schnell gehen. Es gibt nur eine Stellprobe, bei der die jeweilige Einstellung besprochen wird. Der einzelne Schauspieler hat relativ wenig Zeit für die Kommunikation mit dem Regisseur. Umso wichtiger ist es nach Eckhardts Erfahrung, auf Improvisation zu verzichten, sich an das Besprochene zu halten und natürlich sich selbst sorgfältig auf die Rolle vorzubereiten. »Ich frage mich: Was will die Figur in dieser Szene erreichen? Was ist ihr Ziel? Was tut sie, um dieses Ziel zu erreichen? Das ist die ›Haltung‹, und Haltung plus persönliche Eigenheiten plus Handwerk – das ist Schauspielen!«

Das Handwerkszeug des Schauspielers besteht aus zwei Dingen: Körper und Bewusstsein. Das Bewusstsein des Schauspielers muss sich über seine Wirkungen im Klaren sein. Zur Körperarbeit gehört richtiges Atmen, der Einsatz der Stimme, der Gestik und Mimik. Die Techniken und Erfahrungen der Körperarbeit helfen Eckhardt bei den besonderen Produktionsbedingungen von Filmen, die immer scheibchenweise gedreht werden. »Selbst wenn die Geschichte chronologisch abliefe – jede Einstellung wird wiederholt, in der Totalen, Halbtotalen, dann wieder eng an jedem Beteiligten dran. Die Unterbrechungen im Ablauf der Story hast du immer. Deshalb ist es wichtig, immer in der aktuellen Situation, der aktuellen Szene zu sein, also im Hier und Jetzt.«

Script oder Continuity achten darauf, dass Eckhardt den richtigen Kragenknopf geöffnet hat. Sein Körper aber speichert den Grad der Wut, mit der er aus einem Zimmer gestürmt ist, und hilft ihm drei Tage später, diese Stimmung draußen auf dem Flur zu reproduzieren. »Der Körper speichert die Erregung, nicht der Intellekt«, betont Eckhardt. Extreme Konzentration und Offenheit während der Aufnahme müssten deshalb mit tiefer Entspannung in den Drehpausen abwechseln. »Beim ersten Mal versuchte ich, den ganzen Drehtag über die Konzentration zu halten«, erinnert sich Eckhardt amüsiert an dieses anstrengende Unterfangen.

Die Wohnwagen der US-Stars sind denn auch nicht Statussymbol oder Partyschuppen, sondern das »Schneckenhaus, in das man sich zur Entspannung zurückzieht«. Gene Hackman erzählte ihm bei gemeinsamen Dreharbeiten, dass er persönlich lieber im Atelier als »on location« drehe, weil er dann entspannter am Set sei. Alle Schauspieler, auch Stars wie Hackman, sind durch die psychische Offenheit, die ihre Arbeit prägt, sehr verletzbar. »Ein Aufnahmeleiter darf einen da nicht dumm anmachen«, erläutert Eckhardt, es sei schwierig, sich abzuschotten. Man merke, ob der Regisseur die Arbeit aufmerksam begleitet, man merke, ob der Kameramann »nur das Bild oder auch die Schauspieler sieht«.

Schauspieler kann sich jeder nennen, es gibt weder ein fest umrissenes Berufsbild noch Eingangsprüfungen. Neben den staatlichen Schauspielschulen mit ihren strengen Aufnahmeprüfungen gibt es zahlreiche Privatlehrer, die qualifiziert differenzierte Körpersprache, Stimmbildung, Gestik, Mimik und Textarbeit vermitteln. Mancher TV-Shootingstar aus Deutschland versucht, sich das

Handwerkszeug für seinen Beruf in Crashkursen in Hollywood oder am weltberühmten Lee Strasberg Theatre Institute in New York zu verschaffen. Dort wurden Leinwandgrößen wie Marlon Brando, Al Pacino oder Marilyn Monroe in die traditionelle »method« des 1938 gestorbenen Schauspielpapstes Konstantin Stanislawskij eingeführt. Schon der dreimonatige Grundkurs ist mit rund 2 500 US-Dollar nicht billig. Noch teurer wird es, wenn man die empfohlenen neun Monate Unterricht absolviert.

Ausdrücklich in die moderne Welt von Spielfilm und TV führt der Hollywood Acting Workshop ein, den die Deutsch-Amerikanerinnen Petra Gallasch und Andrea Balen eingerichtet haben. Das sparsame, zurückgenommene Agieren vor der Kamera und die Selbstvermarktung (Image-Design) werden vor allem in praktischen Übungen und durch Coaching gelehrt.

Wer erst einmal an einem Praktikum interessiert ist, kann unter www.opalmedia.de/html/filmjobs/schau.html im Internet fündig werden und vielleicht in eine Fernsehserie hineinschnuppern. Dass es ohne Ausbildung auf Dauer funktioniert, glaubt Hans-Eckart Eckhardt nicht: »Heike Makatsch zum Beispiel, die hat sich in letzter Zeit toll entwickelt, die muss gearbeitet haben zwischen den Filmen.«

Interview

Adele Landauer hat 1983 ihre Ausbildung an der renommierten Hochschule für Schauspielkunst Ernst Busch in Berlin absolviert. Seither hat sie Hauptrollen und Episodenhauptrollen in TV-Erfolgsserien wie *Ein Fall für Zwei, Der Ermittler, Helicops* oder *Die Kommissarin* gespielt. Auf der Bühne brillierte sie in Klassikerrollen wie der Maria Stuart oder der Lady Milford in *Kabale und Liebe* von Schiller, als Iphigenie in Goethes *Iphigenie auf Tauris* oder als Kassandra im gleichnamigen Stück von Christa Wolf.

Frage: War Schauspieler Ihr Traumjob?
Landauer: Ich habe mich schon als Kind stundenlang eingeschlossen und für mich selbst Gedichte, Balladen und Rollen aus Stücken rezitiert. Meine Mutter ist Germanistin und hat diese Neigung gefördert. Zuerst hat mich also die deutsche Sprache

fasziniert. Dann wollte ich diese Schönheit auch praktisch auf der Bühne umsetzen. Als diese Idee geboren war, wollte ich nur noch Schauspielerin werden.

Frage: Wie bereiten Sie sich auf eine Rolle vor?

Landauer: Ich lese mehrmals das Drehbuch oder das Stück. Dann befasse ich mich intensiv mit der Figur, frage mich, was denkt die Frau, die ich zu spielen habe, was fühlt sie, wovon wird sie getrieben, was ist ihre Motivation, Dinge zu tun oder zu lassen. Ist sie sinnlich oder hart? Für die Erarbeitung einer Filmrolle muss ich mit der Anlage der Figur, mit der Erschaffung des Gesamtcharakters, Wochen vor Drehbeginn fertig sein. Am Theater kann ich die Rolle während des Probenprozesses entwickeln.

Frage: Wer ist beim Drehen die wichtigste Bezugsperson am Set?

Landauer: Die Kommunikation sollte mit jedem gut laufen. Natürlich ist der Regisseur der Wichtigste, aber auch die Beziehung zum Kameramann zählt. Wenn er nicht das ins Bild bringt, was man spielt, dann spielt man sich umsonst einen »Wolf«. Wenn der Beleuchter schlechtes Licht setzt, kann die Maske noch so toll sein, es wirkt nicht. Also: Jeder ist wichtig!

Frage: Welche spezifischen Belastungen bringt der Beruf mit sich?

Landauer: Wie in jedem Beruf, in dem man erfolgreich sein will, muss man sehr diszipliniert sein – als Frau wegen der langen Maskenzeiten sehr früh aufstehen (was mir nicht besonders liegt).

Frage: Was sind die schönen Seiten des Berufs?

Landauer: Es ist toll, in andere Rollen zu schlüpfen und zu erfahren, wie sich andere Menschen fühlen. Ich lebe mich so richtig schön aus in den Charaktereigenschaften, im sozialen Umfeld und in den Gedanken und Gefühlen meiner Rollen. Von jeder Figur kann man etwas über das Leben und über die Menschen lernen.

Frage: Wie motiviert man sich in Zeiten, in denen man keine vernünftigen Rollen angeboten bekommt?

Landauer: Sich nur über den Beruf zu definieren, noch dazu über einen, der ständigen Schwankungen unterliegt, halte ich für gefährlich. Jeder Mensch hat so viele Seiten in sich, die alle gelebt werden sollten. Ich bin beispielsweise auch mit großer Liebe und Hingabe Mutter meiner 15-jährigen Tochter Marlene. Wenn ich in manchen Zeiten weniger arbeite, widme ich mich ihr.

Frage: Wie viel Glamour hat der Job?

Landauer: Phasenweise liebe ich es, zu all den Empfängen, Preis-verleihungen, Veranstaltungen und Bällen zu gehen, besonders während der Berlinale. Und dann gibt es Phasen, da mag ich das gar nicht, aber dann gehe ich eben nicht hin. Oft rufen Journalisten an und fragen mich nach meiner Meinung zu diesem oder jenem Thema. Es freut mich, dass ich manchmal die Möglichkeit habe, eine Meinung zu äußern, die vielleicht nicht die allgemein übliche ist. Ich sehe darin eine Chance, neue Gedankenimpulse zu geben – diese Form des Glamours finde ich am schönsten.

Frage: Welchen Beruf könnten Sie sich vorstellen, wenn Sie nicht Schauspielerin wären?

Landauer: Managementtrainerin und Buchautorin – was ich mit viel Freude und Kreativität tatsächlich umsetze. Ich hatte schon immer viel unterrichtet. Dann baten mich andere Berufsgruppen um Hilfe. Viele müssen ja heute auf eine Bühne oder vor die Kamera, um das, was sie inhaltlich am Schreibtisch erarbeitet haben, vor einem Publikum überzeugend zu präsentieren.

Also entwickelte ich über viele Jahre »Manageacting« – eine Art Schauspieltraining für Führungskräfte aus Wirtschaft, Politik, Management. Von unseren erlernbaren Techniken wissen die anderen Berufsgruppen recht wenig, und das gebe ich nun in Coachings und Seminaren weiter. Ich schreibe gerade ein Buch darüber, das zur Buchmesse bei Econ erscheint.[14]

Info-Box

Weitere Informationen erhält man bei:

Interessengemeinschaft Deutscher Schauspieler
Prinzregentenstr. 52
80538 München
Tel.: (0 89) 22 35 95
Fax: (0 89) 22 68 23
www.ids-ev.de

Verband österreichischer Filmschauspieler
Spittelberggasse 3
A-1070 Wien
Tel./Fax: 00 43 (1) 5 22 32 34
www.austrian-actors.com

Private Schauspielschulen und Lehrer, die Unterricht anbieten, gibt es überall. Hier nur einige filmspezifische Ausbildungsstätten:

European Film Actor School (EFAS)
Gieshübelstrasse 62c
CH-8047 Zürich
Tel.: 0041 (1) 4612205
Fax: 0041 (1) 4612236
www.schauspielschule.ch

Hollywood Acting Workshop
2400 West Silverlake Drive
Los Angeles, CA 90039, USA
Tel.: 001 (323) 6682685
Fax: 001 (323) 6680853
www.actingtraining.com

Lee Strasberg Theatre Institute
115 East 15th Street
New York, NY 10003, USA
Tel.: 001 (212) 5335500
Fax: 001 (212) 4731727
www.strasberg.com

Eine Internet-Datenbank mit rund 20000 Adressen aus der Filmbranche, darin enthalten eine Casting-Datenbank mit Bildeintrag (Gebühr ca. 30 Euro) für Schauspieler, kann man im Internet unter www.film-abc.de einsehen.

Die einzige Künstleragentur ausschließlich für ausländische Schauspieler in Deutschland ist:

Foreign Faces
Bismarckstr. 84
10627 Berlin
Tel.: (030) 3150 7955
Fax: (030) 3150 5565
foreignfaces@t-online.de

M. K. Lewis, Rosemary Lewis, *Your Film Acting Career: How to Break into the Movies & TV & Survive in Hollywood*, Santa Monica 1997
Thomas Koebner (Hg.), *Schauspielkunst im Film. Erstes Symposium (1997)*, St. Augustin 1998
Michael Shurtleff, *Erfolgreich Vorsprechen*, Berlin 2001

Regieassistenz

Der Bundesverband der Fernseh- und Filmregisseure besteht darauf: Regieassistenz ist ein eigenständiges Berufsbild. Also keineswegs der Job beim Film, bei dem man darauf wartet, dass der Regisseur umfällt und die große Stunde für den Assistenten kommt. Das sieht auch Katrin Melhop so, die für mehrere große Kinoproduktionen gearbeitet hat, unter anderem bei Wim Wenders' *In weiter Ferne so nah.* »Ich persönlich finde, dass der praktische Weg zur Regie über das Script oder die Assistenz nicht unbedingt sinnvoll ist. Man setzt sich immer zu sehr mit den organisatorischen Möglichkeiten und den Anschlüssen auseinander und verliert dann leicht den Blick fürs Ganze.«

Organisation und Planung auf allen Ebenen des Films ist Melhops Geschäft als Regieassistentin. Das beginnt schon Monate vor Drehbeginn, im Idealfall etwa ein Vierteljahr. Während der Regisseur die Inszenierung, den Ablauf der Geschichte, die Kameragestaltung plant, unterteilt die Assistentin das Drehbuch in Auszüge für die verschiedenen Abteilungen wie Kostüm, Maske, Requisite, Special Effects oder in Hinblick auf bestimmte Toneffekte.

»Listen bestimmen mein Leben«, meint Melhop dazu. Sie muss genau wissen, wann welche Szene gedreht wird, an welchem Drehtag welche Schauspieler, Komparsen, Pyrotechniker oder Fahrzeuge benötigt werden – und dafür sorgen, dass später jeder und alles aufs Stichwort bereit steht. Sie teilt die Drehtage so ein, dass einzelne Darsteller ihre Szenen im Ganzen abdrehen und dann zum nächsten Film weitereilen können. Auch bei den »Auflösungsbesprechungen« ist sie dabei: Regisseur und Hauptkameramann oder -frau legen fest, welche Kamera welche Szene aus welchem Blickwinkel aufnimmt, wie lang die Einstellung jeweils sein soll. Für Melhop hat das unter Umständen Konsequenzen. »Plötzlich sind dann Requisiten im Blickfeld, an die ich vorher nicht gedacht habe. Dann muss ich die geänderte Planung an die Ausstattung weitergeben.« Je nach Aufgabenverteilung durch den Regisseur gibt sie manchmal auch die Beschaffung der Requisiten in Auftrag. Dass am Set, beim Drehen, die Regieassistenz verantwortlich für den reibungslosen Ablauf der Planungen ist, bedeutet den Verzicht auf jegliche Freizeit während der Produktionsphase. »Lange Anfahrtswege, frühes Aufstehen, abends Muster angucken sind Pflichtprogramm, 14-Stunden-Tage normal«, beschreibt Melhop den Alltag.

Bei amerikanischen Produktionen gibt es mindestens zwei oder drei Assistenzen. Einer der Assistenten des Assistenten übernimmt dabei gewissermaßen die Funktion eines Aufnahmeleiters. Sein Drehtag würde dann schon am Abend zuvor beginnen, erläutert Dan Acker, zweiter Assistent bei einigen Science-Fiction-Filmen, die es bisher nicht ins deutsche Kino geschafft haben. Acker verteilt die so genannten Call-Sheets an Darsteller, Komparsen und Techniker, damit jeder weiß, wann er am nächsten Tag gebraucht wird. »Wenn ein Schauspieler für den nächsten Mittag als Alien seinen Auftritt hat, muss er spätestens um acht Uhr in die Maske.« Dan ist meist schon früher am Set, weil er auch als »Informationskanal« für alle dient. Wer eine Frage oder ein Problem hat, kommt zu ihm, und er muss dann wissen, wer die Antwort kennt. »Oder es herausfinden«, lacht er. Weniger zum Lachen sind die strengen Gewerkschaftsregeln, die der Texaner beachten muss. Jede Abteilung hat eine eigene Gewerkschaft, eigene Überstundenregeln, die er alle kennen muss, um Kosten für die Produktion zu vermeiden.

In Hollywood mit seinem Studiosystem fällt die Zeitkontrolle der gedrehten Szenen und das »Durchstoppen« des Drehbuchs vor Drehbeginn in den Aufgabenbereich der Continuity-Leute. Die Berlinerin Katrin Melhop nimmt das Zeitmaß des Drehbuchs in der Regel selbst, um festzustellen, ob Dialoge und andere Szenen die vorgesehene Länge des Films erreichen oder eventuell Text dazugeschrieben oder gekürzt werden muss. »Es gibt da unterschiedliche Herangehensweisen der Regisseure«, weiß sie aus Erfahrung, »die einen bevorzugen elegisch-lange Einstellungen, andere favorisieren einen knackigen, videoclipmäßigen Rhythmus.«

Melhop hat ein Gespür dafür entwickelt, wie lange der Regisseur wohl ein Bild stehen lassen wird. »Dann kann man sich im Kopf auch die Dauer einer Autofahrt vorstellen und im Zeitplan festhalten.« Schwierigkeiten machten ihr zu Beginn ihrer Arbeit eigentlich nur die Anschlüsse, weil sie vor der Regieassistenz keine Schneideraumerfahrung hatte. Schnellen Bewegungen in der einen Szene dürfen später, nach der Montage des Films, keine langsamen folgen, »sonst hakt der Film«. Auf so etwas muss Melhop den Regisseur während des Drehens aufmerksam machen, wenn er von den vorbereiteten Auflösungen der Szene einmal abweichen sollte. »Denn eigentlich«, so Melhop, »kann gar nichts passieren, wenn man sich an die Listen hält.«

Was die Regieassistenz nur bedingt vorbereiten kann, ist das Wetter. Aber auch da gibt es Tricks: »Mal abgesehen von den professionellen Regenmachern – ich sehe aus der Reihe ein paar Ausweichszenen vor, die immer und bei jedem Licht aufgenommen werden können. So können wir die Wartezeit nutzen.« Ist bei all den Unwägbarkeiten und dem Stress die Regieassistentin der Prellbock für die Launen und den Frust von Regisseur und Crew? Melhop rückblickend: »Ich hab die Ochsentour hinter mir, Fahrerin, Schreibkraft im Produktionsbüro, Script und Assistenz. Und ich kann nur sagen: Dreharbeiten laufen normalerweise sehr harmonisch ab. Keiner von den Regisseuren hat je den Druck nach unten weitergegeben.«

Info-Box

Weitere Informationen bei:

Bundesverband der Fernseh- und Filmregisseure in Deutschland e. V. (BVR)
Kaiserstr. 39
80801 München
Tel.: (0 89) 34 01 91 09
Fax: (0 89) 34 01 91 10
regieverband@t-online.de

Verband Filmregie und Drehbuch Schweiz (FDS)
Verbandsbüro/Secrétariat
Clausiusstr. 68
CH-8033 Zürich
Tel.: 00 41 (1) 2 53 19 88
Fax: 00 41 (1) 2 53 19 48
info@realisateurs.ch

Österreichischer Regie-Verband-TV
Bösendorferstr. 4
A-1010 Wien
Tel.: 00 43 (1) 5 04 76 20-5
Fax: 00 43 (1) 5 04 79 71
www.directors.at

Ein Assistant Directors Training Program wird in Sherman Oaks angeboten. Voraussetzung für die Teilnahme an dem 400-Drehtage-Kurs mit begleitenden Seminaren ist die Arbeitserlaubnis für die Vereinigten

Staaten. Teilnehmer müssen mindestens 21 Jahre alt sein und einen Hochschulabschluss bzw. eine Reihe von Jahren Praxiserfahrung in der Filmindustrie nachweisen. Die jährlich 20 Trainees des Programms erhalten in der Zeit, in der sie an einem Projekt arbeiten, ein Minimalgehalt zwischen 504 und 619 US-Dollar pro Woche. Aufnahmetests finden jährlich in Los Angeles und Chicago statt:

Directors Guild – Producer Training Plan
14724 Ventura Boulevard, Suite 775
Sherman Oaks, CA 91403, USA
trainingprogram@dgptp.org
www.dgptp.org

Einen Einführungskurs in die Arbeit der Regieassistenz, möglichst mit Praktika und Seterfahrung vor der Teilnahme, bietet an:

Filmhaus Hamburg
Friedensallee 7
22765 Hamburg
Tel.: (0 40) 39 90 99 31
Fax: (0 40) 3 90 95 00
www.medienundkultur.hamburg.de

Script / Continuity

Das Script oder das Continuity sitzt neben dem Regisseur und macht sich Notizen. Falsche Grammatik? Tradition. Im frühen Filmgeschäft schickte der Produzent eines Films, stellen wir uns Hollywood-Tycoon David A. Selznick vor, seine Sekretärin zum Set, um aus erster Hand über den Fortgang der Dreharbeiten informiert zu sein. Das war das Script-Girl.

Heute ist Script oder Continuity ein Knochenjob, für den Männer und Frauen eine Menge von Film, Technik und dem Ablauf von Dreharbeiten verstehen müssen. In den USA gibt es Schulen dafür, in Deutschland lernt man den Beruf meist in der Praxis. Continuity-Fachfrau Franziska Werners, die schon an internationalen Produktionen mitgearbeitet hat, ist ihres Wissens die einzige in Deutschland, die Seminare als Einführung in den Beruf anbietet. Ansonsten lernt man Script »nebenbei, an der Filmhochschule in München, aber nur die internen Studenten«.

Was ist nun die Aufgabe von Script oder Continuity, warum gibt es so unterschiedliche Berufsbezeichnungen? Keine Filmproduktion, keine Fernsehserie kommt ohne sie aus: Michael Worzek aus Berlin und seine Kollegen und Kolleginnen sind das lebende Gedächtnis eines Films und letzte Kontrollinstanz, dass keine Fehler gemacht werden. Ganz wichtig: die Negativliste. Das Script notiert akribisch, welche Einstellung, welche Klappe auf welchen Metern Filmmaterial erscheinen. »Dazu nummerieren wir auch die Einstellungen und die Klappen«, erklärt Worzek. Die fertige Liste zeigt dem Kopierwerk, wo genau auf welcher Rolle das belichtete Filmmaterial »Kopierer« enthält. Kopierer sind die Aufnahmen von einem Drehtag, die Regisseur und Kameramann für gelungen halten und die sie sich am Abend in der Mustervorführung anschauen wollen. Aus diesen Einstellungen und Szenen entsteht am Ende der fertige Film – die anderen Takes werden erst gar nicht in Positivfilm umgesetzt.

In der heutigen Zeit streng wirtschaftlicher Planung gibt die Negativliste außerdem der Produktionsgesellschaft Aufschluss über die Verwendung des Filmmaterials. Wenn allzu viele Einstellungen allzu oft wiederholt werden müssen, übersteigen die Kosten schnell das Budget. »Der Produzent will wissen, warum eine Aufnahme abgebrochen wird, also schreib ich das auch auf.« Überhaupt: Seinen Kugelschreiber, den er um den Hals trägt, hält Worzek für sein wichtigstes Arbeitsutensil. Denn mit der Negativliste ist es nicht getan: »Ich notiere im Zweifel alles, was der Regisseur sagt, es könnte wichtig werden.« Wichtig könnten die Notizen etwa beim Filmschnitt werden, wenn sich niemand mehr daran erinnern kann, in welcher Einstellung der Hauptdarsteller in den Himmel guckt. Weil das so ein schöner Anschluss an eine andere Einstellung wäre, wendet man sich hilfesuchend an das Script. Das Script weiß dann, ob der Himmel klar oder bedeckt war und, im Zweifel, welche Wolkenformationen man anschließend sehen sollte.

Damit ist auch die Berufsbezeichnung »Continuity« erklärt, zu

Deutsch »Zusammenhang«. Denn Filme werden alles andere als zusammenhängend gedreht. Schon einzelne Szenen werden in mehrere Einstellungen aufgelöst. Die Kamera dreht einen Dialog erst aus einem Blickwinkel, erläutert Worzek, »dann wird das Ganze für den Gegenschuss umgebaut, Kabel und alles. Ich achte dann vor allem auf die richtige Blickachse, sonst reden die Personen im Film später nicht wirklich miteinander.«

Aufwändig wird die Arbeit durch den Drehplan, der für möglichst effektive Arbeit sorgt. Alle Szenen mit einzelnen Darstellern sollen möglichst im Block aufgenommen werden, um die Drehtage der Schauspieler zu begrenzen. Auch an einer bestimmten Location will das Team möglichst nur einmal aufbauen. Der Schluss eines Films kann dabei schon mal am Anfang der Arbeit stehen. »Brigitte Mira damals in *Liebe das Leben* musste in ein Haus gehen und kam erst gegen der Ende der Dreharbeiten in der Wohnung an«, erzählt Worzek. Die Continuity sorgt dafür, dass die Garderobiere sie in die gleiche Kittelschürze steckt und die gleiche Anzahl Knöpfe offen lässt wie Tage zuvor. Sonst tauchen im Film wie von Geisterhand geöffnete Blusen oder gefüllte Biergläser auf (so geschehen in der Schlussszene des Monroe-Klassikers *Wie angelt man sich einen Millionär?*).

Filmfans lieben und sammeln solche Fehler, und je aufwändiger ein Film ist, desto ergiebiger scheint die Fehlerquote. Oscar-prämierte Filme wie der *Gladiator* machen dabei keine Ausnahme. Gut 53 Fehler listet die US-Internetseite http://us.imdb.com auf, allein 13 echte Continuity-Fehler, weitere zehn, die offenbar umstritten sind. Fachleuten wie Worzek fällt der Schnitzer auf, wenn »sich Lucilla in der einen Einstellung über den sterbenden Maximus beugt und einen Schatten auf sein Gesicht wirft, der im Gegenschuss nicht mehr da ist«. Das Premierenpublikum des Westernklassikers *Wer erschoss Liberty Valance?* wird dagegen 1961 kaum gemerkt haben, dass sich John Wayne in einem brennenden Haus umgezogen hat: »Als er es betritt, trägt er ein graues Hemd, als er herauskommt, ein schwarzes von ganz anderer Machart. Mein Lieblingsfehler«, fügt Worzek hinzu.

Derartige Fehler zu verhindern, gehört zu seinen Aufgaben. Er ist einer der Ersten am Set, kontrolliert Drehort, Bauten, Requisiten anhand seiner Notizen und Polaroidfotos vom Vortag oder der vergangenen Drehwoche. Dann schaut er nach den Darstellern: Tragen sie die richtigen Kostüme für die Szenenanschlüsse, sind sie richtig geschminkt? Auch hier müssen Details stimmen, deshalb hat Worzek Polaroids gemacht, die ihm helfen, sich selbst an einen Krawattenknoten zu erinnern. Wenn die Arbeit der anderen beginne, erzählt er, »schleiche ich mich hinter die Kamera, schaue dem Kameraassi über die Schulter und notiere mir die Blende, das benutzte Objektiv und den Stand des Zählwerks«. Wirkliche Entspannung gibt es nicht. Wenn die Kamera läuft, muss das Script auf Textänderungen und Kamerafahrten achten: »Wie weit schwenkt der Kamerakran, wie weit rollt der Kameramann auf der Schiene an die Szene heran, so etwas eben.«

Kann er, wenn er beim Drehen einen Fehler entdeckt, unmittelbar eingreifen? »Nur der Regisseur, der Kameramann und der Aufnahmeleiter dürfen eine Aufnahme unterbrechen. Das gehört zu den ungeschriebenen Gesetzen.« Die Stellung von Script oder Continuity bei einer Produktion hängt seiner Erfahrung nach von der Zusammensetzung des Teams und der Einstellung von Regie und Kameramann ab: »Vom lebenden Tonband bis zum Hilfsregisseur – die ganze Bandbreite hab ich schon erlebt.« In relativ kleinen Teams wie beim Dokumentarfilm *Bruno, der Schwarze*, einem Abschlussfilm an der DFFB (Deutsche Film- und Fernsehakademie Berlin) über einem Berliner Sonderling, könne man sich mit dem Regisseur vorher über die Kommunikation einigen. Ansonsten müsse man warten, bis der Regisseur oder der Aufnahmeleiter Zeit hat zuzuhören.

Wenn Worzek seine Arbeit gut gemacht hat, wird das später im Film nicht zu merken sein, denn dann gibt es keine Fehler. Dennoch sei sein Beruf keineswegs unbefriedigend, meint Worzek. Wenn die Dreharbeiten gut liefen, wenn man nach ein paar Tagen gut im Fluss sei, mache das Spaß. Allerdings glaubt er, dass die Script-Leute bei anstrengenden Projekten durchaus auf sich aufmerksam machen. »Ich bin überzeugt, dass manch harmloser Continuity-Fehler in Wirklichkeit ein privater Scherz zwischen Script und Kameraleuten ist.«

Info-Box

Achtung: Beim Schweizer Fernsehen meint Script etwas anderes als das hier geschilderte Berufsbild. Im Rahmen von aktuellen Sendungen bedient das Script das Bildmischpult und gibt Anweisungen an Kameraleute und andere Mitarbeiter, koordiniert nach Anweisungen der Regie deren Einsatz und führt am Mischpult den Bildschnitt aus.

Ein Einführungsseminar für Continuity/Script bietet an:

Kölner Filmhaus e. V.
Maybachstr. 111
50670 Köln
Tel.: (02 21) 22 27 10-0
Fax: (02 21) 22 27 10-99
www.k-filmhaus.de

Bundesverband der Fernseh- und Filmregisseure (Hg.), *Regie Guide 2001/2002. Regie – Assistenz – Continuity*, Berlin 2001

Choreograf

Ein Quereinsteiger, ein Mann ohne formale Ballettausbildung, schaffte den Aufstieg zum Star am Hollywood-Himmel: Busby Berkeley. Der wohl berühmteste Musical-Choreograf besuchte eine Militärakademie und brachte im Ersten Weltkrieg Rekruten das Exerzieren bei, bevor er am Broadway und später für die großen Studios streng geordnete Reihen schwingender Mädchenbeine ins Bild setzte. Der geniale Tanztrainer und Tanzinszenierer nutzte als Erster die vielen Blickwinkel, die das Kameraauge bietet, um den Tanz als Wirbel, als eigenständiges Drama zu filmen. Die sensationellen Tanzszenen in *42nd Street* lockten selbst während der Wirtschaftskrise so viele Menschen ins Kino, dass der Film die Warner Bros. Pictures Inc. vor dem Ruin bewahrte.

Interview

Stefan Lux unterrichtet klassischen Tanz an der Staatlichen Ballettschule Berlin. Neben seiner Karriere als Solotänzer auf der Bühne sammelte er Film- und Fernseherfahrung als Moderator, Tänzer und Choreograf. Unter anderem choreographierte er den Film *Kinderkreuzzug. Symphonia da Requiem*, nach einem Gedicht von Bertolt Brecht.

Frage: Wie unterscheidet sich Filmchoreografie von der Bühnenarbeit?

Lux: Auf der Bühne gestalte ich die Choreografie für eine Guckkastenoptik, in einer bestimmten Perspektive, die allen Zuschauern mehr oder weniger denselben Ausschnitt zeigt. Beim Film kann ich, muss ich diese gewohnten Erfahrungen einreißen. Ich muss neue Blickwinkel erfinden, von welcher Seite auch immer.

Frage: Können Sie das an einem Beispiel verdeutlichen?

Lux: In einer Szene des *Kinderkreuzzugs* habe ich die Kinder die Arme kreuzen lassen – die Fäuste geballt, Daumen und kleine Finger ebenfalls über Kreuz. Wenn dann die Kamera eine Fahrt macht, Großaufnahme der Arme und Gesichter, symbolisieren die Hände der Darsteller plötzlich einen Stacheldrahtzaun. Der Eindruck war überwältigend. Ein Stacheldrahtzaun aus bloßen Gesten und die dahinter hervorschauenden erschreckten Gesichter der Tänzer – das hatte etwas Dramatisches. Auf der Bühne könnte ich diesen Effekt nicht erzielen. Ein Symbol derart herauszuheben und durch eine Großaufnahme so exponiert zu präsentieren, ist typisch für die Arbeit mit der Kamera.

Frage: Wie verständigen Sie sich mit dem Regisseur und dem Kameramann darüber, was Sie planen?

Lux: Normalerweise wird ein optisches Drehbuch angefertigt, ein Storyboard, in dem mit kleinen Zeichnungen aufgezeigt wird, welche Figuren später wie erscheinen sollen. Jeder weiß genau, bei welchem Takt welcher Bildausschnitt gezeigt wird oder in welcher Größe die einzelnen Tänzer bei welcher Bewegungsabfolge aufgenommen werden sollen. Daraus geht auch hervor, wie das Licht eingesetzt wird, wie die Schatten der Figuren fallen. Oft bekommt das Licht eine geradezu dramatisierende Funktion.

Frage: Wie geht es dann weiter?

Lux: Vom Kameramann erwarte ich, dass er sich im Probensaal die Choreografie ansieht und sich schon bestimmte Bewegungsabläufe aussucht, die er beispielsweise später in der Totalen herausfiltern möchte. Dann tüfteln wir gemeinsam an einer wirkungsvollen Aufnahmeabfolge herum.

Frage: Die Aufführung wird nicht einfach abgefilmt?

Lux: Nein, das wäre eigentlich kein Tanzfilm. Wenn beispielsweise mehrere Kameras die Situation gleichzeitig aufnehmen, dann können Bewegungsabläufe später überblendet und die unterschiedlichsten visuellen Effekte erzielt werden.

Frage: Das heißt, die Choreografie plant schon die Möglichkeiten der Post-Production ein?

Lux: Man hat ja die dramaturgische Möglichkeit, eine kurze Sequenz durch ständige Wiederholungen hervorzuheben. Mitunter werden auch Bewegungsabfolgen ohne Musik mehrmals wiederholt. Tänzer lernen, ihre Bewegungen präzise zu wiederholen. Diese Gleichförmigkeit hilft beim Filmen enorm, denn man kann die Tänzer Einzelbilder in kleineren Sequenzen gesondert tanzen lassen und später beim Schnitt zusammenfügen, ohne dass es auffällt.

Frage: Dann arbeiten Sie mit den Tänzern für den Film auch anders als im klassischen Repertoire?

Lux: Der Tänzer darf natürlich nicht in die Kamera schauen, ansonsten haben sie ihre einstudierten Bewegungsabläufe zu tanzen. Insofern bleibt die Arbeit die gleiche. Allerdings hat die Kamera andere ästhetische Gesetze. Auf der Bühne braucht ein Tänzer viel Theatralik, übertreibt die Ausdrucksgestik. Vor der Kamera müssen meine Tänzer sich in Mimik und Gestik deutlich zurücknehmen, viel reduzierter agieren. Besonders beim Einsatz vor mehreren Kameras müssen die Tänzer außerdem in bester körperlicher Verfassung sein, denn die Spannkraft wird hier besonders deutlich. Die Tänzer werden sozusagen von allen Seiten durchleuchtet.

Frage: Kann es bei Filmen zu Konflikten zwischen Choreograf und Regisseur kommen? Beide sind ja gewohnt, das Sagen zu haben.

Lux: Beim *Kinderkreuzzug* hatte ich Glück. Der Regisseur war für Tanzfilme geradezu prädestiniert – er ist selbst ausgebildeter Tänzer und hat zusätzlich Regie studiert. Er brachte also aus beiden Richtungen den fachlich geschulten Blick mit, wusste genau, welche Kameraperspektive welche Bewegungsabläufe wirkungsvoll herausstellt und wie eine für die Bühne geschaffene Choreografie sinnvoll für den Film adaptiert werden kann.

Info-Box

Larry Billman, *Film Choreographers and Dance Directors. An Ilustrated Biographical Encyclopedia with a History and Filmographies – 1893 through 1995*, Jefferson, N.C., USA 1997
Deirdre Towers, *Dance Film and Video Guide*, Princeton, NJ, USA 1991
Arthur Maria Rabenalt, *Tanz und Film*, Berlin 1960

Stuntman

Sicherheitsbewusstsein, nicht Draufgängertum, bestimmt sein Leben. Gleichwohl stürzt sich Armin Sauer von Hochhausdächern und lässt sich von Autos überfahren. Doch nicht aus Leichtsinn oder Waghalsigkeit – der Berliner ist Stuntman beim Film und wird für seine Einsätze bezahlt. Ob Treppenstürze, gefährlich aussehende Faustkämpfe, halsbrecherische Verfolgungsjagden oder Sprünge aus fahrenden Zügen, Sauer plant punktgenau den Ablauf solcher Filmszenen. Denn er weiß: »Für unsereinen ist Planung die beste Lebensversicherung.«

Stuntmen sind die heimlichen Helden des Films. Viele sportliche Filmfans träumen von einem Part in einem Action- oder Kriegsfilm: einmal die Stunts für Silvester Stallone oder Arnold Schwarzenegger doubeln. Denn diese Schauspieler stehen im Ruf, selbst schon sehr riskante Szenen zu wagen – wie aufregend muss dann erst die Arbeit ihrer Stuntmen sein!

Schwarzenegger erhielt im Mai 2001 von der World Stunt Academy (Mitglieder sind 800 professionelle Stunt-Akteure) sogar den *Taurus Honorary Award* für sein Lebenswerk. Nicht ganz überraschend, sind doch seine Filme ein komplettes Arbeitsbeschaffungsprogramm für diesen Berufszweig. Der prosaische Hintergrund: Die Filmversicherungen bestehen auf dem Einsatz von Stunt-Leuten, denn gegen einige besonders gefährliche Unfallrisiken versichern sie die teuren Stars nicht. Doch es bedarf gar nicht gewalttätiger Filme auf der Leinwand, damit Stunt-Leute, zunehmend auch Frauen, ihre Chance bekommen. So musste Tanja de Wendt, Deutschlands Topstar unter den Stunt-Frauen, schon Inge Meisel doubeln, wie sie vom Auto angefahren wird. Nicht einmal selbst vom Stuhl fallen dürfen manche Kinostars.

Neben Film- und Fernsehszenen drehen die mutigen Männer und Frauen auch Werbespots (denken Sie an die Bankreklame, die einen Skifahrer über einen Abgrund springen lässt). In Wild-West-Shows und bei Events reiten sie edle Pferde oder führen in Filmparks in speziellen Shows ihr Können vor. Rund 100 professionelle Stunt-Leute leben in den Filmzentren Berlin, München, Hamburg oder Köln. In der Münchener Filmstadt der Bavaria erlauben 40 Stunt-Leute den Blick hinter die Kulissen, neben ihrer Arbeit bei Filmdrehs selbstverständlich. Auch im Filmpark Babelsberg demonstriert ein zwanzigköpfiges Team, mit Armin Sauer an der Spitze, professionelles Fallen und Brennen oder inszeniert Unfälle. Seine Gruppe besteht aus 17 Männern und drei Frauen, 80 Prozent von ihnen kommen ursprünglich aus dem Kampfsport. Zum Team gehören aber auch Turner, Kickbox-, Tauch- oder Reitexperten. »Jeder beherrscht ein bestimmtes Fachgebiet, und so sind wir unterschiedlich bei den Filmproduktionen einsetzbar.«

Der unvergessene »Klettermaxe« Armin Dahl war der erste Stuntman in Deutschland. Seine halsbrecherischen Aktionen hielten das Publikum in Atem, er riskierte sein Leben lang Kopf und Kragen. 76 Jahre wurde er alt, ganz in dem Sinne: »Nur ein alter Stuntman ist ein guter.« Seine Devise lautete: »Lieber zehn Minuten Angst, als einen ganzen Monat arbeiten.« Angst ist gut in diesem Beruf, Draufgängertum und Höhenangst in diesem Beruf lebensgefährlich.

Von seinen Stunt-Anwärtern erwartet Sauer neben körperlicher

Fitness auch Gelassenheit und technisches Verständnis. Die Autos für die Crashs oder die Kartonstapel zum Auffangen der Stürze werden vom Team selbst präpariert. »Wir arbeiten auch bei den relativ einfachen Sprüngen immer zu zweit. Der Springer kann sich so auf seinen Einsatz und auf seinen Körper konzentrieren, während der andere sich um das Umfeld kümmert«, erklärt Sauer. Die Teamfähigkeit ist daher in diesem Beruf besonders wichtig. Die Professionalität der Gruppe ist die Voraussetzung dafür, dass die gefährlichen Momente zu einem kalkulierbaren Risiko werden.

Auch für die Sicherheit der Filmleute ist Sauers Truppe zuständig. Wenn der Kameramann bei Aufnahmen über einem Abhang stehen muss, sichern die Stuntleute ihn und die Kamera. Die eigentliche Schwierigkeit sieht der erfahrene Stuntman in der langen Warterei bei den Dreharbeiten, wenn etwa ein scheinbar endloser Dialog dem Absturz vorangeht, und der wieder und wieder gedreht wird. »Bis die Szene dann im Kasten ist«, erläutert Sauer, »lässt die Konzentration nach, und das ist in unserem Job besonders gefährlich.« Da die Crew in Babelsberg ohne feste Anstellungsverträge arbeitet, verdient jeder nur dann, wenn er oder sie arbeiten kann. »Und arbeiten können wir nur, wenn wir topfit sind.« Zu einem Stunt gehören Körperbeherrschung und Fitness, verbunden mit präziser Vorbereitung, Vorausplanung und extremer Kontrolle.

Nach zehn Jahren beim Film verfügt Armin Sauer über einen reichen Erfahrungsschatz und setzt seine Fähigkeiten heute vor allem als Stunt-Koordinator ein. Er tüftelt mit dem Regisseur und der Produktionsleitung aus, wie einzelne Actionszenen sicher, aber wirkungsvoll auf die Leinwand kommen können und fragt dabei: »Wie kann ich die Idee visuell umsetzen, ohne dass dabei etwas passiert?« Für einen Film mit vielen asiatischen Kampfszenen mit vielleicht 15 Drehtagen für sein Team benötigt Sauer etwa einen Monat Vorbereitungszeit. Anhand des Storyboards probiert er mit der Stunt-Crew die wirkungsvollsten Bewegungsabläufe aus. Bei einem Sprung vom Balkon aus 15 oder 20 Metern Höhe bedarf es allerdings kaum noch einer Planung, denn das haben sie alle gelernt: »Da werden die besten Springer eingesetzt und fertig.«

Armin Sauer betrieb asiatischen Kampfsport, bevor er durch Zufall eine Stunt-Crew fand. Er machte sich im Team nützlich und blieb. Auch er bekommt oft Anrufe von Leuten, die sich für den Beruf als Stuntman interessieren. »Wichtig ist, wenn jemand fragt, was kann ich tun, kann ich irgendwo helfen? Gut auch, in einer freien Minute zu bitten: Kann ich den Sprung mal machen, könnt ihr mir das zeigen?« Nicht die großen Einsätze und viel Geld sollen seinen Nachwuchs locken, meint Sauer, sondern die körperlichen Aktionen und die Arbeit in der Gruppe.

Für Stunts gibt es mittlerweile eine Reihe von Schulen, die Anfänger und sogar Kinder einführen. In eintägigen Sichtungsseminaren testen die Ausbilder, ob die Interessenten geeignet sind. Umgekehrt können durchtrainierte Laien ausprobieren, ob der Job ihnen liegt. Nicht alle Stunt-Leute leben von ihrem Job. Einige arbeiten auch nur hin und wieder und lassen sich für spezielle Aktionen einsetzen. In den Komparsenkarteien bei den Agenturen werden die körperlichen Fertigkeiten dieser »Edelstatisten« vermerkt. Und vielleicht lebt man doch eines Tages in Hollywood, wie der Deutsche Matthias Hues, der inzwischen eigene Action- und Kampfsportfilme dreht.

Info-Box

Einblicke in das Berufsbild bei:

Filmpark Babelsberg
Stunt-Team
August-Bebel-Str. 26–53
14482 Potsdam
Tel.: (0 18 05) 34 56 72
Fax: (0 18 05) 34 56 77
www.filmpark.de

Bavaria Film- und Fernsehstudios
Stunt-Team
Bavariafilmplatz 7
82031 Geiselgasteig
Tel.: (0 89) 64 99 23 04
Fax: (0 89) 64 99 22 40
www.bavaria-film.de

Stunt-Schule Köln/Düsseldorf
An der Hasenkaule 1–7
50354 Hürth
Tel.: (0 22 33) 50 81 61
Fax.: (0 22 33) 50 81 81

Workshops werden angeboten bei:

Stunt-Team
Ralf Siegert
Kleiner Griechenmarkt 44
50676 Köln
Tel.: (07 00) 7 88 68 83 26

Einen zweitägigen Schnupperkurs und einwöchigen Grundkurs bei:

Stunt-Action
Jörg Pohl
Sommerstr. 4
86156 Augsburg
Tel.: (08 21) 44 29 56

Schnupperkurse für Kinder mit Bühnenboxen, Stockkampf, Treppen-
stürzen und Höhensprüngen ermöglicht die:

Movie-Kids-Stunt-Schule
Rather Broich 56
40472 Düsseldorf
Tel.: (02 11) 6 41 56 95
www.movie-kids.de

Ein Stunt-Weekend (für Interessenten ab 16 Jahre) bietet:

Stunt & Action Production
Oliver Keller
Breitistrasse 2
8478 Thalheim/Schweiz
Tel.: 00 41 (76) 3 79 52 01

Tiertrainer

US-Komiker und Vaudeville-Star W. C. Fields prägte den unver-
gesslichen Satz: »Wer Kinder und Hunde hasst, kann kein ganz
schlechter Mensch sein.«

Dennoch: Tiere jeder Art bevölkern die Leinwände, werden
manchmal sogar zu heimlichen Stars in der Geschichte. In der

Screwball-Komödie *Leoparden küsst man nicht* von 1938 spielt die Raubkatze gleich zwei Hollywood-Stars, Katherine Hepburn und Cary Grant, an die Wand. Dass die Dreharbeiten für solche Filme in einem vertretbaren Zeitrahmen bleiben, dafür sorgt ein Tiertrainer. Er ist gefragt, wenn Rentiere einen Schlitten ziehen oder Straußenvögel, laut Drehbuch, ordnungsgemäß die Straße überqueren sollen.

Der Berliner Gerd Harsch trainiert seit 15 Jahren Film-Tiere wie Raubkatzen, Affen, Hunde, Greifvögel, Papageien, Steinmarder oder Reptilien. »Nicht jedes Tier ist geeignet, die Hektik, das heiße Scheinwerferlicht, die Ortsveränderungen und die ständigen Wiederholungen zu ertragen«, erklärt Harsch, der einen Blick für Tiere hat, die derartige Situationen durchstehen. Von 30 Affen sind es vielleicht fünf. Vielen versagen einfach die Nerven, wenn beispielsweise eine Lampe explodiert. Seinen großen Tiger kann dagegen nichts erschüttern. »Dschandra ist schon vor 20 000 Boxfans aufgetreten und hat nicht einmal mit der Wimper gezuckt«, erzählt der Tiertrainer.

Früher betrieb Gerhard Harsch eine Tierhandlung. Als Spinnen für ein Musikvideo aufgenommen werden sollten, hat er sie dafür trainiert. Ein Jahr später waren er und seine Tiere so gefragt, dass er wegen Zeitmangels seinen Laden schloss. Harsch ist ständig auf Reisen mit seinen Tieren. Haustiere nimmt er mit ins Hotel. Die großen Katzen übernachten in Käfigen in Lagerhallen.

Fast alle seiner Tiere sind als Babies zu ihm und seiner Frau gekommen und zum Teil mit der Flasche großgezogen worden: »Sie sind von uns geprägt und vertrauen uns völlig, ob das aus dem Nest gefallenen Eichhörnchen oder das verwaiste Pumababy.«

Er trainiert die Tiere auf Handzeichen, denn die Stimme würde die Arbeit am Set nur stören. Während der ganzen Produktion bleibt er in ihrer Nähe, denn nur so fühlten sie sich geborgen. Er selbst nutzt ihre natürlichen Verhaltensweisen, Spieltrieb und Neugier. Doch gibt es immer wieder Tierschützer, die gegen Tiereinsätze protestieren, wie 1939, als bei den Dreharbeiten zum Western *Jesse James* Pferde von einem 20 Meter hohen Felsen in einen reißenden Bach stürzten und starben. Damals wurde die Humane Association gegründet, die seither die Dreharbeiten mit Tieren überwacht. Professionelle Tiertrainer wie Harsch benötigen keine Kontrolle, denn die Tiere sind das Kapital ihrer Besitzer.

Der Berliner Tiertrainer spielte schon als Kind lieber mit Tieren als mit Autos: »Für Tierliebende ist das Trainerdasein eine Lebensaufgabe. Immer wieder werden neue Anforderungen gestellt mit neuen Tricks.« Doch die Filmarbeit sei nicht nur schillernd, hinzu käme auch normale Tierpflege und das Versorgen kranker Tiere. Nicht zuletzt sei ein schier unerschöpfliches Einfühlungsvermögen für die Tiere und »oft auch für die etwas schwierigen Filmleute« vonnöten.

Neben den professionellen Film-Tiertrainern stellen auch viele Privatbesitzer ihre Tiere zur Verfügung. Die rund 20 Tieragenturen in der Bundesrepublik vermitteln dressierte Hunde und Katzen, langmähnige Großkatzen und zahme Ratten. Etwa 200 Euro bringt ein folgsames Haustier pro Drehtag ein; die Löwen und Tiger verdienen immerhin 1 000 bis 2 500 Euro.

In den USA werden (nicht ganz preiswerte) Kurse angeboten, die mit einem Tiertrainer-Zertifikat abgeschlossen werden können. Auch in Deutschland versuchen begeisterte Tierfreunde, sich mit Tierpflegerschein oder Hochschulabschlüssen in Tierpsychologie und Verhaltensforschung einen Job als Tiertrainer zu angeln. Ein solcher Abschluss muss aber nicht unbedingt sein, Gerhard Harsch hat seinen idealen Mitarbeiter jedenfalls woanders gefunden: »Ein Berliner Straßenjunge arbeitet seit über einem Jahr bei mir, und dessen Beziehung zu den Tieren ist einzigartig. Er hat den direkten Draht und die Tiere lieben ihn.«

Info-Box

Praxisnahe Informationen über die Arbeit mit Tieren:

ABC-Tiertraing
Eimsbütteler Str. 3
22769 Hamburg
Tel.: (0 40) 4 39 03 30
Fax: (0 40) 5 26 76 21
www.ABC-Tiertraining.de

Filmpark Babelsberg
Filmtierschule
August-Bebel-Str. 26–53
14482 Potsdam
Tel.: (0 18 05) 34 56 72
Fax: (0 18 05) 34 56 77
www.filmpark.de

Ekkifant-Agentur
Tiere für Film und Werbung
Möckernstr. 111
10963 Berlin
Tel.: (0 30) 21 75 20 83
Fax: (030) 21 75 20 85
ekkifant@alextossi.de

Bavaria Film- und Fernsehstudios
Bavariafilmplatz 7
80231 Geiselgasteig
Tel.: (0 89) 64 99-23 04
Fax: (0 89) 64 99-22 40
www.bavaria-film.de

Statisten

Den Weg zu Filmruhm eröffnet die Komparserie nicht unbedingt. Anfänger träumen wohl davon, entdeckt zu werden, doch das sind falsche Vorstellungen von ihrer Rolle beim Film. Statisten sind lebende Kulisse, schaffen Atmosphäre, ähnlich dem Bühnennebel oder dem schicken Mobiliar in einem Neunziger-Jahre-Yuppie-Film. Und für das Mobiliar gibt die Filmproduktion womöglich mehr aus als für ihre Komparsen.

Fünfzig Euro pro Drehtag und ein paar Euro extra für ein paar Sätze bekommt man üblicherweise als Statist. Die Tarife gehören zu den ernüchternden Seiten dieses Jobs. Gibt es da kein bisschen Glamour, kein bisschen Aufregung? Jens »Pinky« Mäurer, hauptberuflich Kurierfahrer, ist ein alter Hase beim Film. Der Berliner hat in 20, 30 Fernsehfilmen mitgewirkt: »Ein paar Kinofilme waren auch dabei, so genau weiß ich das nicht mehr.« Die Profis erkenne man daran, dass sie sich »selbst die Stullen mitbringen« zum Set, denn die Verpflegung für Statisten sei chronisch schlecht. »Kaffee, Tee, Mineralwasser, Kekse, vielleicht mal Bananen oder Äpfel« ließen die Produzenten für die Komparsen bereitstellen. Dabei könne sich, so Mäurer, ein Drehtag in die Länge ziehen: »Komparserie besteht zu 90 Prozent aus Warten und zu 10 Prozent aus Wiederholungen.«

Glamour bieten die Jobs trotzdem ein bisschen. Mäurer gehörte zum Heer der 5 000 Statisten im Film *Das Duell*, einer Großproduktion in Babelsberg. Solche Massenszenen sind selten geworden, vielfach werden die Statisten heute durch Computertricks ersetzt.

Diesmal aber war Mäurer dabei und konnte Jean-Jacques Annaud bei der Arbeit zuschauen, wenn auch nur von Weitem: »Für die Massen ist die Regieassistenz zuständig, jedenfalls meistens. Und beim Fernsehen kriegt man hauptsächlich den Komparseneinteiler zu Gesicht.« Die Maske werde allerdings gemacht wie bei den Stars, und »bei Außendrehs kann man schon mal mit dem Hauptdarsteller vor dem Spiegel sitzen«, so Mäurer. Statisten des Dauerbrenners *Lindenstraße* erzählten ihm hingegen, dass sie beim WDR mit Mutter Beimer in der Kantine zu Mittag gegessen hätten.

Auch wenn vielleicht niemand so recht hinguckt, wenn der Auftritt, auf den Mäurer möglicherweise 10 Stunden gewartet hat, in 10 Sekunden über die Leinwand flimmert – Professionalität wird auch von den Statisten erwartet. Erreichbar muss der Kurierfahrer sein, schnell abkömmlich, denn die Statisten werden oft einen Tag vorher gebucht. Am Set sollen Mäurer und seine Kollegen pünktlich erscheinen, mucksmäuschenstill sein, wenn »Ruhe! Aufnahme!« gebrüllt wird, und schließlich den Anweisungen buchstabengetreu folgen: »Ist doch auch ärgerlich, wenn jemand den Nebenmann anrempelt, und alles von vorn los geht.«

Mäurer ist mit Anfang Vierzig im gesuchten Alter für Statisten. Eine Dauerbeschäftigung haben auch Männer wie der Autor und Übersezer Harry Rowohlt, der den Obdachlosen Harry Sandler in der *Lindenstraße* spielt. Der berühmteste Statist Deutschlands trägt seinen Rauschebart auch im wirklichen Leben. Von dieser Art Berühmtheit können andere Statisten nur träumen. Denn ein Sprungbrett für die Schauspielerei ist der Statistenberuf eher nicht. Aber, so meint Mäurer: »Wenn du mal in den Film reinschnuppern willst, wenn du wissen willst, wie Filme gedreht werden, ist das wie bezahlter Unterricht.«

Info-Box

Komparsenagenturen für den Einsatz in Film und Fernsehen gibt es vor allem in den Medienzentren München, Köln, Berlin-Brandenburg und Hamburg. Viele bieten ihren Service im Internet an. Bewerber brauchen weder besondere Vorkenntnisse noch ein besonderes Aussehen, gefragt ist jedes Alter. Die Auswahl trifft nicht die Agentur, sondern der Regisseur oder der Besetzungschef anhand der eingereichten Fotos, eventuell aufgrund besonderer Merkmale wie Tattoos oder Piercings. Seriöse Agenturen verlangen kein Geld für Vermittlungsdienste von ihren Statisten.

Auf der sicheren Seite ist man beim Künstlerdienst der Arbeitsämter. Die nehmen jeden in die Kartei auf, der fünf Portraitfotos und acht Ganzkörperfotos in unterschiedlicher Kleidung einreicht. Künstlerdienste für Komparserie gibt es bei den Arbeitsämtern in Berlin, Düsseldorf, Frankfurt/Main, Halle, Hamburg, München, Rostock und Stuttgart, außerdem einen Sonderdienst in Köln.

Standfotograf

Der Standfotograf ist ein Störfaktor. Er macht sich breit am Set, bremst die Dreharbeiten, und die Filmcrew fragt sich immer wieder: Wozu ist der jetzt gut? Standfotografen nützen beim Filmemachen nichts, doch Filmverkäufer können nicht auf die Störenfriede verzichten. Ohne ihre Bilder liefe die Werbung nicht an, die nicht erst seit heute ein wichtiger Erfolgsfaktor für die Industrie ist. Das haben schon die Produktionsgesellschaften der Stummfilme in den zwanziger Jahren gewusst. Der bekannteste Chronist der Freikörperkultur, Gerhard Riebicke, machte die Standfotos für den UFA-Film *Wege zur Kraft und Schönheit*, der als Wegbereiter für faschistische Filmästhetik gilt.

Klaus Hemme, Fotograf für ein ganz anderes Filmgenre, nämlich *Die Kinder vom Bahnhof Zoo*, hat sich auf Kinofilme spezialisiert, weil er die Herausforderung an seiner Arbeit liebt. Dreharbeiten finden unter Zeitdruck statt, Wiederholungen wird es für den Standfotografen nicht geben. Belichtungsmesser und alle Brennweiten in Reichweite, hält der Standfotograf sich möglichst nah an der Kamera auf, um die Szenen so abzulichten, wie die Filmkamera sie filmt: »Sensibilität ist nötig, um die Kameraleute nicht zu bedrängen und um sich in die Arbeitsabläufe zu integrieren.« Ein gutes Verhältnis zum gesamten Filmteam, besonders aber »zu den Lichtmenschen«, den Beleuchtern, hilft dem Fotografen bei der Arbeit, denn ohne Lichteffekte bekommt er keine guten Aufnahmen.

Hemmes Aufgabe besteht zumeist darin, einen Film in seinen einzelnen Szenen zu fotografieren. Wichtig ist dabei, die Schlüsselszenen so abzulichten, dass der Film in seinen Einzelteilen erkennbar wird. Bei anderen Produktionen soll er nur besonders prägnante Szenen abbilden, »mit stimmungsreichen und aufmerksamkeitsträchtigen Aufnahmen«. Manche Produktionen meinen, ganz auf einen Standfotografen verzichten zu können. Doch Hemme glaubt, dass die »Inszenierung des Augenblicks«, die er als Fotograf für sein Bild vornimmt, nicht durch Filmschnipsel vom »laufenden Meter« ersetzt werden kann. Außerdem spielt die Technik nicht immer mit: Szenenausschnitte, die vom Projektor abgenommen werden, können leicht unscharf sein.

Die Fotos zum Film müssen vielseitig einsetzbar sein: Sie erscheinen fortan auf riesigen Plakatwänden, in Pressemappen, Hochglanzmagazinen oder auf grobem Zeitungspapier. Bei gutem Fotomaterial ist die Wahrscheinlichkeit eines Abdrucks in den Printmedien mit zusätzlicher Filmbesprechung höher. Die neuen elektronischen Presse-Kits, die Trailer und Making-of...-Dokumentationen ersetzen seine Arbeit nicht. Dennoch muss sich Hemme, wie viele seiner Kollegen, verstärkt mit Computertechnik befassen. Die Digitalisierung macht auch vor der Fototechnik nicht halt.

Die Produktpalette im Marketing wird immer umfangreicher. Auch mit Merchandising hat Klaus Hemme seine Erfahrung gemacht: Seine Fotos zu den *Kindern vom Bahnhof Zoo* erschienen als Postkarten, auf Plakaten, als Fotoromane in Jugendzeitschriften und in gleich mehreren Büchern zum Film. Damit wurde für einen wichtigen Film geworben und auch viel Geld verdient. Allerdings nicht unbedingt vom Fotografen.

Hemme kann sich besser bezahlte Tätigkeiten für einen Fotografen vorstellen, aber kaum interessantere. Der Hamburger ist ein klassischer Quereinsteiger. Er studierte Publizistik und fotografierte aus Leidenschaft. Durch Zufall kam er zum Film: »Eine Filmproduktion fragte an, ob ich eine kleine Rolle in einem Film spielen wolle, doch die Arbeit vor der Kamera interessierte mich nicht. Spannend fand ich das Leben dahinter.« Er besorgte der Produktion kurzerhand einen anderen Darsteller und übernahm dafür die Standfotografie. Diesem ersten Film folgten etliche andere.

Die Darsteller prägen die Stimmung am Set, die gilt es für den Standfotografen einzufangen. »Beim Film *Die Kinder vom Bahnhof Zoo* waren die Schauspieler allesamt unbekannte Laien. Es gab also keine Stars, nur interessante Menschen.« Dass die Arbeit mit den Darstellern sich nicht auf die Ablichtung der Szenenfolge beschränken muss, zeigt das Beispiel von Hemmes Kollegen Thomas Koch. Während seiner drei Jahre am Set des Dauerbrenners *Lindenstraße* konnte er Marie-Luise Marjan, Annemarie Wendl oder Ludwig Haas dazu überreden, sich seiner Kamera auch als Mensch zu präsentieren, und stellte daraufhin eine Ausstellung mit den Serienstars zusammen.

Und wer war Klaus Hemmes Lieblingsstar? »Armin Müller-Stahl. In seiner Professionalität ist der sehr zurückhaltend.«

Info-Box

Fotograf ist eigentlich ein Handwerksberuf, der nach drei Lehrjahren mit der Gesellenprüfung abgeschlossen wird (Infos bei den Handwerkskammern). Es ist aber auch möglich, unter der Berufsbezeichnung »Fotodesigner« oder als »Agentur für grafische Gestaltung« selbstständig zu arbeiten, man kann allerdings keine Lehrlinge ausbilden. Mit dem Schwerpunkt »künstlerische Gestaltung« gilt der Fotograf steuerrechtlich als Freiberufler und muss keine Gewerbesteuer zahlen.

Eine Liste mit Ausbildungsstätten gibt es in dem Buch *Fotografiestudium in Deutschland*, zu bestellen über:

Deutsche Gesellschaft für Photographie
Overstolzenhaus
Rheingasse 8–12
50676 Köln
Tel.: (0221) 240 20 37
Fax: (0221) 240 20 35

Verbände, Branchenbücher und Fotografenpools im Internet unter:
www.awi-online.de

www.cvphoto.de
www.dgph.photographie.de
www.pic-verband.de
www.fotoportal.de
www.berufsfotografen.de
www.FLIX.de
http://foto.studio.de

Standfotografen werden von der Filmproduktion für einzelne Filme eingestellt. Kontakt zu einer ganzen Reihe deutscher Film- und Fernsehproduktionsfirmen erhält man im Internet unter:
www.film-fernsehen.de/prodfirmen/prodfirmen.php3

Weitere Jobs im Bereich Filme machen

Aufnahmeleiter

Drehortbesichtigung: Die Regie erwägt die dramaturgischen Möglichkeiten einer Sommerwiese vor einem prachtvollen Bergpanorama. Das Kamerateam beurteilt Lichteinfall und Schattenwurf zu verschiedenen Tageszeiten. Der Tonmann horcht aufs Echo. Und einer sucht nach Parkmöglichkeiten für den Lichtwagen, nach Stromanschlüssen, nach Hinterlassenschaften der letzten Kuhherde. Das ist der Aufnahmeleiter, der während der Dreharbeiten für den reibungslosen organisatorischen Ablauf verantwortlich ist, im Zweifel auch fürs Wetter.

Licht-Doubles

Um wirklich beurteilen zu können, wie die Darsteller ins beste Licht gerückt werden können, feilen Kameraleute und Beleuchter an den Möglichkeiten, die Licht und Schatten für die Stimmung einer Szene bieten. Um die manchmal komplexen Lichtplanungen vornehmen zu können, ohne den Schauspielern die Spannung für den eigentlichen Auftritt zu nehmen, treten Licht-Doubles an deren Stelle.

Storyboard-Zeichner

Wer etwa 30 kleinere szenische Zeichnungen am Tag anfertigen kann und zudem eine Ahnung vom Filmemachen hat, bringt die besten Voraussetzungen für einen Storyboard-Zeichner mit. In den Storyboards werden die Drehbuchszenen wie bei den späteren Dreharbeiten in einzelne Einstellungen aufgelöst, die Bilder zeigen in Comic-Manier, wie sich der Regisseur den Film, die Kameraeinstellungen und selbst Tricks wie Blenden oder Wipes vorstellt. Schon Alfred Hitchcock hat Storyboards für die Visualisierung seiner Ideen benutzt.

Kinderbetreuer

»Spot on, Klappe, die erste, die Kamera läuft«, der Regisseur ruft »Action« – und das Kind muss auf Toilette. Solch unnötige Pausen zu verhindern, ist eine der Aufgaben der Kinderbetreuer. Außerdem sorgen sie dafür, dass etwas zu Trinken greifbar ist, wenn ein Kind Durst bekommt, dass die Kinder nicht in der Nähe der Aufnahmen herumtoben oder dass sie vom etwaigen Lampenfieber abgelenkt werden. Je mehr Kinder, desto mehr Aufgaben kommen auf die Betreuer zu, und nicht alle sind vorherzusehen.

Pressebetreuer

Die Propaganda für einen Film beginnt schon im Vorfeld, etwa wenn ein Star für das Projekt gewonnen wurde. Auch zu den Dreharbeiten werden Vertreter der einschlägigen Presse eingeladen, um über die Stimmung am Set, über die Highlights der Arbeit zu berichten oder einzelne Schauspieler zu interviewen. Der Pressebetreuer koordiniert solche Besuche, arrangiert Termine und beantwortet allgemeine Fragen zum Film und zu den Dreharbeiten.

5.

Filmtechnik

Warten können – diese Eigenschaft nennen die Techniker am Filmset an erster Stelle, wenn sie nach der wichtigsten außerfachlichen Qualifikation für ihren Beruf gefragt werden. Die Kamera-Crew und alle übrigen warten, bis die Beleuchter eine eben durchgebrannte Lampe ersetzt haben. Die Beleuchter warten, dass die Einstellung nach dem zehnten Durchlauf endlich »gestorben« ist und sie für die nächste Szene umbauen können. Die Pyrotechniker warten auf die eine Minute, in der sie es endlich laut knallen lassen dürfen. Und die Tonleute warten darauf, dass endlich alle verschwinden, damit sie die »Atmo« des leeren Drehortes aufnehmen können.

Jeder von der Technik wird aufs Stichwort aktiv und verfällt anschließend wieder in jenen halb entspannten Zustand der Lethargie, der die langen Tage am Set besser durchstehen lässt. Vor allem diejenigen, die während der Aufnahme selbst gerade nicht gefordert sind, müssen lernen, in absolute Ruhe zu verfallen. Denn während der Film rollt, sollen nur die Darsteller zu hören sein, und moderne Mikrofone sind sehr empfindlich.

Außer auf das Warten verstehen sich Kameraleute, Tontechniker, Beleuchter und ihre Helfer auf handwerkliche Detailarbeit, die theoretisch kaum zu lernen ist. Dass er sehen kann, wie weit der Schwenk am gegebenen Ort reichen sollte, um später im Film aufregend oder beruhigend – je nach Schnitt – zu wirken, vermittelt der Chefkameramann seinem Assistenten mit der Zeit. Wie eine Kamera auf bestimmte Lichtverhältnisse reagiert und wie das auf dem belichteten Film aussieht, kann kein Chemiker in einer Schule lehren.

Filmkameraleute können stundenlang über die Vorzüge und Nachteile des Materials verschiedener Hersteller erzählen. Videokameraleute preisen die Robustheit oder das weiche Bild des einen oder anderen Modells. Am besten kommt man übrigens mit den Kamera- und Tonleuten von Film und Fernsehen in Kontakt, wenn man seinem Hobby in Las Vegas auf der National Association of Broadcasters (NAB) oder bei der International Broadcasting Convention (IBC) in Amsterdam nachgeht.

Info-Box

Die NAB findet jährlich im April in Las Vegas statt. Genaue Termine und Infos erfährt man unter www.nab.org.
Die IBC kommt jährlich im September in Amsterdam zusammen. Genaue Termine und Infos erfährt man unter www.ibc.org.

Kamera

Die Kamera zur Filmtechnik zu rechnen, ist richtig und falsch zugleich. Kameramänner und -frauen wissen gut Bescheid über Technik. Sie können im Zweifel einfache Reparaturen ihrer Arbeitsgeräte übernehmen, kennen die physikalischen Gesetze der Optik oder die Übertragungsqualität unterschiedlicher Videosignale. Doch die eigentliche Aufgabe der Kameraleute ist es, den »Look« eines Films, die Stimmung der Filmbilder zu gestalten. Das, was sie mit der Kamera einfangen, bildet die Wirklichkeit mitunter genauer ab als das bloße Auge. Ihre Kunst, die technischen Mittel zu nutzen, kann den Blick des Zuschauers aber auch von der Wirklichkeit ablenken. Die Kamera erzählt die Geschichten in Bildern. Drei Kameraleute, die den gleichen Film, die gleiche Story drehen, kommen mit drei verschiedenen Geschichten zurück. Sie haben über die vergangenen 100 Jahre der Filmgeschichte das Gesicht dieser jüngsten aller Künste geprägt und immer wieder verändert. Kameraarbeit ist ein Spiel mit Licht und Schatten.

Der Sucher an der Kamera heißt im Englischen »finder« – und selbst gestandene Kameraleute sehen mit Spannung der Mustervorführung nach dem Drehtag entgegen, bei der gezeigt wird, was sie mit ihrer Kamera tatsächlich an Bildern gefunden haben.

Interview

Paul Stutenbäumer hat seine ersten Filmerfahrungen in der Super-8-Szene und in Filmkollektiven wie WILMA (Wild Movies Association) mit experimentellen Filmen und Kurzfilmen gesammelt. Außer für den WDR arbeitete er auch an cineastisch beachteten Spielfilmen wie *Orpheus in der Oberwelt* mit. Endgültig ins Profilager wechselte er mit Werbefilmen. Seinen Beruf als Kameramann versteht er als Berufung. Die eigene Produktionsgesellschaft ECC (Electronic Cinematography Company) in Berlin bietet ihm den Freiraum, weiterhin Projekte zu verwirklichen, die ihm Spaß machen.

Frage: Zwischen Film und Video, also Fernsehen, scheint eine Hierarchie zu bestehen. Ist Filmmaterial grundsätzlich besser? Worin besteht der Unterschied aus Sicht eines Kameramanns?

Stutenbäumer: Es gibt keinen, absolut keinen. Im Namen meiner Produktionsfirma ist der Bestandteil »elektronische Kinematografie« enthalten – das ist auch Programm. Sie müssen die Bilder gemäß der geringeren Auflösung von Video gestalten, mehr Nahaufnahmen machen. Ganz praktisch: Die Westerntotale kann beim Film lange stehen bleiben, beim Video dient sie nur dazu, zu zeigen, wo man ist, dann braucht man die Zwischenschnitte, um zu zeigen, was ist. Die Gesetze und Regeln der Bildkomposition, die Bildsprache bleiben sich gleich. Wichtig ist das Licht. Man muss Kinolicht fürs Video setzen, dann gibt es keinen ästhetischen Unterschied. Uns fragen die Leute oft: »Habt ihr auf Film gedreht?« Viele Videokameraleute drehen bei zu hellem und zu weichem Licht. Das kommt noch von den alten Fernsehregeln aus der Zeit, als die TV-Kameras viel Licht brauchten. In der Zwischenzeit können die Videokameras viel mehr, aber das haben anscheinend nicht alle gemerkt.

Frage: Der Chefkameramann wird auch als »Lichtsetzender Kameramann« bezeichnet. Wie können Sie mit Licht gestalten?

Stutenbäumer: »Foto-grafie« bedeutet: mit Licht schreiben. Mit Licht dreht man die Inhalte. Wenn zum Beispiel das Licht von ganz weit oben kommt, sieht man sich automatisch in einer sonnigen Umgebung, am Mittag. Lange Schatten zeigen Morgen oder Abend an, das ist vielleicht etwas für eine romantische Szene. Das hängt aber auch vom Land, vom kulturellen Hintergrund ab: Mittagssonne kann für die einen Aktivität, Arbeit bedeuten, bei anderen schläfrige Siesta-Stimmung. Mit dem Licht setze ich auch die Profile der Gesichter, zeige die Seele der Schauspieler, das berühmte Licht auf dem Auge des Stars. Das funktioniert natürlich nur, wenn der Schauspieler die Seele auch zeigen kann. Man ist da voneinander abhängig, wenn der Kameramann das Licht falsch setzt, kann sich der Darsteller die Seele aus dem Leib spielen – es kommt nicht 'rüber.

Frage: Jemand hat einmal gesagt: »Film ist Lüge.« Mit dem unterschiedlich eingerichteten Scheinwerferlicht beeinflussen Sie die Wahrnehmung des Publikums. Lügt also die Kamera?

Stutenbäumer: Wenn ich drehe, versuche ich, die Wahrheit zu lügen. Es gibt eine Filmsymbolsprache, die das Publikum kennt, an die es gewöhnt ist, ohne sie bewusst wahrzunehmen. Also setze ich die Kamera so ein, dass ich die Inhalte gemäß den Sehgewohnheiten transportiere. Wenn ich mit der Kamera das Gesichtsfeld des menschlichen Auges kopiere, einfach ständig mit Weitwinkel arbeite, wirkt das eher komisch auf die Zuschauer. Ich baue auch die Kamera angstfrei an Orten auf, die das menschliche Auge nie einnehmen würde. Wenn ich das Gespräch von zwei Menschen im Auto zeige, kann ich die Kamera vorn auf der Kühlerhaube montieren und sie von einem Ort zeigen, wo in der Realität nie jemand sitzen würde. Da gibt es aber unterschiedliche Auffassungen. Der Regisseur Adolf Winkelmann, mit dem ich an *Jede Menge Kohle* gearbeitet habe, steht auf dem Standpunkt: »Nur was echt ist, ist auch echt.« Also haben wir monatelang die Untertage-Drehs vorbereitet, im Versuchsstollen in Dorsten, um dann die Aufnahmen tatsächlich 1 100 Meter tief in einem echten Bergwerk zu machen. Wegen der Explosionsgefahr mussten wir eine alte Panavision-Kamera mit Holzverkleidung und Handkurbel aus London besorgen. Und anschließend ist das ganze Team mit den Kopien in die Kinos gefahren und hat die Projektion überwacht, damit der Film so gezeigt wurde, wie Winkelmann sich das vorgestellt hat.

Frage: Welche gestalterischen Freiheiten hat der Kameramann gegenüber der Regie?

Stutenbäumer: Das hängt vom Selbstbewusstsein ab, und vom Know-how des Kameramanns. Wenn der sagt: »So geht es nicht«, dann geht es eben nicht. Da kann die Regie nichts machen. Natürlich sollte ich vermitteln können, warum das so ist, aber zwingen kann mich keiner. Andererseits arbeitet der Regisseur – oder Redakteur bei Dokumentarfilmen – vielleicht nicht wieder mit mir, das muss ich in Kauf nehmen. Aber normalerweise vertraut man sich, kennt die Vorstellungen des anderen, die meisten Regisseure arbeiten jahrelang mit demselben Team.

Frage: Wie bereiten Sie einen Film vor? Wird die Optik des Films ausführlich besprochen?

Stutenbäumer: In der Vorbereitungsphase spricht man nicht wirklich über den Film. Es geht um die praktischen Notwendigkeiten, die Ausrüstung, die Technik, was ich für bestimmte Szenen brauche. Vielleicht will ich an einem Tag einen anderen Assistenten. Wenn ich komplexe Schärfebewegungen habe, brauche ich einen erfahrenen Focus-Puller. Das Inhaltliche sollte man dem Buch entnehmen können, das muss ich natürlich lesen können als Kameramann. Das Drehbuch muss so präzise sein, dass ich weiß, was in den einzelnen Einstellungen passiert. Oder so offen, dass man damit spielen kann. Schlimm ist es, wenn es weder präzise noch offen ist, dann hängt man in der Luft. Aber die Vorbereitungen und auch die Diskussionen vorher ändern sich von Film zu Film, von Regisseur zu Regisseur.

Frage: Es gibt keinen festgelegten Ausbildungsweg für Ihren Beruf. Wie wird man Kameramann?

Stutenbäumer: Kameramann wird man nicht, Kameramann ist man. Ich kenne Leute, die haben es nach einem Tag gekonnt, andere lernen es nie. Sie brauchen einen offenen Blick, ein bestimmtes Potenzial an Sehen-Können und Sehen-Wollen. Wenn jemand tolle Fotos macht, ist das nicht nur die halbe, das ist schon die ganze Miete. Der Rest ist Technik, die Regeln eignet man sich an. Ambitionierte Amateure sind mir genauso lieb wie beispielsweise Mediengestalter.

Frage: Ist der Beruf des Mediengestalters ein guter Einstieg in die Kameraarbeit?

Stutenbäumer: Die haben den Vorteil, dass sie, rein technisch gesehen, wissen, was sie tun. Aber das Auge, das müssen sie auch haben. Ich habe im Prüfungsausschuss für die IHK-Prüfung der Mediengestalter gesessen. Das ist ja erst mal eine technische Ausbildung, bei den Abschlussarbeiten müssen sie dann aber ein Werkstück abliefern, eine Website oder einen kleinen Film. Von den vielleicht 40 Prüflingen eines Jahrgangs haben drei wirklich ein Auge für die Kamera. Ob das an den Filmhochschulen anders ist, kann ich nicht beurteilen. Ich kenne zwei exzellente Super-8-Experimentalfilmer, die sind in Berlin und in München bei der Aufnahmeprüfung durchgefallen – und dann ist ihre Rolle irgendwie in den Korb mit den Stellenbewerbungen geraten. Jetzt unterrichten sie das, wozu sie sich als Studenten angeblich nicht eigneten. Wer gucken kann, soll mit der Kamera arbeiten.

Frage: Warum gibt es so wenige Kamerafrauen?

Stutenbäumer: Früher war das aus gesundheitlichen Gründen verboten, Arbeitsschutz. Die alten Filmkameras haben um die 120 Kilogramm gewogen, so schwer durften Frauen nicht tragen. Heute gibt es da keinen rationalen Grund mehr. Die Kameras wiegen so um die 12 Kilogramm mit Zubehör.

Frage: Apropos Kameras. Wovon träumen Kameramänner oder Kamerafrauen, wenn es um ihre Arbeitsinstrumente geht?

Stutenbäumer: Ich persönlich liebe die Panaflex für Kinofilme, die hat exzellente Objektive, da passen auch Zeiss-Objektive drauf. Sie läuft sehr leise und sie hat einen Sperrgreifer. Bei anderen Kameras wird der Film mit einer Platte angedrückt und gebremst – bei der Panaflex greifen zusätzlich vier »Arme« in die Perforation, das gibt mehr Bildruhe. Man kann diese Kameras nicht kaufen, nur mieten, es gibt allenfalls ein paar hundert auf der Welt. Wenn die Kamera zurückgeht, wird von Panavision der Filmtitel in die Bodenplatte eingraviert. Da siehst du dich in der Tradition all der anderen Kameraleute. Manche Kollegen lieben auch die Mitchell. Bei der elektronischen Kinematografie ist für mich die Ikegami die erste Wahl. Jeder hat seine Vorlieben, wichtig ist: Kameramann und Kamera müssen eine Einheit sein.

Info-Box

Weitere Informationen zum Berufsbild und zur Ausbildung erhält man bei:

Bundesverband Kamera e. V.
Brienner Str. 52
80333 München
Tel.: (0 89) 34 01 91 90
Fax: (0 89) 34 01 91 91
www.bvkamera.org

Verband Österreichischer
Kameraleute
Karlsplatz 5
A-1010 Wien
Tel.: 00 43 (1) 5 87 96 65-21
Fax: 00 43 (1) 8 69 49 36-33
http://aac.bayside.net

Ausbildungsmöglichkeiten bieten:

Deutsche Film- und Fernsehakademie Berlin (dffb)
Heerstraße 18–20
14052 Berlin
Tel.: (0 30) 30 09 04-0
Fax: (0 30) 30 09 04-61/-62
www.dffb.de

Universität Hamburg
Institut für Theater, Musiktheater
und Film
Friedensallee 9
22765 Hamburg
Tel.: (0 40) 41 23-41 43
Fax: (0 40) 41 23-41 68
www.uni-hamburg.de

Filmakademie Baden-Württemberg
Mathildenstr. 20
71638 Ludwigsburg
Tel.: (0 71 41) 9 69-0
Fax: (0 71 41) 9 69-2 99
www.filmakademie.de

Michael G. Neubauer, *Kameraleute im aktuell-dokumentarischen Bereich. Qualifikationen – Tätigkeiten – Perspektiven*, Konstanz 1996

Fachzeitschriften:
Camera Guide (Jahrbuch des BVK, im Internet unter www.camera guide.de)

Film & TV Kameramann (erscheint monatlich)
American Cinematographer (erscheint monatlich, im Internet unter
    www.cinematographer.com
Medien-Bulletin (erscheint monatlich und berichtet über Fernsehen,
    Hörfunk, AV-Technik und Produktion)
Professional Production (Fachmagazin für professionelle Film-, Video-
    und Audioproduktionstechnik)
Fernseh-/Kinotechnik (erscheint zehnmal im Jahr und wendet sich an
    Ingenieure, Wissenschaftler und Praktiker mit Interesse für physika-
    lische, chemische und elektronische Prozesse)

Tonmeister

Baumwolle ist ihr Freund, Seide ihr Feind. Feinde – Störgeräusche
– kennt die Ton-Crew viele: surrende Kameras, brummende Licht-
maschinen, zu tief fliegende Flugzeuge, knarrende Dielenbretter,
das Schmatzen der Gummireifen am Kamerawagen auf dem Stu-
diofußboden. Im Zeitalter der am Körper befestigten Funkmikro-
fone gehört auch das Rascheln von seidener Unterwäsche oder
von Seidenschlipsen zu den Störgeräuschen am Set. Da außer dem
Tonmann oder der Tonfrau unter dem Kopfhörer niemand diese
Geräusche deutlich wahrnimmt, können sie mit ihren Beschwer-
den sehr schnell selbst zum Störfaktor bei den Dreharbeiten werden.

»Ich muss immer auch Psychologe sein, damit die Leute machen, was der Ton braucht«, kommentiert Gunther Kortwich, einer der großen deutschen Film-Tonmeister, diese Zusatzqualifika-
tion seines Handwerks. Gleich im ersten Film, bei dem er für den
Ton verantwortlich war, *Verspätung in Marienborn*, musste er den
Star José Ferrer zurechtweisen: »Ferrer stand oben auf dem Zug
und sprach seinen Text, während er die Hand in der Hosentasche
hatte und mit Münzen spielte. Das Geräusch war tödlich für den
Ton, und ich musste mit meinen gerade mal 25 Jahren da raufge-
hen und ihm sagen ›So geht das nicht!‹« Der Schauspieler fügte
sich zu Kortwichs Überraschung bereitwillig den Anweisungen des

jungen Tonmeisters. Zum Glück für ihn, erinnert er sich, wurde damals der Ton beim US-Film ernster genommen als in Deutschland.

Das würden der amerikanische Tonmann John Coffey und seine US-Kollegen heute so nicht mehr gelten lassen. Viele Produzenten und Regisseure sähen den Ton als etwas an, das ohnehin vorhanden ist, und die Crews nähmen kaum noch Rücksicht auf die Tonleute. Früher sei es etwa selbstverständlich gewesen, dass die Kameraleute ihre lauten Geräte unter Bergen von Kissen und Decken versteckt hätten. Die renommierte deutsche Firma ARRI baute extra eine »blimped Arriflex«, die in einem unförmigen, aber gut gedämmten Gehäuse verschwand. Heute gewährt man den Tonleuten nur ungern eine Drehpause für den Nur-Ton, die Atmo, die später für die Nachbearbeitung der originalen Raumgeräusche so wichtig ist. »Das wird nachsynchronisiert«, lautet die Antwort, wenn der Ton etwa die Wiederholung eines Takes verlangt. Das weiß auch Gunther Kortwich: »Aber wenn etwas schief geht, wollen sie natürlich O-Ton.« John Coffey wünscht daher: »Alle Abteilungen arbeiten für das Bild, Ausstattung, Requisite, Kostüm, Bühnenarbeiter … Wir wollen, dass sie gleichzeitig auch an den Ton denken.« Beispielsweise, indem die Kostümbildner auf Seide verzichten oder die Dolly-Fahrer die Gummireifen ihres Wagens mit Talkum einpudern.

Coffey und Kortwich sind sich einig – der Originalton, die authentischen Geräusche, die am Set aufgenommene Atmo sind auch durch kunstvolle Nachvertonung und digitale Tricks nicht zu ersetzen. »Bei falschem Ton spüren die Zuschauer ein Unbehagen mit dem Film, ohne zu wissen, woher es kommt.« Die Erfahrung, das Rhythmusgefühl, die Kunstfertigkeit des Tonmanns tragen wesentlich zur Stimmigkeit des Gesamtwerks bei. Ein guter Tonmann weiß, wie es klingt, wenn die Angel nicht von oben gehalten wird. Mit der Angel – das ist eine Stange mit dem Mikrofon – nimmt der Tonassistent die Dialoge der Schauspieler auf. Auch das sei eine Kunst, meint Kortwich, und eine Gedächtnisleistung, denn »man muss den Text ebenso beherrschen wie die Schauspieler, um zu wissen, wer wann was sagen wird«.

Der Tonmeister sitzt derweil an den Reglern der Tonmaschine

oder an einem Mischpult und steuert den Dialog sorgfältig aus. Seiner Erfahrung ist es zu verdanken, wenn er die Regie rechtzeitig darauf aufmerksam macht, dass ein Darsteller in einer belebten Szene, zum Beispiel in einer Kneipe, unnatürlich laut spricht. Denn nur dann kann anschließend in der Nachbearbeitung ausreichend Hintergrund-Sound unter die Stimme gelegt werden. Ist der Dialog zu leise, bleibt das allgemeine Kneipengeräusch dünn – sonst würde es den Text übertönen. An anderen Stellen wiederum kann der Ton zurückgenommen werden. Der Regisseur Peter Lilienthal ist ein Meister der leisen Töne, und Gunther Kortwich weiß aus der Zusammenarbeit mit ihm, dass seine Filme trotzdem funktionieren: »Das Publikum schaut auf die Lippen der Darsteller, gerade bei Nahaufnahmen, auch wenn es zu leise ist. Das Ganze muss zusammenpassen.« Zusammenpassen müssen Bild und Ton auch, wenn es um Nahaufnahmen oder Totale geht: »Ein großer Kopf klingt anders«.

Kortwich ist ein gelernter, kein studierter Tonmeister. Der Berliner fing 1953 bei der Arca Film als Fahrer an und wurde als »Berlins bester Kraftfahrer« zum lebenden Inventar, als die Produktionsgesellschaft einen Tonwagen anschaffte. Unter sieben Tonmeistern lernte er zunächst Kabel zu ziehen, Stecker zu löten. Später machte er parallel zu seiner Arbeit einen Fernlehrgang in Rundfunktechnik. Er kann, wie es sich für Techniker beim Film gehört, die Tonmaschinen warten oder »ein Brummen abstellen«, wenn weit und breit kein Gerätetechniker verfügbar ist. Dem Nachwuchs würde er den Einstieg über ein Praktikum, dann die Assistentenzeit immer noch empfehlen, vorausgesetzt, man »erhält eine Schulung von einem guten Tonmeister«. Dabei »schadet die Ausbildung an einer Fachhochschule nichts«, findet er; allerdings wüssten die Studierten mitunter nicht, wie man einen Tonbericht schreibt oder den Krach einer Lichtmaschine mit Strohballen dämpft. Erfahrungen auch im Tonschnitt, im Synchronstudio und der Nachbearbeitung helfen, die Arbeit draußen am Set präziser zu gestalten. Die Partnerschaft zwischen Tonmeister und Tonassistent hält nach Kortwichs Erfahrung in der Regel sieben Jahre, dann verfügt dieser über genug Erfahrung, selbst die Verantwortung zu übernehmen.

Diese Verantwortung reicht vom Mieten der geeigneten Geräte bis zur richtigen Aussteuerung der Aufnahmen. Der begeisterte Tonmann Kortwich lebte »immer in der Angst, ob das Band für die Szene reicht«. Abends, während der Mustervorführungen, hatte er immer Herzklopfen, bis er wusste, dass die Tagesarbeit geklappt hatte und den Leuten gefiel. Sein schlimmster Albtraum schien in Paris wahr zu werden, ausgerechnet während der Dreharbeiten zu *Schöner Gigolo, armer Gigolo* von David Hemmings, als er »die Ehre hatte, Marlene Dietrich 1979 bei ihrem letzten Auftritt vor der Kamera aufzunehmen«. Die Diva sang, an einem weißen Flügel lehnend, den Titelsong *Just a Gigolo,* und Kortwich war schon ganz aufgeregt, als er darum bitten musste, den Flügel des besseren Sounds wegen ein wenig zu schließen.

Eine Katastrophe brach über den Tonmann herein, als später aus den aufgestellten Lautsprechern nicht die Aufnahme des Liedes, sondern nur ein lautes Knarzen kam. Aus Wut und Verzweiflung trat er gegen die Boxen – mit Erfolg. Die Stimme der Dietrich ertönte rein und klar auf der Bühne. Dieselbe Stimme bot dem Team anschließend an, miteinander Deutsch statt Englisch zu sprechen. Das war etwas, was die Dietrich normalerweise bei der Arbeit ablehnte. Gunther Kortwich bekommt auch heute noch eine Gänsehaut, wenn er das Ende der Geschichte erzählt: Zu seinem 60. Geburtstag sandte Marlene – auf Bitte von Kortwichs langjährigem Assistenten – aus Paris ein Foto mit Widmung, das jetzt den Ehrenplatz in seinem Arbeitszimmer hat.

Glücksmomente wie dieser, aber auch das Glück, seinen Beruf ausüben zu dürfen, wiegen für Kortwich die Belastungen durch aufregende Mustervorführungen und anstrengende Dreharbeiten mit klammen Fingern im Morgengrauen auf. Dem Nachwuchs legt er ans Herz, »nicht enttäuscht zu sein, wenn es draußen anders ist als erwartet«, sondern sich den eigenen Weg zu suchen. Denn gut ist man nur, wenn »man den Film, den man gerade macht, für den besten aller Zeiten hält«.

Info-Box

Weitere Informationen bei:

Bundesverband Ton der Frei-
schaffenden Film-Tonmeister e. V.
Kurfürstenstr. 17a
22041 Hamburg
Tel.: (0 40) 6 56 59 49
Fax: (0 40) 6 56 73 99
www.medien.freepage.de/bvt/

Verband Deutscher Tonmeister e. V.
(VDT)
Organisationsbüro
Am Zaarshäuschen 9
51427 Bergisch Gladbach
Tel.: (0 22 04) 2 35 95
Fax: (0 22 04) 2 15 84
www.Tonmeister.de

Audio Engineering Society (AES)
60, East 42nd Street #2520
New York, NY 10165, USA
Tel.: 0 01 (2 12) 6 61 85 28
Fax: 0 01 (2 12) 6 82 04 77
www.aes.org

Schule für Rundfunktechnik
(SRT)
Wallensteinstr. 121
90431 Nürnberg
Tel.: (09 11) 96 19-0
Fax: (09 11) 9 61 91 99
www.srt.de

School of Audio Engineering
(SAE)
Hoferstr. 3
81737 München
Tel.: (0 89) 67 51 67
Fax: (0 89) 6 70 18 11
sae-munich@i-dial.de

Schule für Tontechnik (SFT)
Hessische Str. 11
42389 Wuppertal
Tel.: (02 02) 60 40 45
Fax: (02 02) 60 40 47
www.schule-fuer-tontechnik.de

Einen berufsbegleitenden Vorbereitungskurs auf die eidgenössische Prü-
fung zum Tontechniker bietet an:

Zentrum für professionelle
Audiotechnik GmbH (ZEPRA)
Sonnmattweg 6
CH-5000 Aarau
Tel.: 00 41 (62) 8 25 09 11
Fax: 00 41 (62) 8 25 09 15
www.zepra.ch

Diplomstudiengänge für Tonmeister und Toningenieure sind an folgenden Hochschulen möglich:

Hochschule der Künste (HdK)
Institut Tonmeister
Fasanenstr. 1 B
10623 Berlin
Tel.: (0 30) 31 85-23 42
Fax: (0 30) 31 85-26 87

Hochschule für Musik Detmold
Neustadt 22
32756 Detmold
Tel.: (0 52 31) 9 75-6 39
www.hfm-detmold.de/eti

Fachhochschule Düsseldorf
Josef-Gockeln-Str. 9
40474 Düsseldorf
Tel.: (02 11) 43 51-3 00
Fax: (02 11) 43 51-3 03
www.fh-duesseldorf.de

Robert-Schumann-Hochschule
Fischerstr. 110
40476 Düsseldorf
Tel.: (02 11) 49 18-1 00
Fax: (02 11) 4 91 16 18

Hochschule für Film und
Fernsehen Konrad Wolf
Marlene-Dietrich-Allee 11
14482 Potsdam-Babelsberg
Tel.: (03 31) 62 02-0
Fax: (03 31) 62 02-5 49
www.hff-potsdam.de

Technische Universität Graz
Rechbauerstr. 12
A-8010 Graz
Tel.: 00 43 (3 16) 8 73 51 05
Fax: 00 43 (3 16) 8 73 51 15
www.tugraz.at

Universität für Musik und
darstellende Kunst Wien
Institut für Elektroakustik,
experimentelle und
angewandte Musik
A-1040 Wien
Rienößlgasse 12
Tel.: 00 43 (1) 5 87 34 78
Fax: 00 43 (1) 5 87 34 78 20
www.mdw.ac.at/elak

Beleuchter

Als der Roman *Berlin Alexanderplatz* von Alfred Döblin von Rainer Werner Fassbinder mit Günter Lamprecht in der Rolle des tragischen Kleinkriminellen Franz Biberkopf neu verfilmt wurde, war dieses Fernsehereignis des Jahres 1980 bei der Kritik umstritten – nicht zuletzt wegen des Lichts. Oder vielmehr des Mangels daran. »Wenn man diesen Film im Fernsehen sieht, dann ist er vielleicht kritisch, etwas zu dunkel, nicht jedoch, wenn er im Kino gezeigt würde«, kommentiert Günther Berghaus, Oberbeleuchter aus Berlin, das Werk aus fachlicher Sicht.

Alle Extrembereiche in der Lichtsetzung seien Geschmacksfragen, findet er. Für ihn als Mann vom Fach könne es allerdings gar nicht genug Kameraleute geben, die sich derart in Grenzbereiche der Filmästhetik vorwagen und diese beim Regisseur durchsetzten. Denn dabei werden die gestalterischen Möglichkeiten seiner Licht-Crew herausgefordert. »Manche Kameraleute halten sich an Normal-Helligkeiten, um Auseinandersetzungen mit den verantwortlichen Produzenten aus dem Weg zu gehen und längere Aufbauzeiten zu vermeiden«, bedauert er die ökonomischen Zwänge, die den einen oder anderen interessanten Effekt verhindern.

Berghaus, Freiberufler wie so viele Filmschaffende, arbeitet meist mit einem Team von drei bis vier Beleuchtern und einem Light-Runner. Der Light-Runner ist der Einstiegsjob in die Beleuchterkarriere, er selbst hat so angefangen: »Man bekommt die ganze Bandbreite des Jobs mit und wird auch noch bezahlt dafür, wenn auch nicht übermäßig toll.« Er brachte Erfahrung als EB-Assistent (Kameraassistent für elektronische Bildaufzeichnung) vom Fernsehen mit – typisch für einen Beleuchter ist dagegen ein einjähriges Praktikum beim Geräteverleiher. Die Licht-Crews besorgen dort die nötigen Lampen, Stromkabel, Generatoren, Lichtsegel und Filterfolien. Gerätschaften im Wert von rund einer Viertel Million Euro laden die Beleuchter in der Regel auf ihren Lastwagen.

Beim Verleih kann der Anfänger nicht nur den Stand der Technik kennen lernen, sondern auch die zukünftigen Kollegen, »und in den Job reinrutschen«. Ein fest umrissenes Berufsbild oder einen Ausbildungsgang gibt es für Lichttechniker nicht. Voraussetzung ist gleichermaßen ein Verständnis für Elektrotechnik, Optik und Kameratechnik sowie ein Gefühl für Ästhetik: »Man muss sehen können, wie eine Lichtstimmung wirkt.« Doch man muss auch theoretisch wissen, dass etwa eine Halogen-Schreibtischlampe vor einem von der Sonne erleuchteten Fensterblick rötlich, scheint. »Das hat mit der Farbtemperatur zu tun. Mittagslicht hat zum Beispiel 5 600 Grad Kelvin, die Lampe nur 2 500 Grad. Das kältere Licht wird dann rötlich, und wir müssen draußen ein entsprechendes Licht zusätzlich setzen, um gleiche Bedingungen herzustellen«, erläutert der Experte.

Der Spielraum für den Beleuchter variiert je nach Regisseur und Kameramann. Berghaus kennt Kameramänner wie Carsten Thiele oder Peter Dörffler, die ein ähnliches ästhetisches Empfinden haben wie er selbst. Dann tüfteln alle gemeinsam an Einstellungen und entwickeln gemeinsam die richtige Lichtstimmung für eine Szene. Als Oberbeleuchter besichtigt Berghaus nicht nur vor dem Film die Drehorte gemeinsam mit Regisseur und Kameramann, um seine Vorbereitungen zu treffen – er steht auch während der Dreharbeiten ständig in Reichweite der Kamera, um etwaige Probleme sofort zu lösen. Normalerweise hat der Kameramann einen bestimmten »Look« des Films und damit das Licht für einzelne Szenen im Kopf.

Die Abteilung Licht ist natürlich dafür zuständig, die Lampen an der richtigen Stelle anzubringen. Nicht, dass das immer einfach wäre: »Wenn in einer Ecke keine normale Halterung anzubringen ist, dann muss man schrauben oder auch die Fantasie walten lassen, um dieses technische Problem zu lösen.« Dann beginnt die eigentliche kreative Arbeit, die für Günter Berghaus den Reiz des Jobs ausmacht: Das Scheinwerferlicht wird gestreut, reflektiert, gebrochen, gespiegelt, eingefärbt. Den Glanz in den Augen verdankt die Hauptdarstellerin dem Oberbeleuchter. Wenn Berghaus seine Trickkiste öffnet, können er und seine Crew selbst eine Szene, die nachts im Wald spielt, so ausleuchten, dass der Zuschauer die Handlung weiterhin verfolgen kann – und dass die Lichtverhältnisse respektive Dunkelheitsverhältnisse natürlich wirken.

Manchmal ist der Drehplan vom Licht abhängig, zwei bis drei Stunden kann es dauern, große Sets mit Lampen zu bestücken und das Licht zur Zufriedenheit des Kameramanns einzurichten. Üblicherweise brauchen die Beleuchter aber nur 20 bis 30 Minuten für ihre Umbauten. Wenn dann die Regie spontan Änderungen hat, gerät auch ein erfahrener Oberbeleuchter in Stress. »Alle warten auf uns. Der Aufnahmeleiter wird immer hektischer. Und dann bricht vielleicht noch eine Halterung«, beschreibt Berghaus die Unwägbarkeiten seines 10- bis 14-Stunden-Tages.

Und weil die Dreharbeiten nicht unbedingt in der Umgebung Berlins stattfinden, verschiebt sich das Familienleben oft auf die Wintermonate, wenn nicht viel los ist. Hochkonjunktur haben Beleuchter in den Monaten Juli und August – eine gute Zeit auch für Anfänger: »Da suchen die Licht-Crews immer Leute, die interessiert, fleißig und umgänglich sind.« Eine der Karrierestufen zum Oberbeleuchter ist übrigens der geheimnisumwitterte Best Boy, den europäische Kinogänger aus dem Abspann von US-Filmen kennen. Der Best Boy, der auch ein Mädchen sein kann, ist Berghaus' rechte Hand, der Assistent des Oberbeleuchters, verantwortlich für Materialbestellungen, Reklamationen oder Nachlieferungen von Material. »Beim Dreh kann mich der Best Boy neben der Kamera ablösen, damit ich in der Zwischenzeit die nächste Einstellung einleuchten kann. Gute Best Boys hab ich aber nie lange.« Denn die werden schnell selbst Oberbeleuchter.

Info-Box

Weitere Informationen bei:

Bundesverband Beleuchtung und Bühne e. V.	Verband für professionelle Licht- und Tontechnik
Grützmühlenweg 76	Walsroder Str. 159
22339 Hamburg	30853 Langenhagen
Tel.: (0 40) 5 39 13 28	Tel.: (05 11) 9 66 68 89
Fax: (0 40) 5 39 13 29	Fax: (05 11) 9 66 68 90
www.bvb-verband.de	

Einen Einführungskurs in die Möglichkeiten der Bildgestaltung für Beleuchter, Kameraleute, Assistenten bietet an:

Filmhaus Hamburg
Friedensallee 7
22765 Hamburg
Tel.: (0 40) 39 90 99 31
Fax: (0 40) 3 90 95 00
www.medienundkultur.hamburg.de

Eckehard Dorn, *Gestalten mit Licht. Eine auf das Wesentliche konzentrierte Anleitung zur Lichtgestaltung* (Schriftenreihe der Schule für Rundfunktechnik, Bd. 22), Nürnberg 1992

Steadicam-Operator

Der menschliche Körper ist ein Wunderwerk aus Knochen, Gelenken, Sehnen und Bändern – und nicht zuletzt einer äußerst effektiven Schaltzentrale, dem Gehirn. Dämpft schon der Körper die kleinen Schockwellen, die das Gehen und Laufen verursacht, deutlich ab, so beseitigen die kleinen grauen Zellen in Zusammenarbeit mit dem Auge endgültig jeglichen optischen Wackler. Dass diese Fähigkeit unserer Sinne nicht selbstverständlich ist, kann im Zeitalter der Camcorder jeder leicht selbst überprüfen. Aus dem filigranen Blätterdach über dem Waldspaziergänger wird eine übelkeitserregende Ansammlung sich schnell bewegender grüner und brauner Streifen, wenn es durch eine Kamera aufgenommen wird.

Professionelle Kameras gleiten auf Dollys, stabilen kleinen Kamerawagen, über mühsam verlegte Schienen durch das Studio, wenn die Veränderung der Kameraperspektive gefragt ist. Die Länge des Schienenstrangs findet ihre natürliche Grenze beim Aufwand an Material und Bühnenarbeitern, die sie verlegen. Auf unebenem Gelände, wie einem Waldweg, funktionieren weder Schienen noch Gummireifen der Dollys gut genug, um Wackler auf der Leinwand zu vermeiden. Das schränkt natürlich die Kreativität der Kameraführung ein: Man kann die im Wald verschwindenden Spaziergänger allenfalls in einem langen Zoom begleiten. Aber irgendwo verliert man sie im grünen Laub, die ganze Story muss entsprechend erzählt werden.

Mitte der siebziger Jahre konnten Kinogänger zum ersten Mal, in einem scheinbar unbedeutenden Boxerfilm, den Helden auf einem dramaturgisch wichtigen Weg begleiten, obwohl er eine Treppe benutzte: Sylvester Stallone alias *Rocky* feierte seinen Triumph mit einem Aufstieg zum Gerichtsgebäude von Philadelphia. Die Stufen hoch. Und das Bild war nicht verwackelt. Vermutlich haben allerdings die meisten Zuschauer nur auf Stallones Muskeln geschaut und die eigentliche Sensation verpasst. Und so solle es auch sein, sagt Kameramann und Steadicam-Operator Hans-Jürgen Büsch. »Wenn ich die Steadicam einsetze, will ich die technische Handschrift des Films zurücknehmen, die Kamera in den Hintergrund treten lassen.«

Damit die Kamera ästhetisch zurücktritt, muss ihre Technik erst einmal in Vordergrund rücken. Steadicam ist ein Körperstativ, das in seiner Wirkung raffiniert dem menschlichen Körper nachempfunden ist. Einzelne Teile heißen denn auch »bone«, Knochen, oder »joint«, Gelenk. Die Ausrüstung nutzt Trägheit, Schwerkraft und die Gesetze der Physik so geschickt, dass jede Bewegung des Kameramanns ausgeglichen wird, »wenn der damit umgehen kann«, weiß Büsch aus eigener leidvoller Erfahrung. »Die Weste mit Stativ muss dem Träger individuell angepasst werden, und dann braucht es Jahre der Übung, bis man so gut ist wie Garrett Brown.« Brown, der Erfinder der Steadicam, hat mit seinen Arbeiten in *Shining* mit Jack Nicholson oder der Verfolgungsszene im Wald in *Die Rückkehr der Jedi-Ritter* aus der *Star Wars*-Serie Maßstäbe gesetzt, denen andere Mitglieder dieses exklusiven Clubs von Kameraspezialisten nacheifern.

Büsch, gelernter Cutter und als Kameramann Autodidakt, nutzt seine Ausrüstung hauptsächlich im Dokumentarfilmbereich: »Ich begleite damit zum Beispiel meine Protagonisten durch ein Theater, treppauf, treppab. Meine Filme können sich damit vom reportagehaften Stil lösen, näher an der Geschichte, an den Menschen bleiben.« Die Rasanz der Steadicam-Sequenzen erlaubt bei Montage des Films einen reizvollen Wechsel in der Bewegungsdramaturgie: »Emotional anrührende Szenen konzentrieren sich mit ruhiger Stativkamera auf die Gesichter – und dann passiert etwas, und alles setzt sich in Bewegung«, erklärt Büsch. Wenn Produktionen solche Einstellungen benötigen, mieten sie nicht etwa die entsprechende Ausrüstung für den eigenen Kameramann, sondern gleich Brown oder Büsch oder einen ihrer Kollegen, die gelernt haben, damit umzugehen. Ein nicht ganz ernst gemeintes, aber praxisnahes Handbuch für Steadicam-Operatoren schreibt der Ausrüstung »die Stärke eines Profi-Catchers, die Empfindlichkeit und das Temperament einer Primaballerina und die Eigensinnigkeit eines Betrunkenen« zu.[15]

Die hohen Anschaffungskosten »zwischen 15 000 und 20 000 Euro, 50 000 Euro für eine kinotaugliche Technik« – die Kamera noch nicht eingerechnet – halten die Zahl der Steadicam-Spezialisten überschaubar. Rund 20 Kollegen kennt Büsch in Deutschland, darunter keine Frauen. Die gibt es allerdings durchaus, denn entgegen anders lautenden Gerüchten muss ein Steadicam-Operator nicht groß und stark sein, um mit der Kamera am Körper arbeiten zu können, »nur fit und ohne Rückenprobleme«, empfiehlt der Berliner Büsch. Allerdings beglückwünscht Ted Churchill im erwähnten Handbuch den Neuling dazu, dass er oder sie »nun Muskeln in Beinen und Rücken entdecken werden, von denen nicht einmal Mediziner gehört haben«. Kameraerfahrung ist die Voraussetzung dafür, diesem speziellen Fitness-Club beizutreten. »Insbesondere«, betont Büsch, »muss man genau wissen, wie schnell eine Bewegung mit der Kamera sein darf.« Aber dann, da ist er sich mit dem ironischen Churchill einig, hat man einen relativ krisenfesten Job in der Filmindustrie.

Info-Box

Infos, Operator-Adresspool auch für Europa, Workshops organisiert Mike O'Shea, Kontakt unter callcam@aol.com, vom Interessenverband:

Steadicam Operators Association
1235 Wright's Lane, Building D
West Chester, PA 19380, USA
Tel.: 0 01 (6 10) 4 30 75 57
Fax: 0 01 (6 10) 4 30 75 58
www.steadicam-ops.com

Der Erfinder der Steadicam, Garrett Brown, ist unter der E-Mail Garrettcam@aol.com zu erreichen.

Auf der Steadicam liegt ein weltweit gültiges US-Patent. Die Herstellerfirma ist The Tiffen Company LLC.

Frank Rush/Steadicam
2905 Wedgewood Circle
Birmingham, AL 35242, USA
Tel.: 0 01 (2 05) 9 80 86 29
Fax: 0 01 (2 05) 9 81 65 61
frush@tiffen.com

Serena Ferrara, *Steadicam: Techniques and Aesthetics*, Oxford 2000 (Das Buch bietet eine Einführung in die Arbeit und filmerischen Möglichkeiten der Steadicam-Ausrüstung.)

Die Bauanleitung für eine selbst gebastelte »Steadicam«, vollständig mit Konstruktionszeichnungen (aber ohne Garantie für die Brauchbarkeit), gibt es unter:
www.geocities.com/Hollywood/Mansion/8370/steadicam.html

Kameraassistent

Im ausgefeilten, auf Arbeitsteilung bedachten US-Studiosystem besteht die Kamera-Crew aus dem Director of Photography (zu Deutsch: Licht setzender Kameramann), dem Head Camera Operator – vergleichbar dem Schwenker, der noch in den fünfziger Jahren in deutschen Film-Crews zu finden war –, dem (ersten und zweiten) Assistent Camera Operator sowie dem Clapper (auch Loader genannt), der die Film-Klappe fallen lässt und für das Einlegen der Filme in die Kamera zuständig ist. Der deutsche Kameraassistent Peter Miersch lacht: »Bei uns ist das alles viel einfacher: Der Kameramann filmt – der Assi schleppt.«

In der Tat scheinen Kameraassistenten in den Augen von Laien vor allem bemitleidenswerte Geschöpfe zu sein, die ihren Kameramännern oder -frauen alles hinterhertragen müssen: Kamera, Stativ, Videoausstattung, Akkus, Objektive, Schraubenzieher, Gaffer-Tape, Papiere. Vor einer Einstellung baut Miersch das alles auf, wechselt Objektive, prüft, ob Linse und Bildfenster frei von Fusseln sind. Nach der Einstellung baut er alles wieder ab und trägt es zur nächsten Kameraposition. Er ist dafür verantwortlich, dass die Ausrüstung auf dem Dolly fest positioniert ist, dass alle Kabel richtig angeschlossen sind und tatsächlich funktionieren.

Währenddessen wartet der Kameramann gelassen auf seinen Einsatz und scheint sich die Hände nicht schmutzig machen zu wollen. »So wirkt es auf Außenstehende«, sagt Miersch, »Fakt ist, wenn der Kameramann oder die Kamerafrau auch nur dreimal am

Tag die Ausrüstung schleppen würde, würde er oder sie das Gefühl für zarte Kamerabewegungen verlieren, könnte nicht mehr langsam schwenken oder gleichmäßig zoomen.« Die Muskeln würden durch das Tragen unwillkürlich zittern, die Aufnahmen könnten entsprechend verwackeln. Auch Miersch muss Helfer zum Tragen finden, wenn er weiß, dass er in der nächsten Stunde bei einem komplizierten Schwenk die Schärfe ziehen soll, ein weiterer Teil seiner Aufgaben. Er ist keineswegs der Lastesel, sondern bereits ein erfahrener Experte: »Eigentlich ein eigenes Berufsbild«, findet Miersch.

Der gebürtige Ludwigshafener ist gelernter Fotograf, ein paar Jahre ausgestiegen und hat in den USA durch Zufall ein Praktikum bei einem Independent Producer bekommen. Dort hat er die Klappe geschlagen und gelernt, Filme zu wechseln. »Wenn in der Nähe von Dreharbeiten jemand abwesend in die Ferne starrt und mit beiden Händen in einem Sack 'rumfuhrwerkt – das ist der Kameraassi, der gerade versucht, den Rohfilm in die Kamerakassette einzulegen.«

Größere Produktionen beschäftigen auch in Deutschland einen Materialassistenten, der dem Kameraassistenten solche Routinearbeiten abnimmt. Wenn dieser clever ist, darf er vielleicht die Negativberichte führen: »Ist aber eine heikle Sache. Besonders das Kopierwerk braucht genaue Angaben, ob wir mit 'ner Blende zu viel belichtet haben oder so.« Nach diesen Angaben wird die Entwicklungsmaschine gesteuert, und dem Nachtpförtner, der die Filmdosen auch noch um Mitternacht entgegennimmt, braucht Miersch gar nicht erst die Einzelheiten zu erklären.

Auch wenn die Staatliche Fachschule für Optik und Fototechnik in Berlin einen eigenen Ausbildungsgang »Kameraassistent« anbietet und an den Filmhochschulen mittlerweile renommierte Kameraleute unterrichten, empfehlen die Profis die Praxis für den Einstieg. Der Bundesverband Kamera führt für das Berufsbild der Kameraassistenten auch ein Praktikum im Kopierwerk auf, wo die Anwärter die Verarbeitung von Filmmaterial und die Möglichkeiten der Entwicklung kennen lernen. Ein Praktikum im Geräteverleih macht mit den Fähigkeiten und Eigenheiten der verschiedenen Kameratypen vertraut. In Filmproduktionsfirmen lernen Kamerapraktikanten nicht nur am Set, sondern werden auch mit den organisatorischen und wirtschaftlichen Zusammenhängen der Kameraarbeit vertraut gemacht: Film ist schließlich Teamwork, und die Rädchen müssen ineinander greifen können.

Wie alle am Dreh Beteiligten wird auch Miersch ein paar Tage vor Beginn der eigentlichen Arbeit angeheuert, um sich mit dem Drehbuch, den Besonderheiten der geplanten Optik vertraut zu machen und in Absprache mit dem Kameramann die Ausrüstung zu besorgen. Ebenso wie ihre Chefs, die Kameramänner und -frauen, sind viele Assistenten Freiberufler, die von Auftrag zu Auftrag arbeiten. 420 Kameraleute und Assistenten sind im Bundesverband Kamera organisiert, der allerdings keinen Überblick darüber hat, wie viele der Kollegen bei den Fernsehsendern oder im aktuellen News- und im Dokumentarfilmbereich arbeiten.

Peter Miersch arbeitet inzwischen in Großbritannien in der Werbefilmbranche, wo er Industriefilme, Promotion-Videos und Schulungsfilme für Unternehmen dreht. Anfängern gibt er den Rat, sich vor allem klar zu werden, wohin die Reise gehen soll: »Für den szenischen Film brauchst du eine Menge Technik, Ahnung von Lichtgestaltung. Da hätte ich im Nachhinein lieber eine Hochschulausbildung.« Im Videobereich, beim Fernsehen oder beim Industriefilm bietet sich dagegen ein breites Betätigungsfeld für Quereinsteiger an, die »richtig gucken können«. Das sei die wichtigste Voraussetzung für jede Karriere hinter der Kamera, sagt Miersch.

Info-Box

Weitere Informationen sowie Mitgliedschaft auch für Kamera- und Materialassistenten bei:

Bundesverband Kamera e. V.
Brienner Str. 52
80333 München
Tel.: (0 89) 34 01 91 90
Fax: (0 89) 34 01 91 91
www.bvkamera.org

Einführungskurse:

Filmhaus Hamburg
Friedensallee 7
22765 Hamburg
Tel.: (0 40) 39 90 99 31
Fax: (0 40) 3 90 95 00
www.medienundkultur.hamburg.de

Mountain Multi Media
Mountain Academy
Bahnhofzentrum
CH-3855 Brienz
Tel.: 00 41 (33) 9 52 13 33
Fax: 00 41 (33) 9 52 13 34
www.mountain-academy.ch

Schulische Ausbildungsgänge zum Kameraassistenten:

Einen Ausbildungsgang zum staatlich geprüften Kameraassistenten bietet:

Staatliche Fachschule für Optik und Fototechnik (SFOF)
Einsteinufer 43–53
10587 Berlin
Tel.: (0 30) 34 79 63-0
Fax: (0 30) 34 79 63-33
Einen Ausbildungsgang zum Video-Operator bietet:

Bayerische Akademie für Fernsehen e. V. (BAF)
Betastr. 5
85774 Unterföhring
Tel.: (0 89) 4 27 43 20
Fax: (0 89) 42 74 32 23
www.fernsehakademie.de

Einen Einstieg u. a. in die Kameraarbeit bietet der dreijährige klassische duale Ausbildungsgang zum *Mediengestalter Bild und Ton* mit abschließender IHK-Prüfung. Die örtliche Industrie- und Handelskammer kann auch bei Auswahl eines geeigneten Ausbildungsbetriebs beraten. Interessenten sollten aber wissen, dass hier vor allem für den Videobereich ausgebildet wird. Für alle, die am Ende hinter der Filmkamera stehen wollen, ist diese Ausbildung eher ein Umweg.

Eine Ausbildung zum Mediengestalter/Kamera ermöglicht die

Georg-Simon-Ohm-Schule
Berufskolleg 13 der Stadt Köln
Westerwaldstr. 92
51105 Köln
Tel.: (0221) 8 39 13-20
Fax: (0221) 8 39 13-28
www.gso-koeln.de

Fortbildung:

Fernseh Akademie Mittel-
deutschland e.V. (FAM)
Inselstr. 22
04103 Leipzig
Tel.: (0341) 9 97 32-0
Fax: (0341) 9 97 32-99

Kölner Filmhaus e.V.
Maybachstr. 111
50670 Köln
Tel.: (0221) 22 27 10-0
Fax: (0221) 22 27 10-99
www.k-filmhaus.de

Tonassistent

»Mikro im Bild« ist der verhängnisvollste Satz am Set, denn dann wird die Aufnahme abrupt unterbrochen, egal wie schön die Heldin gerade geweint hat. Der Schuldige ist schnell ausgemacht: der Tonassistent. Der »angelt« nämlich nach den Schluchzern oder dem Dialog, mit einer ausziehbaren langen Aluminium- oder Kohlefaserstange, an deren einem Ende das Mikro befestigt ist.

»Ein Knochenjob«, weiß Ronni Eberth aus schmerzhafter Erfahrung. »Du stehst seitwärts zum Sprechenden, hältst die Stange mit beiden Armen knapp über den Kopf des Schauspielers, und das manchmal für Stunden mit kurzen Unterbrechungen.« Es ist anstrengend und übungsbedürftig, die richtige Höhe zu halten. Der eigene Chef, der Tonmeister am Aufnahmegerät, braucht den Ton so nah wie möglich. Das Mikro darf aber auf keinen Fall niedriger geraten, als mit dem Kameramann abgesprochen, damit es nicht zum Abbruch der Einstellung kommt und damit sich die Schauspieler nicht neu konzentrieren müssen.

Das Schlimmste sei, erzählt Eberth, »wenn der Kameramann abgelenkt war und die es erst abends in den Mustern entdecken.« Wenn das Set dann schon abgebaut ist und man nicht wiederholen kann, gibt es lange Diskussionen darüber, ob Regie und Kamera für dieses Mal mit dem Klassiker unter den Filmpannen – dem Mikro im Bild – leben können. Diese Panne ist schon den ganz Großen unter den Regisseuren passiert, sogar Hitchcock in *Der zerrissene Vorhang.* In Dokumentarfilmen sieht man seltener Mikros im Bild, Amateurschauspieler lassen sich durch die Stange mit Mikro leicht irritieren: »Da liege ich mit der Angel auf dem Bauch im Dreck und nehme den Ton von unten.« Wenn sich der Sprecher dann auch noch bewegt, kann es passieren, dass Eberth buchstäblich vor ihm im Staub kriechen muss.

Ein gutes Gedächtnis ist in diesem Job von Vorteil: Für die feststehenden Dialoge im szenischen Film muss der Tonassistent das Drehbuch beinahe auswendig können, um jeweils dem richtigen Darsteller das Mikro zuzuwenden. Außerdem stellt er auf Anweisung des Tonmeisters die Ausrüstung zusammen, prüft, ob alle Kabel die richtigen Anschlüsse haben, ob die Batterien aufgeladen sind, ob genug Bandmaterial vorrätig ist. »Während des Drehs achte ich immer darauf, rechtzeitig neues Band einzulegen. Peinlich, wenn alles bereit ist, und der Ton ruft ›Bandwechsel‹!«, erzählt Eberth.

Die Erholung kommt dann am Ende eines langen Drehtags, wenn Eberth die »Senkel« auf »Perfo« überspielt, auf Bänder mit Lochrand, die die Cutterin im Schneideraum synchron zum Bild anlegen kann. »Wir arbeiten noch viel mit einer alten analogen Nagra, einem Präzisionstonbandgerät. Wenn mal alles digital aufgenommen wird, entfällt der Job.« Eberth schätzt die Ruhe im Tonstudio, er lernt dabei »hinzuhören«. »Was sich gut anhört, was funktioniert hat, das braucht Erfahrung. Da kann ich abends mitkriegen, was rauskommt, wenn ich die Angel so oder anders halte.«

Die Kunst des Tonmeisters beruht nach Ansicht Eberths hauptsächlich auf einem feinen Gehör und der Erfahrung: »Die Geräte zu bedienen, lernst du in ein paar Wochen. Aber sie richtig einzusetzen ...« Vor seiner Assistenz hat Eberth eine Weile in einem Geräteverleih gejobbt und die Ausrüstung kennen gelernt. Dass er gleich einen engen Kontakt zu einem Tonmann fand, der ihn schließlich unter seine Fittiche nahm, hält er für einen Glücksfall.

Seinem Berufsziel, selbst die Tonarbeit am Set zu leiten und die Aufnahmen auszusteuern, kommt er in Momenten nahe, wenn es heißt: »Mach mal die Atmo, wir gehen essen.« Dann darf niemand im Studio, am Drehort das leiseste Geräusch machen, am besten, alle gehen tatsächlich essen. Diese Tonaufnahmen dienen dazu, die Pausen im Dialog später mit Stille zu überbrücken. Sie erfolgen genau in dem Raum des Drehortes, in dem die Darsteller gesprochen haben. Für Tonleute hört sich selbst Stille unterschiedlich an. »Für Tonleute gibt es keine Stille«, korrigiert Eberth.

Info-Box

Weitere Informationen erhält man bei:

Bundesverband Ton e. V.
Kurfürstenstr. 17a
22041 Hamburg
Tel.: (0 40) 6 56 59 49
Fax: (0 40) 6 56 73 99
http://medien.freepage.de/bvt/

Ausbildungsgänge zum Tonassistenten:

Hanseatische Akademie für
Marketing + Medien e. V.
Conventstr. 14
22089 Hamburg
Tel.: (0 40) 25 30 13-0
Fax: (0 40) 25 30 13-98

Institut für europäische
Medienbildung
Claudius-Dornier-Str. 5b
50829 Köln
Tel.: (02 21) 5 95 74-0
Fax: (02 21) 5 95 74-26
www.medienbildung.de

Schulen der Gesellschaft für Studiotechnik gibt es in Berlin, Hamburg, Köln, München. In Frankfurt/Main lautet die Anschrift:

School of Audio Engineering
Frankfurt (SAE)
Gesellschaft für Studiotechnik mbH
Homburger Landstr. 182
60435 Frankfurt/Main
Tel.: (0 69) 54 32 62
Fax: (0 69) 54 84-4 43

Pyrotechniker

Mindestens zweimal jährlich fliegt Andreas Korth in die Vereinigten Staaten. Der Kölner Pyrotechniker und Special-Effects-Mann sieht sich dort nicht den Grand Canyon oder Hollywood an, sondern neue interessante Explosionen. »Auch die Amerikaner kochen nur mit Wasser«, verteidigt er die Qualität der einheimischen Zündelei, »wenn auch mit wesentlich größeren Mengen.« Der regelmäßige Austausch mit den Fachkollegen hilft Korth und seiner Firma *flash-art*, pyrotechnisch auf dem neuesten Stand zu bleiben und damit die Spitzenposition neben den Babelsberger Studios hierzulande zu verteidigen.

»Wir legen Brände, verwüsten Landschaften, lassen aus Jackenärmeln Funken sprühen, provozieren Explosionen oder Autoüberschläge mit anschließendem Knall«, beschreibt Korth seine Arbeit. Der kontrollierte Umgang mit Feuer gehört zu seinem Handwerk. Um mit Explosivstoffen der Klassen T1 und T2 Autos in die Luft zu jagen oder Bombeneinschläge simulieren zu dürfen, musste der Ingenieur diverse Befähigungsscheine erwerben. Zwei bis drei Jahre dauert es, bis ein Pyrotechniker mit allen Arten von Sprengstoff umgehen kann und die gefährlichen Materialien käuflich erwerben darf. Ein guter Leumund ist die Voraussetzung: »Schon Eintragungen in der Flensburger Verkehrssünderkartei können den Traum vom Pyrotechniker für Anfänger zum Platzen bringen.«

Natürlich ist der Job riskant. Wer mit Sprengstoff hantiert oder mit schweren Maschinen umgeht, erlebt immer mal ein »Missgeschick«. Doch was im Film gefährlich aussieht, darf auf gar keinen Fall gefährlich sein. Darauf bestehen schon die Filmversicherungen. Korth und seine Kollegen müssen daher auch entscheiden, wann in einer Szene Schauspieler von Stunt-Leuten gedoubelt werden müssen. Die meisten Aktionen wirken allerdings nur auf der Leinwand spektakulär – beim Dreh verlaufen Einschläge ins Erdreich enttäuschend geräuscharm. »Erst der Sound-Mixer zaubert dann den großen Bums in die Szene«, erklärt Korth. Auch Pyrotechniker haben etwas von Zauberern an sich: Ein Flammenmeer, das sich in einem Zimmer ausgebreitet hat, erstirbt schlagartig, wenn der Regisseur »Cut« ruft und die Kamera die Aufnahme beendet hat. Dann hat der Pyrotechniker den Regler an der Propangasflasche heruntergedreht, die das »Feuer« gespeist hatte.

Einen gehörigen Teil seiner Arbeitszeit verbringt Andreas Korth hinter dem Schreibtisch. Seine Firma *flash-art* bekommt die Drehbücher der Filme meist zwei Wochen vor Beginn der Produktion, um die Szenen durchzugehen, einen Plan für das Vorgehen bei einzelnen Effekten aufzustellen und die Kosten zu kalkulieren. Sechs Wochen Zeit wären ihm lieber, denn es gibt immer Besonderheiten, wenn etwa eine Detonation inmitten einer Menschenansammlung erfolgen soll. Dann kann er keinen Sprengstoff verwenden, sondern muss auf andere Materialien ausweichen. Die Fantasie ist ständig gefordert. »Wir sind alle sehr gewissenhafte Leute, die den Film lieben und neugierig sind auf die Wirkungen eines bestimmten Effektes und auf die Machbarkeit bestimmter Ideen.« Während der Drehvorbereitungen muss er die zum Teil überspannten Erwartungen mancher Regisseure zügeln – oder der Fantasie eines Regisseurs auf die Sprünge helfen.

Mit Tom Tykwer hat er gern gearbeitet in den drei Filmen, die sie bereits zusammen gemacht haben: »Da musste zum Beispiel ein Schauspieler einen kochend heißen Ofen umarmen, und anschließend hatten die Arme zu dampfen.« Tykwer habe sich ausgesprochen viel Zeit für die Effekt-Szenen genommen, um zusammen mit den Pyrotechnikern bestimmte Wirkungen zu erfinden. Doch das sei nicht die Regel, so Korth. Oft könnten sich die Regisseure die Szene zwar visuell vorstellen, doch die Wirkung, die sie erzielen wollen, nicht recht vermitteln.

Rauch, Qualm, Stichflammen, dunkle Rauchwolken oder Rußwolken stellen beileibe nicht das gesamte Repertoire von *flash-art* dar. Zum Alltag der Feuerteufel gehören auch die anderen Elemente, Luft, Wasser, Erde. Manche Effekte wie heftige Windböen lassen sich gut mit Druckluft erreichen. Bei einem einfachen Wassereinbruch, der im Drehbuch steht, muss Korth mit seinen Leuten das Wasser zum richtigen Zeitpunkt erwärmt haben, damit es für die Schauspieler zumutbar ist. Und wenn nach einer Explosion Steine und Erdbrocken in alle Himmelsrichtungen schleudern, setzt er leichte Korkbrösel ein, die weder bei den Schauspielern noch an Kamera und Scheinwerfern Schaden anrichten.

Sein Beruf sei ihm »in die Wiege gelegt worden, ich komme aus einer Familie, wo alle im technischen Bereich im Theater gearbeitet haben.« Technisches Verständnis, das Talent, mit wenig Aufwand große Wirkungen erzielen zu können, sollten alle Interessenten für die Arbeit mitbringen. Eine Ausbildung in irgendeinem Metallberuf kann auch nicht schaden. Näher mit der Pyrotechnik in Berührung kommt der Anfänger dann bei Praktika und Lehrgängen in einer seriösen Firma der Branche. Die einzelnen Lehrgänge dauern zehn Tage, nach denen man jeweils eine Stufe der Befähigung nachweist. Ein guter Pyrotechniker kann sich später zum Fachmann für mechanische Special Effects weiterbilden – und dem Film seine Magie verleihen helfen.

Info-Box

Weitere Informationen bei:

flash-art	Studio Babelsberg
Detmolder Str. 629b	August-Bebel-Str. 26–53
33629 Bielefeld	14482 Potsdam
Tel.: (05 21) 9 26 11-0	Tel.: (03 31) 72-0
www.flash-art.de	Fax: (03 31) 7 21 21 35
	www.studiobabelsberg.com

Dolly-Grip

Ein Dolly ist keine Puppe. Ein Dolly ist eine etwa 1,20 × 1 Meter große Plattform mit Rädern, auf der Kamera, Kameramann und Kameraassistent Platz finden, und die gut und gerne eine Tonne wiegt. Wolfgang Hell schiebt dieses ganze Gewicht sanft an, bewegt den Kamerawagen eine halbe Minute lang ganz gleichmäßig vorwärts und stoppt ihn – ohne jeden Ruck – auf ein Handzeichen des Kameraassistenten. Die Kamerafahrt ist im Kasten. Hell entspannt sich. »Man braucht ein gutes Zeitgefühl, Sensibilität in den

Bewegungen und Muskeln«, beschreibt der Hamburger in Holly-wood die Voraussetzungen für seine Arbeit. Er hat sich gerade vom Grip, dem allgegenwärtigen »Mädchen für alles« beim Film, zum Dolly-Fahrer hochgearbeitet.

Der Kamerawagen ermöglicht dem Kameramann oder der Ka-merafrau störungsfreie, weiche Bewegungsaufnahmen auf ein Ob-jekt zu oder durch ein Szenenbild oder eine Landschaft. Dazu ver-legt Hell mit seinen Helfern in der Regel Schienen wie für eine Miniatureisenbahn, manchmal einige 100 Meter, aus etwa 1,20 Meter langen Teilstücken. Die Rundholme für die Rollen des Dollys sitzen auf Stahlrahmen, die er noch mit Keilen unterlegt, damit die Strecke absolut gerade verläuft. Mit der Wasserwaage wird nachgeprüft, ob beide Seiten des Schienenstrangs auf gleicher Höhe liegen. Dann heben er und drei andere Helfer den Dolly auf die Schienen: »Vier Mann – vier Ecken.«

Wenn er Gummiräder unter dem Wagen verwendet, wird ein wenig Luft abgelassen, damit die Fahrt trotz kleiner Steinchen oder Löcher im Bodenbelag ohne ruckartige Bewegungen verläuft. »Bei Straßenaufnahmen außerhalb des Studios benutzen wir manchmal einen Rollstuhl für die Kamera, der ist leichter hand-habbar«, erklärt Hell. »Filigraner« findet Hell den eigentlichen Job, die Bewegung des Kamerawagens. Auf der Plattform ist ein Ausleger montiert, der die Kamera samt Kameramann herum-schwenken kann. Damit das Ganze überhaupt bewegt werden kann, ist das andere Ende mit schweren Gegengewichten aus Be-ton versehen.

»Mein Meisterstück war eine Szene, in der ich den Dolly vor-wärts schieben und gleichzeitig den Arm mit der Kamera hoch schwenken musste, dann ganz weich anhalten an einer Markie-rung, und alles zurück auf Anfang.« Dabei kam er ganz schön ins Schwitzen, weniger wegen der eingesetzten Kraft, mehr wegen der nötigen Konzentration. »Das war alles ein ›Take‹, ohne Schnitt«, erinnert er sich. Der Kameramann erklärt ihm jeweils, wie er dre-hen will, und dann überlegt sich Hell, wie das zu bewerkstelligen ist. Auch der Kameraassistent ist abhängig vom Dolly-Fahrer. Wenn der seine Marken nicht trifft, stimmt auch die vorher be-stimmte Schärfe der Kamera nicht.

Neben den mechanischen Problemen muss der Dolly-Fahrer also auch etwas von der Kamera und ihren technischen Möglichkeiten verstehen und »sehr exakt arbeiten. Allzu viele Fehler darf ich mir nicht leisten«, meint Hell. Mit seinen Berufserfahrungen in einem großen Hollywood-Studio könnte er auch bei deutschen Produktionen unterkommen. »Kamerabühne« lautet der Fachbegriff für seinen Beruf, der auch hier ausschließlich in der Praxis gelernt wird. Oft sind es ehemalige Beleuchterpraktikanten, die sich für diese Richtung entscheiden. Deshalb sind die deutschen Dolly-Fahrer auch im gleichen Verband wie die Beleuchter organisiert. Neben den Kamerawagen bedienen sie stationäre Kamerakräne, die sogar Kameraperspektiven von Fußbodenhöhe mit anschließender Fahrt in luftige Höhen von vier bis fünf Metern erlauben. Hell hat allerdings anderes vor: Kameramann ist sein Traumberuf, im sonnigen Kalifornien wartet er auf seinen Studienplatz an der Fachschule für Optik und Fototechnik in Berlin. »So nah am Set wie nur möglich.«

Info-Box

Weitere Informationen bei:

Bundesverband Beleuchtung und Bühne e. V.
Grützmühlenweg 76
22339 Hamburg
Tel.: (0 40) 5 39 13 28
Fax: (0 40) 5 39 13 29
www.bvb-verband.de

Geräteverleih

Film ist Magie. Produktionsfirmen handeln mit Illusionen, mit Geschichten und Gesichtern, mit Rechten und der Hoffnung auf Kassenerfolge ihrer Filme. Das Handwerkszeug, das die Film-Crew braucht – Kamera, Bühnentechnik, Licht –, gehört nicht den Filmproduzenten, sondern Geräteverleihern, die sich auf Filmtechnik spezialisiert haben. Dort mieten die Kamera-Crews, die Beleuchter, Tontechniker und Produktionsleiter tageweise, was sie für das jeweilige Projekt benötigen. Die Anschaffung des neuesten Zubehörs, der Kilometer von Dolly-Schienen, die Wartung der Kameras und der Ersatz durchgebrannter Lampen fällt in die Verantwortung der Verleihfirmen. An jedem wichtigen Filmstandort in Deutschland gibt es eine Niederlassung. Geräteverleiher bieten Filmfreaks mit Ambitionen in den technischen Berufen einen guten Einstieg über Praktika. Sie erhalten dort die Gelegenheit, den »state of the art« der Filmtechnik in der höchsten Qualität kennen zu lernen und mit Kameras umzugehen, die sie an der Filmhochschule nicht so leicht in die Hand bekommen.

Interview

Cine-Service ist einer der ältesten Geräteverleiher für Filmproduktionen in Berlin, mit Dependancen in Köln, Hamburg und Leipzig. Hartmut Mausolf gründete das Unternehmen 1978 in München und folgte im selben Jahr einigen Produktionsfirmen an den Standort Berlin.

Frage: Wie sind Sie zum Film gekommen?
Mausolf: Ich hab eine Feinmechanikerausbildung bei Siemens gemacht, in der Forschungsabteilung. Über den Schwager eines Freunds hörten wir, die Firma Osram hat einen neuen Tageslichtbrenner entwickelt, eine HMI-Lampe, für die gab's aber noch keine Gehäuse. Wir haben rumgetüftelt und sie zum Brennen gebracht. Das war eine Revolution damals, die erste Tageslichtleuchte für den Film. Dazu mussten wir natürlich auch rausgehen, um Kontakt zu den Filmleuten zu bekommen, die mit den Scheinwerfern arbeiten. Man muss erst mal darauf kommen, dass diese Lampen auch im Regen eingesetzt werden.
Frage: Ist Filmlicht Ihre Spezialität?
Mausolf: Wir verleihen alles, was eine Produktion so braucht, Kameras, Licht, Zubehör, Elektromaterial, Stative, Filter, Messgeräte und natürlich Bühnentechnik. Das sind Elemacks und Panther, Kamerawagen also, und die Schienen dafür. Heute ist der

Verleih ein kapitalintensives Geschäft, eine 35-mm-Kameraausrüstung kostet mit allem Drum und Dran locker eine halbe Million Euro. Und fürs Kino brauchen die Kameraleute das Beste, also haben wir ARRI-Kamera und Moviecams.[16]

Frage: Sie bieten also die Kameras der Konkurrenz an? ARRI verleiht doch auch Filmzubehör.

Mausolf: ARRI ist Standard in der Branche. Und in Berlin ist ARRI mit Intervision noch nicht so lange vertreten wie ich. Da gibt es jetzt noch ganz andere Firmen, hinter denen Geldgeber mit vielen Millionen stehen. Die kommen zum Teil vom Show-Licht, die haben ursprünglich Veranstaltungen gemacht. Ich bin einer der letzten Unabhängigen. Aber beim Film wird das Team sowieso immer neu zusammengestellt, besteht aus Produktionsleitern und Kameraleuten, die mich kennen und mit meiner Technik zufrieden sind. Die kommen dann eben zu uns, weil sie wissen, dass die Sachen funktionieren, dass wir genau das Objektiv haben, das gerade in Mode ist.

Frage: Gehen Sie heute noch raus zu den Dreharbeiten? Etwa wenn Geräte mal kaputt gehen?

Mausolf: Wenn was nicht klappt, liegt es zu 95 Prozent am Kabel. Davon geben wir den Kunden sowieso immer zwei mit. Aber ohne Spaß: Die Zeit zum Reparieren gibt es gar nicht mehr am Set, dazu ist das alles zu minutiös durchgeplant. Wenn was nicht funktioniert, wird es ausgetauscht, da kommt vielleicht ein Produktionsfahrer rein und nimmt das Gerät gleich mit. Hier kümmern sich dann meine Servicetechniker darum.

Frage: Welche Vorbildung braucht man, um im Geräteverleih zu arbeiten? Wen stellen Sie ein?

Mausolf: Einen technischen Beruf gelernt zu haben, bringt dir einen Vorteil. Elektromechaniker, Elektroniker zum Beispiel. Ich beschäftige auch Praktikanten, sehr engagierte junge Leute, die wollen alle mal Kameramänner werden. Der Spaß an der Technik, die Liebe zum Film ist eine gute Voraussetzung. Ich hab in München früher mit Technikern von ARRI gesprochen, die sagten, ›bei BMW könnte ich das Dreifache verdienen‹. Aber die haben lieber Kameras gebaut.

Info-Box

Informationen und Praktikantenstellen gibt es u. a. bei diesen Verleih-firmen:

Cine-Service
Salzufer 13
10587 Berlin
Tel.: (0 30) 39 98 46-0
Fax: (0 30) 39 98 46-69
www.cine-service.de

Arnold & Richter Cine
Technik (ARRI)
Türkenstr. 89
80799 München
Tel.: (0 89) 38 09-0
Fax: (0 89) 38 09-12 44
www.arri.de

FGV Schmidle GmbH
Rotbuchenstr. 1
81547 München
Tel.: (0 89) 6 80 90 90
Fax: (0 89) 6 99 00 88
www.fgv-rental.de

MOVIECAM Filmtechnik
GmbH
Auhofstr. 254
A-1130 Wien
Tel.: 00 43 (1) 8 77 69 38
Fax: 00 43 (1) 8 77 94 68

Event Light
Lenzenstr. 17
53587 Asbach
Tel.: (0 26 83) 4 21 97
Fax: (0 26 83) 94 80 20
www.cinerent.de

Megarent
Tobelhofstr. 344
CH-8044 Zürich
Tel.: 00 41 (1) 8 21 91 91
Fax: 00 41 (1) 8 21 91 93

cinelicht
Schimmelmannstr. 123A-125
22043 Hamburg
Tel.: (0 40) 6 54 96 00
Fax: (0 40) 6 54 60 50

Farblichtbestimmer

Das Duell – Enemy at the Gates oder *Sonnenallee* sind nur zwei der großen Produktionen, die durch das Kopierwerk der Filmstadt Babelsberg gegangen sind. Nach dem Schnitt der Arbeitskopie durch den kreativen Cutter, der zusammen mit der Regie und eventuell dem Produzenten die Schnittvorlagen erarbeitet, beginnt dort die Feinarbeit am Filmnegativ. Zunächst wird das Originalnegativ geschnitten.

Der Film, den wir im Kino sehen, ist dann das entwickelte Negativ beziehungsweise die Kopie des geschnittenen Umkehrfilms. Damit diese gut aussieht, müssen erfahrene Farblichtbestimmer das Filmmaterial Szene für Szene beurteilen und den Helligkeitswert und die Farbfilterwerte bestimmen. Ein Vorgang wie bei der Entwicklung von Fotos oder Abzügen von Dias, nur dass ein Film aus 24 Einzelbildern pro Sekunde besteht. Ein mühsames Geschäft also. Und ein essenzielles für das Kino: Weil Filme nicht chronologisch gedreht werden, können die Lichtverhältnisse in Szenen, die am Ende der Montage aufeinander folgen, sehr unterschiedlich wirken. Außerdem gibt es Unterschiede bei verschiedenen Emulsionsnummern des Filmmaterials, das heißt, schon bei der Herstellung des Filmmaterials entstehen Unterschiede im Lichtverhalten.

»Das richtige Licht für einen Film zu finden, ist eine Kunst, ein Handwerk und eine sehr persönliche Gabe«, bekundet Wilfried Fehling, Leiter des Kopierwerks Babelsberg, seine Hochachtung vor den Kollegen. »Natürlich haben auch wir hier spezielle Computer«, erklärt er, »aber die Computer sind Werkzeuge. Letztlich ist es das menschliche Feingefühl für die visuelle Bestimmung, das zählt.« Ein unverwechselbares Original aber entstehe immer noch durch die individuelle und einfühlsame Herstellung des filmischen Gesamtkunstwerks.

Fehling weiß von Kameraleuten, die ihre Filme am liebsten nur ganz bestimmten Farblichtbestimmern übergeben, weil sie sich darauf verlassen, dass die durch ihr Gespür die gewünschten Effekte zielsicher erreichen. »Wenn Sie drei Lichtbestimmern denselben Film geben, werden Sie drei verschiedene Ergebnisse bekommen. Jeder Film wird technisch einwandfrei sein. Es ist eben eine Frage des persönlichen Geschmacks.«

Kenntnisse der Technologie braucht ein Farblichtbestimmer allerdings auch, und obwohl weiße Kittel und Atemschutzmasken nicht mehr zur üblichen Ausrüstung zählen, sind Kopierwerkskenntnisse und eine entsprechende Vorbildung für den Beruf wichtig. Die meisten dieser hoch spezialisierten Experten haben eine fundierte Ausbildung als Chemiker oder Laborant. In Babelsberg werden auch Lehrlinge ausgebildet. Praktikanten von den Film-hochschulen, die ihr Wissen über die fototechnischen Prozesse der Filmherstellung erweitern wollen, »dürfen aber nicht sehr viel mehr tun, als den Fachleuten ein bisschen über die Schulter zu schauen«.

Möglicherweise werden sich die Anforderungen an die Qualifi-kation von Lichtbestimmern in Zukunft wandeln. Mittlerweile wurden, von Firmen wie Philips, Systeme zur digitalen Lichtbe-stimmung auch von Kinofilmen entwickelt. Effekte und Nachbe-arbeitungsmöglichkeiten, wie sie bisher nur in der Werbung oder Videoclips verwendet wurden, können Filmen einen ganz neuen Look geben, der im herkömmlichen Kopierwerk viel Aufwand er-fordert. Das ARRI-Kopierwerk aus München denkt auch an die Filmemacher, die mit knappem Budget kalkulieren und mit weni-gen Drehtagen auskommen müssen. Wenn Gesichter bequem auf-gehellt oder Schatten in den gewünschten Level gelegt werden kön-nen, mag das Szenen retten, die man sonst aus technischen Gründen nicht hätte verwenden können. Der erste Film, der bei den Münchnern in dieser Weise entstand, war *Wie Feuer und Flamme* von der Regisseurin Connie Walther.

Wird der Job im Kopierwerk durch die neue Technik nun noch anspruchsvoller, weil man die Computer verstehen muss, also nichts für Quereinsteiger? Wilfried Fehling dazu: »Ich bin selbst ein Quereinsteiger.« Allerdings sei er mit seiner Ausbildung zum Elektrotechniker im Kopierwerk »auch sehr erwünscht gewesen«.

Info-Box

Einen konkreten Ausbildungsgang zum Farblichtbestimmer gibt es nicht. Gute Voraussetzungen für die Tätigkeit in einem Kopierwerk bringen zum Beispiel Film- und Videolaboranten, Fotomedienlaboran-ten oder Chemielaboranten mit.

Größere Kopierwerke, bei denen man diese Seite des Films auch in Praktika kennen lernen kann:

Bavaria Bild- & Tonbearbeitung
Bavariafilmplatz 7
82031 Geiselgasteig
Tel.: (0 89) 64 99-24 44
Fax: (0 89) 6 49 21 83
www.cinemedia.de

Geyer Werke
Harzer Str. 39
12059 Berlin
Tel.: (0 30) 68 01-2 17
Fax: (0 30) 68 01-2 02
www.cinemedia.de

ARRI Kopierwerk
Türkenstr. 89
80799 München
Tel.: (0 89) 38 09-13 33
Fax: (0 89) 39 09-14 66

ABC & TaunusFilm Kopierwerk
Unter den Eichen 5
65195 Wiesbaden
Tel.: (06 11) 5 31-2 36
Fax: (06 11) 5 31-2 41
www.taunusfilm.com

Produktion, Post-Production, Internetprovider, Kopierwerk, Filmabtastung, Filmbelichtung, Special Effects bietet:

Wagner & TaunusFilm Television
Konrad-Adenauer-Str. 42
55218 Ingelheim
Tel.: (0 61 32) 7 90 02-0
Fax: (0 61 32) 4 00 43
www.wagnertv.de

Peter Jonas Filmservice
Gumpendorfer Str. 94
A-1060 Wien
Tel.: 00 43 (1) 5 96 12 09
Fax: 00 43 (1) 5 96 12 09 72

Informationen über entsprechende Unternehmen in der Schweiz erhält man bei:

Schweizerischer Verband Filmtechnischer Betriebe
Konsumstr. 16A
CH-3007 Bern
Tel.: 00 41 (31) 3 82 44 33
Fax: 00 41 (31) 3 82 46 42
www.compu.ch/asitis

Weitere Berufe in der Filmtechnik

Focus-Puller

Mit der rechten Hand am Zoom, mit der linken Hand den Stativarm schwenken – dem Kameramann fehlt die dritte Hand, um auf den laufenden Mann, den er gerade dreht, scharf zu stellen. Bei großen Produktionen helfen ihm dabei sensible Experten, die den Schärfehebel am Objektiv sehr konzentriert und gleichmäßig in der verabredeten Zeit von A nach B ziehen können. Wobei Punkt B auf dem Schärfering meist mit Lassoband markiert wird. Eine rein mechanische Arbeit, die erste Bekanntschaft mit der Kameraarbeit am Set erlaubt.

Materialassistent

In größeren Produktionen ist eine Materialassistenz der Einstieg in die Kameraarbeit. Der Materialassistent unterstützt den oder die Kameraassistenten, indem er das Filmmaterial kontrolliert, sich einen Überblick über die gelieferten Materialchargen (die ein unterschliedliches Lichtverhalten aufweisen können) verschafft und Listen über die verbrauchten Filmmeter führt. Außerdem darf er den Film in die Kamera einlegen und die berühmte Klappe schlagen. Das Geräusch der Klappe dient übrigens dazu, später beim Schnitt Ton und Bild synchron anzulegen.

Fahrer

Gemäß dem Erfolgsrezept »vom Tellerwäscher zum Millionär« ist dies *der* Einstiegsjob für angehende Regisseure und Produzenten. Solange sie noch Fahrer sind, bringen sie die Stars und sehr alte oder sehr junge Schauspieler direkt von Zuhause oder vom Hotel pünktlich zu ihrem Auftritt an den Drehort. Sie besorgen zusätzliche Requisiten, bringen um Mitternacht die abgedrehten Filmrollen ins Kopierwerk und machen sich generell nützlich am Set. Dabei bleibt ihnen Zeit, den einzelnen Berufsgruppen über die Schulter zu gucken und zu überlegen, in welche Richtung die eigene Filmkarriere gehen könnte.

Kabelhilfen

Sie geraten bei großen Spielshows oder Talkshows im Fernsehstudio manchmal selbst ins Bild, die Helfer, die dem Kameramann das Rückwärtsgehen ermöglichen. Die Kabelhilfen, meist von der Lichtabteilung ausgeliehene Praktikanten, garantieren dafür, dass hinter der Kamera der Raum immer frei von Kabeln ist: Die Kameraleute müssen schließlich das Auge am Objektiv behalten. Umgekehrt müssen sie Kabel geben, wenn die Kamera auf ihrem Rollstativ den Weg nach vorn antritt. Die notwendige Zeit von ständiger Konzentration und Erahnen der kommenden Kamerabewegungen machen diesen Job anstrengender, als er sich anhört.

Wettermacher

Marilyn Monroes hochfliegender Rock über dem U-Bahn-Schacht: Die wohl berühmteste Szene der Wettermacherzunft hat nur sehr indirekt mit Wetter zu tun (laut Drehbuch gab es eine Hitzewelle), aber viel mit der Kunst, Wind zu erzeugen, wo keiner weht. Wettermacher sind Künstler, die einen Tischventilator geschickt in Nahaufnahmen einzusetzen oder mit wattstarken Gebläsen einen veritablen Sandsturm zu simulieren wissen. Übrigens wirkt der Regen der Wettermacher auf der Leinwand glaubwürdiger als echter, weil die Tropfen für die Kameralinse größer als selbst bei einem Gewitterschauer sein müssen.

6.

Filme gestalten

Eigentlich ist ihre Arbeit getan, noch bevor die erste Klappe zu einem Film geschlagen wird: Die Bauten sind errichtet, die Kostüme geschneidert, die Requisiten eingeräumt. Doch Regisseure und Regisseurinnen sind eigenwillige kreative Köpfe, und so fällt ihnen pünktlich am Morgen des ersten Drehtags ein, dass sie die geplante Duellszene auf einer (noch) nicht existierenden Treppe spielen lassen wollen oder der Star auf keinen Fall diese rote Weste tragen darf. Also stellt der Aufnahmeleiter den Drehplan um, damit die Kostümbildnerin und ihre Schneider einen Ersatz in Beige herbeizaubern können. Der Filmarchitekt lässt die Bühnenbauer in Windeseile eine behelfsmäßige Treppe zimmern, deren zementfarbener Anstrich gerade trocken ist, als die Duellanten und ihre Sekundanten mit Kamera, Licht und Ton anrücken. Gestalten beim Film ist der reine Stress – und die reine Freude für alle, die Spaß am Improvisieren und Erfinden von Illusionen haben.

Info-Box

Studiogesellschaften, bei denen man sich um Praktika in verschiedenen bühnentechnischen Berufen bewerben kann, finden Sie im Internet unter http://muc-zvs-web1.goethe.de/z/wwfilm/produk/destud.htm.

Peter Seddon, *Where's the Designer? BBC Television Training*, Borehamwood 1992

Fachzeitschriften:

Bühnentechnische Rundschau (erscheint zweimal monatlich)
Das *Jahrbuch der Deutschen Theatertechnischen Gesellschaft* kann
man entweder telefonisch bestellen unter (0 81 21) 7 65 31 oder über
das Internet unter der Adresse www.dthg.de.

Filmarchitekt

Im Berliner Kino Babylon steht eine der letzten Kinoorgeln
Deutschlands, ein Instrument, das Stummfilme nicht nur musika-
lisch begleitet, sondern auch eine Geräuschkulisse aus Schüssen,
Pferdegetrappel oder Hundegebell entstehen lassen kann. Cineasten bietet das Babylon manchmal ein ganz besonderes Erlebnis.
Wenn der expressionistische Stummfilm *Der Golem, und wie er in
die Welt kam* läuft, befinden sich die Zuschauer innerhalb wie außerhalb der Geschichte in der architektonischen Fantasiewelt von
Hans Poelzig. Der Architekt, den Kritiker mit dem Katalanen Gau-
dí verglichen haben, baute das Kino, schuf aber auch die Kulissen,
die dem stummen Meisterwerk seine Atmosphäre verleihen.

Im Abspann englischsprachiger Filme tauchen Filmarchitekten
oder Szenenbildner meist als Production-Designer auf. Vom ex-
pressionistischen Stil der klassischen deutschen Stummfilmzeit geprägt ist die Filmarchitektur ihres lebenden Großmeisters Ken
Adam. Nicht von ungefähr: Der Architekt von rund 80 Filmen,
darunter sieben *James-Bond*-Filme und *Dr. Seltsam oder wie ich
lernte, die Bombe zu lieben* wuchs im Berlin der Stummfilmzeit
auf. Als Dreizehnjähriger musste der Jude Klaus Adam nach Großbritannien emigrieren. Die schrägen Winkel im *Kabinett des Dr.
Caligari* finden sich auch in Adams Kommandozentralen der Film-
bösewichter *Dr. No* oder *Goldfinger*. Wie Poelzig hat auch Adam
Architektur studiert, bevor ein Zufall ihn zum Film brachte.

Dass die flüchtigen Bauten eines Filmarchitekten dauerhaften
Ruhm einbringen können, dokumentierte 1994 eine Ausstellung
von Adams Arbeiten in der Berliner Akademie der Künste. Sein

Kollege Erhard Kaatz vom Studio Babelsberg gewinnt dem nur vorübergehenden Glanz seiner Schöpfungen ein ganz besonderes Vergnügen ab. Eines der Highlights des Berufs sei, einen gewaltigen Baukomplex in kürzester Zeit wachsen zu sehen: »Die Hausfassaden beispielsweise, vorne hui und hinten pfui. Hinten stehen Farbeimer, Latten und unzähliges Zubehör, während die perfekte Wand im Film erstrahlt.«

Damit dieser Eindruck entsteht, arbeitet nach den Zeichnungen des Architekten ein ganzes Team von Fachleuten zusammen, Maurer, Stuckateure, Schlosser, Plastiker, Tischler, Maler und Dekorateure. Als Kaatz 1974 im Studio Babelsberg anfing, bestand die Belegschaft aus über 2 500 fest angestellten Filmschaffenden, darunter allein 55 Szenenbildner und Filmarchitekten. Im Schnitt wurden bei der DEFA jährlich 14 Filme parallel hergestellt, erinnert er sich.

Die Kunsthandwerker durchliefen mehrere Abteilungen und hatten oft an der Dresdner Hochschule für Bildende Künste studiert. Sie lernten, figürliche und landschaftliche Malereien anzufertigen oder Materialien als Textur zu erzeugen, Marmor, Feldsteine oder Vergoldungen. Viele dieser Spezialisten wurden auf den freien Markt entlassen. »Ohne das Zusammenspiel der verschiedenen Erfahrungen werden wohl viele gestalterische Möglichkeiten im Film verloren gehen«, befürchtet daher Kaatz. Wenn er sich amerikanische Produktionen ansieht, fällt ihm negativ auf, dass sie offensichtlich am Szenenbild sparen. Als Experte sieht er sofort, wenn sich zum Beispiel etwas spiegelt, womöglich die Scheinwerferbatterien oder andere Filmausrüstung. »Hätte eigentlich gleich beim Dreh ersetzt werden müssen, dafür sind wir ja auch vor Ort«, meint Kaatz.

Szenenbildner und Filmarchitekten lernen traditionell in der Praxis, in Assistenzen, auch wenn in Deutschland die Filmhochschule Konrad Wolf mittlerweile einen eigenen Studiengang anbietet. »Ich brauchte vier bis fünf Jahre, um durchzublicken, was alles möglich und machbar ist, wie etwas entsteht und wie ich es anwenden kann.« Leute, die heute in das Filmgeschäft einsteigen, müssen flexibel sein, glaubt er, sie können nicht auf diesen umfangreichen handwerklichen Fachapparat und die vielen erfahrenen Lehrer zurückgreifen, die ihm zur Verfügung standen: »Also braucht man viel Erfahrung aus dem Alltag, um die Tricks und Möglichkeiten kennen zu lernen.«

Der studierte Innenarchitekt mit Erfahrung auf dem Bau hatte im Studiosystem die Zeit, einen Überblick über das Handwerk zu bekommen. Von den zahlreichen Könnern seines eigenen Fachs lernte er unterschiedliche Arbeitsweisen. »Einer hatte ein Faible für grafische Darstellungen, der andere zeichnete oder malte die Entwürfe, ein anderer hat nichts mit dem Bleistift gemacht, er arbeitete mit Büchern und Fotovorlagen, doch auch das sehr erfolgreich.« Wenn alle Vorlagen nicht ausreichen, den anderen Kreativen des Filmteams eine Vorstellung vom Szenenbild zu verschaffen, bauen die Architekten ein Modell der Kulisse, das als Diskussionsgrundlage dient.

Neben der schöpferischen Fantasie, die die Optik eines Films zu weiten Teilen bestimmt, brauchen Filmarchitekten oder Production-Designer solide handwerklich-technische Kenntnisse. Kaatz muss den Bühnenhandwerkern die Konstruktionselemente seiner Bauten vermitteln können. »Historische Türen und Fenster als Bild zeichnen, haben wir in der Ausbildung gelernt, doch die technisch exakte Zeichnung als Vorlage für den Tischler abzuliefern, musste ich neu lernen.«

Im Rahmen seiner Arbeit wurde Kaatz zum Fan von Wassermühlen. Filmarchitekten sind auch für die Auswahl der Locations zuständig, müssen hinausgehen und geeignete Motive suchen oder Location-Scouts damit beauftragen. Da ist es oft nicht damit getan, endlos nach dem perfekten Ambiente für eine Szene zu suchen. Kaatz muss sie sich schaffen, indem er etwa einer Hausfassade mittelalterliches Aussehen durch Fachwerk-Vorbauten verschafft.

Für einen Film über die Entstehung der Charité wurde eine Wassermühle in Preußen gesucht. Rund 50 Mühlen sah Kaatz sich an, bei der Sieger-Mühle wurde er fündig. Allerdings musste dann noch ein Wasserrad gebaut werden, auch für den Innendreh fehlten die verschiedenen Zahnräder: »Es war ein besonderes Vergnügen, als letztendlich die Zahnräder ineinander hakten.«

Die Crew des Architekten muss sehr gut zusammenarbeiten, damit alles laut Drehplan pünktlich für die Aufnahmen bereitsteht. »Wir sind die Ersten am Set, und die Letzten, die dann wieder alles abbauen.« Deshalb ist von Szenenbildnern und Architekten auch die Fähigkeit gefordert, einen reibungslosen Arbeitsablauf zu organisieren und das Team zu motivieren. Freiberufliche Kollegen – und das sind heute die meisten – verwalten zudem ihren eigenen Etat, den sie zum Abschluss eines Projekts mit der Produktionsgesellschaft abrechnen.

Was schätzt Kaatz an seinem Job am meisten? »Die verschiedenen Möglichkeiten, Unmögliches möglich zu machen.« Und schon erzählt er von der Produktion, bei der in einem Schlosssaal gedreht werden sollte. Der Stab war von der Location begeistert. Zum Drehbeginn war allerdings vor den Fenstern ein wahrer Blätterwald gewachsen, der kaum Licht durchließ. Kaatz und sein Team ließen in kürzester Zeit den Schlosssaal im Studio nachbauen und Prospekte, großformatige Malereien, anfertigen, die eine weitläufige Landschaft abbildeten. Das Beleuchterteam sorgte für den nötigen Sonnenschein. Film ist eben Zauberei.

Info-Box

Weitere Informationen bei:

Verband der Szenenbildner, Filmarchitekten und Kostümbildner in Europa e. V.
Bavariafilmplatz 7
82031 Geiselgasteig
Tel.: (0 89) 6 49 31 39
Fax: (0 89) 6 49 29 08
www.sfk-verband.de

Verband Österreichischer Filmausstatter
Spittelberggasse 3
A-1010 Wien
Tel.: 00 43 (1) 5 96 31 95
Fax: 00 43 (1) 5 97 60 54
www.austrianfilm-designers.com

Ausbildungsgänge:

Hochschule für Film und Fernsehen Konrad Wolf
Studiengang Szenografie
Marlene-Dietrich-Allee 11
14482 Potsdam-Babelsberg
Tel.: (03 31) 62 02-0
Fax: (03 31) 62 02-549
www.hff-potsdam.de

Fachhochschule Hannover
Fachbereich Kunst und Design
Herrenhäuser Str. 8
30419 Hannover
Tel.: (05 11) 92 96-5 01/-5 02
Fax: (05 11) 92 96-5 10

HFF München
Aufbaustudiengang Film- und
Fernsehszenenbild
Frankenthaler Strasse 23
81539 München
Telefon: (0 89) 6 89 57-0
Fax: (0 89) 6 89 57-1 89
www.hff-muc.de

TU Berlin/Fachbereich Architektur
Aufbaustudiengang Bühnenbild
für Architekten und Bauingenieure
Straße-des-17. Juni 152
10623 Berlin
Tel.: (0 30) 31 47-21 75
Fax: (0 30) 31 47-21 76
www.a.tu-berlin.de

Internationale Film-, Fernseh- &
Musik- Akademie (IFFMA)
Villa Zerboni
Waldpromenade 21
82131 Gauting
Tel (0 89) 89 39 89 60
Fax (0 89) 89 39 89 61
tr@ining-film-tv-music.de

Fachhochschule Rosenheim
Studiengang Film- und
Fernsehszenografie
Marienberger Str. 26
83024 Rosenheim
Tel.: (0 80 31) 8 05-5 57
Fax: (0 80 31) 8 05-5 52
www.szenografie.de

Film + Television Design Annual, erscheint jährlich und enthält Informationen zum Berufsbild sowie zu allen Mitgliedern (zu beziehen beim Verband der Szenenbildner, Filmarchitekten und Kostümbildner in Europa e. V., vgl. oben).
Dietrich Neumann (Hg.), *Filmarchitektur. Von Metropolis bis Blade Runner,* München/New York 1996
Jürgen Berger, *Production Design. Ken Adam. Meisterwerke der Filmarchitektur,* Geiselgasteig 1994

Bühnenmaler

Eigentlich verdanken sie alles Masaccio (1401–1428), dem Vater der Renaissance-Malerei, und seinem Freund, dem Architekten Filippo Brunelleschi (1377–1446). Ohne dessen mathematische Berechnungen zur Zentralperspektive und Masaccios Bereitschaft, diese auf Fresken und Altartafeln anzuwenden, könnten Josef Bungartz und seine Kollegen heute keine so überzeugenden Illusionen für das Auge der Kamera schaffen. Und die Kinobesucher müssten auf so manchen weiträumigen Blick über die Dächer von Paris, Berlin oder New York verzichten.

Bühnenmaler ist ein alter Handwerksberuf. Schon vor Jahrhunderten schufen die Hoftheatermaler überzeugende Reproduktionen von Landschaften und Gebäuden, vor denen manchmal sogar die adligen Auftraggeber selbst eine Probe ihres Könnens als Darsteller gaben. Ob Tempelruinen mit Säulengängen oder eine sich im Waldrand verlierende Wiese – Bühnenmaler beherrschen die Kunst der optischen Täuschung, die dem Auge des Betrachters vorgaukelt, in 100 Meter Entfernung weide tatsächlich ein Reh, auch wenn die Bühne gerade mal 20 x 30 Meter misst.

Schon als Kind hat diese Kunstwelt des Theaters Josef Bungartz magisch angezogen, haben die optischen Täuschungen, die dort perfektioniert wurden, ihn brennend interessiert. Um diese Geheimnisse zu ergründen, absolvierte er ein Praktikum am Theater und entschloss sich anschließend zum Besuch der Hochschule für bildende Kunst in Dresden. Dort studierte er Kunst- und Literaturgeschichte, beschäftigte sich mit Anatomie, Naturstudien, Ästhetik und Architektur. »Die Ausbildung direkt am Theater oder bei uns hier im Studio Babelsberg bringt natürlich gleich eine Menge Praxis«, bricht Bungartz eine Lanze für andere Ausbildungswege als den seinen. Anfängern rät er auf jeden Fall zu einem Praktikum, damit sie entdecken können, ob sie das Auge, die Geduld und das nötige zeichnerische Talent mitbringen.

In der Spezialausbildung für Theatermalerei lernte Bungartz, auf Leinwände großformatige Hindergrundbilder, so genannte Prospekte, zu malen, und unterschiedliche Materialien überzeugend plastisch darzustellen. Denn auf Metall fällt Licht beispielsweise anders als auf strukturierte Stoffe, die Optik variiert sehr stark. Und die Perspektiven sind anders, je nachdem, ob man aus dem dritten Stockwerk schaut oder dem 18. Stock eines Hochhauses.

Ein Prospekt, auf das Bungartz besonders stolz ist, war ein Kirchenschiff, das zu einem Drittel von den Kollegen von der Ausstattung aufgebaut, zu zwei Dritteln aber gemalt wurde. In der Kameraperspektive durfte die Grenze zwischen Kulisse und Malerei nicht auszumachen sein. »Allerdings musste die Kamera einen festen Stand haben und eine Zentralperspektive«, erklärt Bungartz. Berührungsängste mit Technik dürfen Bühnenmaler beim Film nicht haben. Anders als die Theatermaler, die auf dem Fußboden arbeiten, malen die Filmleute an Ort und Stelle. Am Drehort hängen die Prospekte von der Decke herab, sodass man die Perspektive durch einen Blick durch die fest eingerichtete Kamera festlegen und entsprechend malen kann.

Dass seine Kunst durch Computer ersetzt werden könnte, befürchtet Bungartz nicht. »Unsere Abteilung hier in Babelsberg wurde allerdings verkleinert, von elf auf drei Leute.« Doch im Grunde ergänzt die neue Technik das alte Handwerk. Denn auch am Computer muss ein Kunst- und Architekturkenner sitzen, der Ahnung von Perspektive, Farbe und Ästhetik hat, damit die optischen Tricks funktionieren. »Vor Jahren, als der Fotoapparat erfunden wurde, galt er als Feind der Malerei, doch bis heute hat auch die Malerei ihren Stellenwert nicht verloren, so wird es auch in unserem Gewerbe sein«, glaubt Bungartz. Manuell gefertigte Malereien auf den haltbareren Leinwänden sind griffiger und verziehen nicht so leicht wie Fotowände. Auch ist es schwer, eine bestimmte Lichteinstrahlung plastisch darzustellen, die erfahrene Bühnenmaler schnell und sicher erzeugen können. So wird es häufig billiger, die Hintergrundansichten von Bungartz und seinen Kollegen malen zu lassen, als großformatige Fotos aufziehen zu lassen.

Auch beim »Scheibentrick« schlägt die Zunft den Kollegen Computer. Dabei wird ein Motiv, etwa die Silhouette der Pariser Kathedrale Notre-Dame, auf eine zwei bis drei Meter große Scheibe gemalt, die später auf zwei bis zweieinhalb Zentimeter verkleinert von der Kamera aufgenommen wird. Auf diese Weise zauberte Bungartz' Team bei Dreharbeiten eine Pariser Atmosphäre in die engen Gassen Weimars.

Künstler können Kulissenmaler sein. So widmete das Guggenheim-Museum im Herbst 1997 dem Maler Robert Delaunay eine Ausstellung, während gleichzeitig eine Retrospektive »seiner« Filme lief, zu denen auch das Meisterwerk des filmischen Expressionismus *Das Kabinett des Dr. Caligari* (uraufgeführt 1920) gehört.

Umgekehrt schuf der Bühnenmaler Siegfried Ripke, der in der

Nachkriegszeit an Westberliner Bühnen und bei den CCC-Studios von Atze Brauner für die optischen Illusionen zuständig war, später nur mehr naturalistische Landschaften und abstrakte Gemälde im eigenen Atelier.

Als Galerie alter Meister entpuppt sich auch Bungartz' Babelsberger Atelier. An den Wänden dort finden sich klassische Gemälde wie die des berühmten Spaniers Francisco Goya (1746–1828). Ein Vermögen wert, wären sie vom Pinsel des Malers persönlich geschaffen. Die haben Bungartz und seine Kollegen noch aus DEFA-Zeiten, vom Team kopiert für den Goya-Film von Konrad Wolf. »Beim Film sind wir eben alle Fälscher und Betrüger!«, lacht Bungartz.

Info-Box

Weitere Informationen erhält man bei:

Deutsche Theatertechnische
Gesellschaft e. V.
Gruber Str. 76
85586 Poing
Tel.: (0 81 21) 7 65 31
Fax: (0 81 21) 7 65 81
www.dthg.de

Studiengang Bühnen- und
Kostümbild
Hochschule für Bildende Künste
Dresden
Güntzstr. 34
01307 Dresden
Tel.: (03 51) 44 02-0
Fax: (03 51) 4 59 00 25
www.hfbk-dresden.de

Filmplastiker

»Wer baute das siebentorige Theben?«[17] Nun, wenn Theben als Filmkulisse auferstünde, würden auf die alte Frage Bert Brechts die Namen von Ken Adam, Ferdinando Scarfiotti oder vielleicht noch der Name des Bildhauers Joost van der Velden fallen. Cineasten kennen die Filmarchitekten und Ausstatter: Ken Adam prägte die Ästhetik der Räume in den ersten sieben *James-Bond*-Filmen, Scarfiotti erhielt einen Oscar für die Kulisse von Bertoluccis *Der letzte Kaiser*, der Holländer van der Velden baute das Modell der Goldelse für Wenders' *Himmel über Berlin* und richtete die Trollwelt der *Unendlichen Geschichte* ein.

Daniel Klappenback würde sicher »den Chef« an erster Stelle nennen, den viel zu früh verstorbenen Studioleiter und Leiter des Art-Departments von Babelsberg, den Filmarchitekten Rainer Schaper. Wer aber schleppte die Felsbrocken – oder vielmehr die Schuttberge – herbei für die Kulisse der zerschossenen Stadt Stalingrad, die in Krampnitz nahe Berlin aufgebaut wurde? »Beim Stalingrad-Film waren wir insgesamt 160 Leute, die mit der Ausstattung beschäftigt waren«, erinnert sich Klappenback, fest angestellter Filmplastiker des Studios Babelsberg. »Da haben wir uns noch jede Menge freie Mitarbeiter geholt.« Er und seine Crew bauten die acht Meter hohe Stalin-Statue. Auch die Pferdekadaver haben sie nachgebildet: »Gummi, Plastik und Weichschaum – dann haben wir das Ganze mit Fell überzogen.«

Der Diplomdesigner von der Dresdner Hochschule für Bildende Künste hat sich nach einer Malerlehre und einem Filmpraktikum während des Studiums auf das Fach Theaterplastik spezialisiert. Außer Zeichnen, Malen und Modellieren lernen die angehenden Bühnenfachleute, kreativ mit Styropor, Ton, Kunststoff und Gips umzugehen, Skulpturen und Fassadenelemente zu gestalten. Fassaden sind ein wesentliches Thema der Filmarchitektur. Viele seiner Kollegen haben eine Stuckateurausbildung. Sie bauen Neues auf, trimmen Neues auf Alt.

Für *Der Pianist* von Roman Polanski bauten Klappenback und seine Kollegen das Warschauer Ghetto nach, modellierten die Häuserfronten mit den stimmigen Stuckornamenten, die dann wiederum bemalt wurden, um die richtige Patina zu zeigen. »Die Fassaden vom Warschauer Ghetto werden jetzt wieder verwendet – mit einigen Änderungen seitens der Fassadenarchitektur – in einem Film über Max Schmeling. Das ist in einer anderer anderen Zeit angesiedelt, in der Vor- und Nachkriegszeit.« Das Set befindet sich in einer ehemaligen russischen Kasernenstadt, die ohnehin abgerissen wird. Das Filmteam kann die Fassaden und Kasernen also nach Herzenslust einreißen oder umarbeiten, um das zerstörte Berlin zu zeigen.

Für die Ewigkeit ist nichts von dem gedacht, was Klappenback baut. Wenn ein Haus einstürzen soll, dürfe es nicht zu solide gebaut sein, sagt der Plastiker. Dennoch seien gerade die Hausfassaden sehr arbeitsintensiv, wenn sie alt aussehen sollen, der Putz bröckelt, künstliche Steine »auf alt getrimmt« werden. »Kurz vor der Fertigstellung einer Kulisse arbeiten wir bis in die Nächte hinein. Das Gute ist, alle in unserer Abteilung ziehen dann mit voller Kraft mit«, lobt Klappenback sein Team.

Kein Arbeitstag gleicht dem anderen. Wenn die 20 Plastiker, Stuckateure und Kunststoffspezialisten nicht in der Endphase eines Projektes stecken, beginnen sie frühmorgens um sieben Uhr und arbeiten eigenständig nach Fotos, Zeichnungen oder schriftlichen Anweisungen mit den ungefähren Vorstellungen des Szenenbildners.

»Uns machen historische Filme großen Spaß, weil wir dann am meisten zu tun haben«, verrät Klappenback. Dann gehören zur Arbeit auch Recherchen, besonders in Literatur und Kunstgeschichte. Oft fertigen sie auch erst einmal Arbeitsmodelle an, im Verhältnis 1:10, um sicherzustellen, dass die Umsetzung den Ideen von Szenenbildner und Regie entspricht. »Und um zu prüfen, ob's technisch funktioniert«, merkt Klappenback an. Für einen Film über den dänischen Märchenerzähler Hans Christian Andersen errichtet die Crew beispielsweise eine Eiskathedrale, die die Schneekönigin besucht, auch Eiswüsten und andere surreale Hintergründe, die alle aus sehr leichtem Material bestehen müssen.

Klappenback liebt seine Arbeit und rät Handwerkern, die sich für die Filmarbeit interessieren, zu einem ähnlichen Ausbildungsweg, wie er ihn absolviert hat: »Die sollten sich eine Mappe mit eigenen Entwürfen unter den Arm klemmen und in Dresden vorsprechen.«

Er persönlich achtet auf Qualität und engagiert sich für interessante Low-Budget-Produktionen, manchmal auch zu niedrigeren Preisen – aber Pfusch, um den Preis für die Kulisse zu senken, duldet er nicht. »Besonders bei amerikanischen Produktionen fallen mir oft fehlerhafte Arbeiten auf, ein Schornstein, der am falschen Ort angebracht wurde, schlecht angeklebte Kaminsimse oder architektonische Elemente, wie Säulen oder Friese, die schlichtweg in einer falschen Epoche angesiedelt sind.«

Info-Box

Weitere Adressen erhält man bei:

Deutsche Theatertechnische Gesellschaft e. V.
Gruber Str. 76
85586 Poing
Tel.: (0 81 21) 7 65 31
Fax: (0 81 21) 7 65 81
www.dthg.de

Den Studiengang Malerei/Grafik/Bildhauerei/andere bildnerische Medien bietet an:

Hochschule für Bildende Künste Dresden
Brühlsche Terrasse 1
01067 Dresden
Tel.: (03 51) 49 26 70
Fax: (03 51) 4 95 20 23
www.hfbk-dresden.de

Kostümbildner

Wenn sie arbeitet, geht sie ganz in ihrer Arbeit auf. Für ein Theaterstück war sie einmal wochenlang auf der Suche nach dem richtigen Stoff, in einer ganz bestimmten Textur, in einer ganz bestimmten Farbe. Irgendwann fiel ihr ein Seidensamt in die Hände – in der falschen Farbe. Nach einer nächtlichen Färbeorgie quoll ihr schließlich aus dem Trockner eine wunderbare orange-güldene Stoffwoge entgegen. »Ich bin herumgesprungen wie ein kleines Kind«, erinnert sich Tine Upesleja, Kostümbildnerin aus Berlin. Kostümbildner gestalten zu wesentlichen Teilen die ästhetische Wirkung und emotionale Atmosphäre eines Films mit. Sie müssen ihre Ideen und Entwürfe schon lange vor Drehbeginn mit dem Regisseur, dem Produzenten, dem Setdesigner, manchmal auch den Schauspielern abstimmen.

»Man braucht die Begabung, im Team zu arbeiten, muss ein Händchen für die Marotten anderer Menschen haben«, fasst Tine

Upesleja diese Seite ihrer Arbeit zusammen. Die andere Seite, das sind die Stoffe, Kleider, Falten, Rüschen und Farben – Upesleja liebt es, im Fundus, in Boutiquen oder in Secondhand-Läden nach Kleidern und Accessoires zu forschen. Für die handwerkliche Seite des Berufs muss man solide Fachkenntnisse mitbringen, eine Schneiderlehre ist eine gute Ausgangsbasis.

»Im Gegensatz zu den meisten Filmberufen ist es beim Kostümbild fast nicht möglich, als Quereinsteiger unterzukommen«, weiß sie aus Erfahrung. Sie selbst jobbte während ihres Kunstgeschichte- und Publizistikstudiums in der Berliner Schaubühne, zunächst als Garderobiere. Das renommierte Theater war der ideale Einstieg für sie. Nach dem Besuch einer Modeschule und mehreren Assistenzjahren im Kostümbild trägt sie heute selbst die Verantwortung für das Einkleiden der Stars, beispielsweise Pola Kinski oder Therese Affolter. Der Abschluss in Kunstgeschichte kommt ihr bei historischen Kostümfilmen sehr gelegen. Wer bereit ist, wie Upesleja die nötigen Qualifikationen zu erwerben, arbeitet dann meist als Freelancer und wird für einen einzelnen Film eingekauft.

Zu Beginn der Arbeit an einem Film liest die Berlinerin das Drehbuch, macht sich Notizen zu den einzelnen Personen, deren Szenen und wechselnder Garderobe. »Meine Fantasie«, erzählt Upesleja, »beschäftigt sich schon zeit meines Lebens damit, wie ich mit Kleidung den Charakter bestimmter Menschen unterstreichen kann.« Und das ist der nächste Schritt: sich während der Vorgespräche ein Bild von den Filmfiguren, den Darstellern und der Auffassung des Regisseurs zu machen.

Auch das Szenenbild, die wichtigsten Requisiten muss sie kennen. »Die Kleider sollen sich von den Wänden und vom Umfeld abheben. Wenn es konservative Auftraggeber sind, muss man auf bestimmte Muster achten, damit nichts flimmert. Man macht also früh einen Kameratest.« Man hält dafür ein Stück des infrage kommenden Stoffes vor die Kamera und testet den Effekt. Upesleja ist auch für die Beschaffung zuständig, sie legt einen genauen Terminplan für Assistenten, Garderobieren, Schneider und vielleicht noch Hutmacher fest, damit alle Kostüme pünktlich am Drehtag bereitstehen. Manchmal schon zerfetzt und dreckig – wie es das Drehbuch vorschreibt.

Dieser Teil ihrer Arbeit, das Entwerfen und Stöbern nach Stoffen und Kleidern, bereitet Upesleja ungetrübte Freude, »es sei denn, das Budget ist allzu knapp oder der Regisseur hat einen schlechten Geschmack, aber das ist selten«. Anstrengend können allerdings die Drehtage werden, manchmal bis zu 16 Stunden am Stück, mitunter die ganze Nacht. Denn die Kostümbildnerin verlässt ihre Kreationen während der Dreharbeiten nicht. Gemeinsam mit der Garderobiere kümmert sie sich darum, dass zerrissene Säume geflickt, durchgeschwitzte Hemden gewaschen und gebügelt werden. Manchmal wird spontan etwas geändert oder ein Stoff kommt bei Nachtaufnahmen nicht heraus, und sie muss improvisieren. Auch die Continuity unterstützt sie, achtet darauf, wie bei einer bestimmten Szene ein Halstuch geschlungen war.

Nach Abschluss eines Films endet ihre Arbeit erst, wenn alle Kostüme gereinigt und zurück im Fundus sind. Aber was wird eigentlich aus den Sonderanfertigungen für die Stars, aus den historischen Abendkleidern? Ganz berühmte Stücke landen bei Sammlern, in Filmmuseen, andere in speziellen Secondhand-Läden. Für 4 000 US-Dollar können Fans oder Frauen mit derselben Figur wie Wynona Ryder im Internet ein crèmefarbenes Ballkleid erwerben, das der Star als Charlotte Fielding im gleichnamigen Film trug. Die Seite www.movieclothes.com hat schon Kostüme aus so unterschiedlichen Filmen wie *12 Monkeys*, *The Blair Witch Project*, *Rambo III* und dem Oskar-Gewinner *Traffic* verkauft.

Tine Upesleja legt weniger Wert darauf, die Superstars anzuziehen. Ihre Glücksmomente im Berufsalltag entstehen aus der eigenen Fantasie: »Wenn mir freie Hand gelassen wird, wenn ich meine eigenen Kreationen erfinden darf, kann ich in Stoffen schwelgen. Dann wachse ich über mich hinaus. Ich glaube, das geht jedem beim Film so.« Sie könnte sich auch gut einen Job bei der Oper vorstellen, denn für die umfangreichen Figuren der meisten Sänger gibt es kaum etwas von der Stange.

Info-Box

Eine exzellente Grundlage für das Kostümbild ist die handwerkliche Lehre als Damen- oder Herrenschneider, nach mehrjähriger Gesellentätigkeit kann auch die Meisterschule besucht werden. Informationen über Ausbildungsweg und -betriebe in der Region gibt die örtliche Handwerkskammer.

Workshops und anderes für die Absolventen der Hochschulen zur Weiterbildung bietet:

Verband der Szenenbildner, Filmarchitekten und Kostümbildner
Bavariafilmplatz 7
82031 Geiselgasteig
Tel.: (0 89) 6 49 31 39
Fax: (0 89) 6 49 29 08

Studiengänge für Bühnen- und Kostümbild:

Hochschule für Bildende Künste
Dresden
Güntzstr. 34
01307 Dresden
Tel.: (03 51) 44 02-0
Fax: (03 51) 4 59 00-25
www.hfbk-dresden.de

Fachhochschule Hamburg
Fachbereich 12: Gestaltung
Armgartstr. 24
22087 Hamburg
Tel.: (0 40) 4 28 63-38 24
Fax: (0 40) 4 28 63-33 74
www.fh-hamburg.de

HdK Berlin
Fasanenstr. 1B
10623 Berlin
Tel.: (0 30) 31 85-22 54
Fax: (0 30) 31 85-26 89

Universität für angewandte
Kunst Wien
Oskar-Kokoschka-Platz 2
A-1010 Wien
Tel.: 00 43 (1) 71 13 30
Fax: 00 43 (1) 7 11 33-20 89
www.uni-ak.ac.at

Maskenbildner

Den wohl gruseligsten Job bekam ein US-amerikanischer Maskenbildner außerhalb der Filmbranche: Damit Adolf Hitler nicht unerkannt entkäme, falls ihm die Flucht aus dem umkämpften Berlin gelingen würde, musste der Experte das meistgehasste Gesicht des Jahrhunderts mit veränderter Frisur, Bart und Brille ausstatten, als Professor etwa oder als Revolutionär. Die Wirklichkeit allerdings, den kranken Mann mit aufgedunsenem Gesicht, wie ihn wenige Aufnahmen aus den letzten Kriegstagen zeigen, traf der Maskenbildner mit seinem Phantombild nicht.

Im Berufsalltag haben es Filmmaskenbildner mehr mit der Fantasie zu tun. Die Ausnahme bilden Historienfilme mit Figuren, von denen Abbildungen existieren. Den »Denkmalpfleger« nennen die Kollegen Frank May vom Studio Babelsberg, weil er »ein Faible für den historischen Film« hat. 20 oder 30 Filme hat er in der dieser Art gemacht, genau weiß er es nicht mehr, und darin Gestalten wie Liebknecht und Lenin, Beethoven oder Büchner zu Lebensechtheit verholfen. »Natürlich sind es die Schauspieler, die einer Rolle Form und Inhalt geben. Aber auch bei Filmen, für deren Personen es keine Bildvorlage gibt, ist es der Maskenbildner, der einem Gesicht seine ganz spezielle Individualität verleiht.«

Der DEFA-Star Rolf Hoppe (er spielte in Filmen wie Istvan Szabós *Mephisto*, Bernhard Wickis *Die Grünstein-Variante* oder Peter Schamonis *Frühlingssymphonie*) ist Mays Lieblingspartner, wenn es darum geht, gemeinsam eine Maske zu entwickeln. »Hoppe ist unglaublich präzise, er spielt mit der Maske und setzt sie konsequent für seine Schauspielerei ein. Er weiß, dass mit der richtigen Maske mehr Vielfalt und Spielraum für seine Darstellungskunst zu erreichen ist.« Eine Maske macht man eben nicht nur mit Theaterschminke, Latex und Perücke – eine Maske macht man zunächst einmal mit dem Kopf. Eine musische Begabung, Zeichentalent und lange praktische Erfahrung helfen May bei der Vorbereitung der Dreharbeiten.

Skizzen zu den Figuren werden angefertigt, die Vorstellungen des Regisseurs mit den eigenen Ideen zur Ausstrahlung eines Protagonisten abgestimmt. »Besonders problematisch und langwierig kann eine Maskenfindung beim utopischen Film werden, wo bestimmte Figuren erst durch die Maske Gestalt annehmen«, erklärt May. Vier bis fünf Wochen dauert diese Entwicklungsphase bei größeren Projekten, für die mitunter ein ganzes Team von Maskenbildnern und Friseuren Perücken für jeden wichtigen Darsteller anfertigen muss. Auf einem Originalabguss vom Kopf wird die Perückenmontur gefertigt und darauf zumeist mit Naturhaar die gewünschte Haarpracht geknüpft, was die Werkstatt jeweils fünf bis zehn Tage kostet.

In den USA, beim französischen oder russischen Film bilden die Bereiche Make-up und Haar getrennte Abteilungen, deutsche Maskenbildner bauen ihre Ausbildung dagegen auf einer Friseurlehre auf, bevor sie am Theater, in Filmpraktika, auf privaten Schulen oder der Filmhochschule Dresden ihre Spezialkenntnisse erwerben. Mit der Zeit entwickelt nach Mays Erfahrung jeder irgendwann eine Vorliebe für ein bestimmtes Genre, ob Historienfilm oder Science-Fiction. Auch die Ströme von Blut, die in den Filmen fließen, kreieren die Maskenbildner, das bewährte Gemisch besteht aus Wasser, Glyzerin, Haftmittel, Geschmacksstoff, Verdickungsmittel und Farbe. Der Übergang ihrer Aufgaben in die FX-Abteilung, zu den Special Effects, ist fließend. »Unser Metier ist Blut, Schweiß und Tränen«, kommentiert May augenzwinkernd.

Mit der umfangreichen Schminkpalette, mit plastischen Materialien wie Gummimilch, Latexmasse und Schaum, mit Narbenmaterial, Wachspräparaten, Pasten, Tinkturen, Haarspray für staubige Effekte und hautfarbenen Kittsorten verwandelt May am Set junge Schauspieler in Greise, schöne Frauen in entstellte Unfallopfer oder einfach bezaubernde Teenager. »Der Verjüngungskur sind allerdings Grenzen gesetzt, mehr als zehn, fünfzehn Jahre kann ich mit all meiner Kunst die Uhr nicht zurückdrehen.« Solch aufwändige Masken können drei bis vier Stunden Vorbereitungszeit erfordern, bevor die Dreharbeiten überhaupt losgehen. Maskenbildner und Schauspieler fangen dann oft morgens um fünf oder sechs Uhr an, und dann schließt sich vielleicht noch einmal ein Drehtag von zehn, zwölf Stunden an. Denn auch während des Drehtages muss die Maske vor Ort bleiben. Trotz hervorragender Materialen kommt man ohne Nachschminken nicht aus: »Lippenstifte halten nicht von morgens bis abends, und obgleich es kleine Ventilatoren gibt, die das Gesicht kühlen, oder Sprühnebel, der die Schminke länger festigen soll, macht das

Schwitzen immer wieder eine Nachbearbeitung des Make-ups notwendig.«

In den sechs bis sieben Wochen währenden Dreharbeiten kommt man den Schauspielern als Maskenbildner sehr nah. »Ohne Vertrauen funktioniert die Zusammenarbeit nicht«, stellt May fest. Die Arbeit ist eine Dienstleistung, die den ganzen Menschen fordert. Das fängt morgens mit dem Kaffee und dem Aufbauen der oft komplizierten Persönlichkeiten an und endet nach Drehschluss mit dem Abschminken. May hat durchaus schwierige Diven kennen gelernt und hält den Umgang mit ihnen für einen Balanceakt. »Wenn man sich ihnen unterwirft, dann ist man ihnen während langer Drehwochen ausgeliefert.« Doch im Arbeitsalltag sind nach seiner Erfahrung fast alle Schauspieler umgänglich und »vor allem sehr interessante Persönlichkeiten«.

Tage wie jener, an dem er und sein Team 2 000 Kleindarsteller und 100 Darsteller mit Masken versehen mussten, sind Frank May besonders angenehm. »Wenn die Arbeit dann bis zum Drehbeginn exakt ausgeführt und geschafft wurde«, erinnert er sich, »dann war das ganz besonders befriedigend.« Doch der Höhepunkt seines Arbeitsleben komme immer dann, wenn ein Film fertig ist und er während der Premiere endlich einen Gesamteindruck von seiner Leistung erhält. Als das erste Mal auf dem Abspann sein Name erschien, sei das ein großartiger Moment gewesen. Nicht die extreme Belastung während der Filmarbeit betrachtet er als einen Nachteil seines Berufs, sondern die Konflikte mit Produzenten oder Low-Budget-Regisseuren, die seine Arbeit und die seiner Kollegen nicht recht einschätzen können und die Honorare drücken wollen: »Und nur, weil ihnen der Arbeitsbereich der Maske nicht vertraut ist.«

Jungen Kollegen gibt May den Rat, in längeren Praktika und auch während der weiteren Ausbildung möglichst viel Berufspraxis zu sammeln. Es sind die vielen kleinen Tricks und Kniffe, die von Maskenbildner zu Maskenbildner weitergegeben werden, die das Know-how der Branche ausmachten. Private Schulen, die für zwei Jahre theoretisch orientierter Ausbildung mehrere tausend Euro kosten, vermitteln nach Mays Erfahrung zu wenig praktische Übung am Set. Die dreijährige Ausbildung an einem staatlich geförderten Theater hält er dagegen für einen sinnvollen Einstieg, um anschließend auch beim Film solides Handwerk abzuliefern. Doretta Kraatz, ihrerseits Chef-Maskenbildnerin an der Berliner Volksbühne, betrachtet das Studium an der Dresdner Hochschule für Bildende Künste als gute Ausgangsbasis in ihrem Beruf. Wie sieht Frank May die Chancen für den solchermaßen gebildeten Nachwuchs, beim Film unterzukommen? »Gute Leute sind immer noch Mangelware.«

Info-Box

Weitere Informationen bei:

Maskenbildner Vereinigung
München e. V. (MVM)
Haimhauser Str. 5a
80802 München
Tel.: (0 89) 63 49 85 41
Fax: (0 89) 33 65 73
www.maskenbildner.org

Club Deutscher Film-
Maskenbildner
Specklstr. 22
81737 München
Tel./Fax: (0 89) 67 15 97

Kurzzeitseminare im Bereich Maske bietet:

medien und kulturarbeit e. V.
Filmhaus
Friedensallee 7
22765 Hamburg
Tel.: (0 40) 39 90 99 31
Fax: (0 40) 3 90 95 00
www.medienundkultur.hamburg.de

Eine Berufsfachschule für Maskenbildner und staatlich anerkannte Ergänzungsschule ist die:

Maskenbildnerschule Rheinland-Pfalz im Volkstheater Mainz e. V.
Neutorstr. 1
55116 Mainz
Tel.: (0 61 31) 22 01 10
Fax: (0 61 31) 23 89 59

Einen Studiengang Maske gibt es an der

Hochschule für Bildende Künste
Dresden
Güntzstr. 34
01307 Dresden
Tel.: (03 51) 44 02-1 40/-1 41
Fax: (03 51) 4 59 00 25
www.hfbk-dresden.de

Julius Hellmich, *Maskengestaltung. Theater – Film – Fernsehen*, München 1991
Vincent J. R. Kehoe, *Special Make-up Effects*, Boston/London 1991
Kate de Castelbajac, *The Face of the Century. 100 Years of Makeup and Style*, New York 1995
Wolfgang Schmidt, *Friseurfachkunde. Beraten, pflegen, gestalten*, Bad Homburg 1997

Creative Effects

Dieser Zweig der Trickkunst des Kinos ist untrennbar verbunden mit dem Vater der Biomechanoiden, H. R. Giger, und dessen ungewöhnlichen Geschöpfen. Mit der Erfindung des Außerirdischen für den Film *Alien* hat er nicht nur einen Oskar gewonnen, sondern auch eine Generation von Effektspezialisten beeinflusst. Der Schweizer, eigentlich Hansruedi Giger, studierte zunächst »etwas Ordentliches«, Architektur und Industriedesign an der Uni Zürich, und begann 1968 mit dem Filmemachen (*Swiss made 2069*) und Zeichnen. Ein typischer Quereinsteiger also, der zehn Jahre später in Ridley Scotts Film Furore machen sollte. Mittlerweile ist er zur Kultfigur der Science-Fiction- und Fantasy-Fans geworden. Seine Entwürfe und Airbrush-Gemälde sind Sammlerstücke, seine Möbel aus einer nie realisierten *Dune*-Verfilmung mit Salvador Dalí werden über das Internet zu Höchstpreisen angeboten. In der Tradition Gigers enthält die Berufsbezeichnung *Creative-Effect*-Spezialist neben der Bedeutung von »Kreativität/Fantasie« auch eine Anspielung auf »Geschöpfe«.

Interview

Christiane Rüdebusch war ursprünglich Maskenbildnerin und gestaltet heute bei *Tricky MaC FX* Wasserleichen, Organteile und Horrorfiguren für Spielfilme wie *Viktor Vogel – Commercial Man* oder für Arztserien im Fernsehen. Ihre Potsdamer Firma ist neben einer Münchner Firma die einzige in Deutschland, die sich auf Creative Effects spezialisiert hat.

Frage: Gibt es auch eine deutsche Bezeichnung für Ihren Beruf?

Rüdebusch: Der Begriff »Creative Effects« ist hierzulande noch nicht so bekannt. Er stammt wie so vieles beim Film aus den USA, wo die Computergläubigkeit allmählich abflaut. Vieles wird heute wieder real gefilmt, und da kommen wir aus dem Creative Department ins Spiel.

Frage: Was unterscheidet Sie von den Special-Effects-Spezialisten?

Rüdebusch: Das sind meistens Techniker, die kümmern sich um die großen Effekte beim Dreh, um Explosionen, Einschusslöcher oder um das Wetter, also künstlichen Regen oder Sturm. Wir kommen eigentlich aus dem Bereich Maske, haben Modellbauer in unserer Firma. Beim Theater nennt man diesen Beruf »Plastiker«. Wir bauen zum Beispiel Dummys, das sind Gummipuppen, die den Schauspielern gleichen. Wenn die im Film in einem Kanal weggeschwemmt werden – dann sind das natürlich unsere Puppen.

Frage: Warum wird so etwas nicht am Computer gebastelt?

Rüdebusch: Erst mal: Computergenerierte Tricks sind teuer. Und dann können Schauspieler oft glaubwürdiger agieren, wenn sie ein Gegenüber haben. Wenn eine riesige Kralle einen Schauspieler erschlagen soll, dann ist es besser, die Kralle nachzubauen, als auf dem Computer zu simulieren. Der Schauspieler weiß dann besser, wie er sich bewegen muss, wo ihn die Kralle trifft. Oder nehmen wir Waffen. In vielen Krimis zieht der Bösewicht dem Helden eine Pistole über den Schädel, tausendfach gefilmt. Das wird niemand am Computer rechnen lassen. Eine echte Waffe wäre aber zu gefährlich, also bauen wir ein Duplikat aus leichtem Material.

Frage: Woraus basteln Sie die Dummys?

Rüdebusch: Unsere Handwerksmaterialien sind Latex, Polyester, verschiedene Kautschuk- und Lederschäume. Gelatine wird oft für Organe verwendet. Bei einem Video für Marius Müller-Westernhagen waren zum Beispiel 16 Köpfe für 16 verschiedene Lebensphasen eines Menschen zu gestalten, vom Baby bis zum Greis, und dann noch eine halb vermoderte Leiche. Die Köpfe mit den verschiedenen Altersphasen werden in Einzelteilen gefertigt, damit kein maskenhafter Eindruck entsteht, und dann auf dem Darsteller aufgetragen. Gummi muss man immer etwas nass halten, damit es mehr »lebt«.

Frage: Und die Leiche?

Rüdebusch: Die zerbröselnde Leiche war ein Dummy mit Mechanik.

Frage: Wie wird man Spezialist für zerbröselnde Leichen?

Rüdebusch: Unser Beruf beruht auf Erfahrungen: Man guckt sich die Effekte bei Science-Fiction-Filmen an, lässt die Bilder am besten am Schneidetisch einzeln laufen und diskutiert dann die Möglichkeiten. Außerdem sitzen wir als Team zusammen, jeder hat so seinen eigenen beruflichen Hintergrund. In den USA bilden Schulen für Creative Effects aus, allerdings sind die recht teuer, ein dreimonatiger Kurs kostet an die 20 000 Euro. Da bekommt man sowieso nur einen allgemeinen Überblick, was soll man in drei Monaten groß ausprobieren und lernen? Das Handwerk zu beherrschen, erfordert Praxis und Routine.

Info-Box

Firmen, die auf Creative Effects spezialisiert sind:

Tricky MaC FX
August-Bebel-Str. 26
14482 Potsdam
Tel.: (03 31) 7 21 26 43
Fax: (03 31) 7 21 26 42
MAC-FX@t-online.de

Magic FX Filmeffekte
Pfälzer-Wald-Str. 65
81539 München
Tel.: (01 71) 8 11 88 84

Requisite

Was wäre Maurice Chevalier ohne seinen kreisrunden Strohhut oder Fred Astaire ohne seinen eleganten Spazierstock gewesen? Wenn solche Accessoires auf den Filmliebhaber wirken, als trügen die Schauspieler sie auch ständig im privaten Leben, waren erstklassige Requisiteure am Werk.

»Schon falsch«, sagt Gaby Klimek, seit rund 25 Jahren freiberufliche Requisiteurin. »Spazierstöcke sind Requisiten. Der Strohhut gehört in den Bereich Kostümbild.« Brillen ebenfalls, obwohl hin und wieder auch die Requisite beauftragt wird, Brillen zu besorgen. Beim Theater gilt als Faustregel: Was die Schauspieler auf der Bühne in die Hand nehmen (könnten), gehört zur Requisite, Möbel gehören zum Bühnenbild. Beim Film sind die Übergänge zwischen den Ressorts etwas weniger streng geregelt: Kleinmöbel fallen durchaus in den Bereich Requisite, manche Requisiteure wiederum dringen in das Fachgebiet der Pyrotechniker vor und haben gelernt, Koffer in die Luft fliegen zu lassen. Ein wenig hängt die Arbeitsteilung von der jeweiligen Produktion und den Beteiligten ab.

Alle miteinander sorgen mit ihrer Kreativität und ihrem Einfühlungsvermögen dafür, dass Schauspieler sich mit den Gegenständen, die sie im Laufe der Filmhandlung benutzen, wirklich wohl fühlen. Oder auch unwohl, wenn das die Rolle erfordert. »Stilkunde ist wichtig«, ergänzt die Babelsberger Requisiteurin Anne Schlegel, die seit 30 Jahren den Filmen der DEFA mit all den Kleinigkeiten Authentizität verliehen hat. »Schwierigkeiten macht beispielsweise die genaue Abgrenzung der vierziger Jahre zu den frühen Fünfzigern, Plakate, Möbel, Lampen – die sind sich sehr ähnlich. Der Wechsel zu Nierentischen und Tütenlampen kommt dann erst Ende des Jahrzehnts.«

In eigenen Lehrgängen auf dem Filmgelände wurden sie und ihre Kollegen zwei Jahre lang in Stilkunde, Geschichte und Modegeschichte eingeführt. Die Eckdaten für die Arbeit setzen Regisseur, Szenenbildner und Architekten, die Interieurs und Studiobauten, Stil und Atmosphäre der einzelnen Szenen absprechen. In großen Teams kümmert sich der Außenrequisiteur dann darum, dass die

Gegenstände beschafft werden. Er bespricht die Szenenbilder mit den Ausstattern, kennt schon einige Wochen vor Drehbeginn das Buch. Seiner Findigkeit – und der seines Teams – bleibt überlassen, was gebaut, gekauft oder ausgeliehen wird.

In vielen Städten gibt es Requisitenverleihe, einige sind eher klein und privat, daneben gibt es auch große Verleihe, die zum Teil bundesweit miteinander verbunden sind. Anne Schlegel, die heute im Fundus der Studios Babelsberg arbeitet, kann Filme mit über einer Million Artikel, geordnet nach Vasen, Kaffeeservice, Kleinmöbeln, ausstatten. Aufgrund ihrer langen Erfahrung kann sie die gestressten Kollegen heute mit fachlicher Expertise bei der Auswahl der Gegenstände gezielt beraten.

Manche Requisiteure leihen alles bei ihr – andere besorgen moderne oder zeitlose Gegenstände wie Tischtücher oder Handtücher im Kaufhaus. Das hängt vom Film ab. Für historische Geschichten werden passende Schreibmaschinen oder Küchenuhren auf Flohmärkten erworben. »Wir können neue Sachen auch ganz gut auf alt trimmen«, erklärt Gaby Klimek. »Das ist allerdings viel Arbeit, einen neuen Korb alt aussehen zu lassen, bedeutet zum Beispiel, den Rand abzuschaben oder die Farben abblättern zu lassen. Man muss eben genau hingucken.« Klimek kam eher durch Zufall zu ihrem Beruf.

Sie hat als junge Frau in einem Kostümverleih in der Nähe des Bavaria-Geländes in München ausgeholfen. »Ab und zu mussten wir für die Filmleute Sachen flicken, oder es fehlte etwa ein Koppelschloss, und das habe ich dann hergestellt, aus Plastik. Das wirkte echt, und alle waren begeistert.« Die Filmleute brauchten sie irgendwann für eine große Produktion als Helferin im Kostümbereich, sozusagen leihweise, und waren von den geschickten Händen der Bayerin begeistert. »Beim Film ist es noch so, dass die gute Arbeit zählt, nicht irgendein Schein«, sagt sie.

Klimek hatte Erfolg, weil sie ihr Talent, Probleme zu lösen, und ihre geschickten Hände großzügig einsetzt, wenn Not am Mann, oder vielmehr an der Frau, ist. So leistete sie bei der Eichinger-Produktion *Die unendliche Geschichte* dem Glücksdrachen Fuchur erste Hilfe, als sich bei einem lebensgroßen Modell die Schuppen im Scheinwerferlicht immer wieder nach oben bogen. Bis zum

Drehtag war der Drache wieder einsatzbereit. Auch wenn dieses Beispiel eher ungewöhnlich für Requisiteure ist: Spontane Änderungen des Sets und schneller Ersatz für Requisiten, die der Regie nicht zusagen, erfordern hohe Einsatzbereitschaft und Flexibilität. »Wenn beispielsweise ein bestimmtes Rot nicht zu bekommen ist, dann färben Kostümmalerinnen es für uns ein, um die Requisite mit der Wirkung einzusetzen, die der Regisseur sich vorgestellt hat« beschreibt Klimek den Alltag in großen Studios.

Denn mit der Vorbereitung der Bühnenbilder ist es nicht getan. Lange Drehtage sind für die Innenrequisite alltäglich. Die Innenrequisiteure sind direkt am Drehort dafür zuständig, dass die Gegenstände an der richtigen Stelle stehen und zur richtigen Zeit zur Stelle sind. »Kreativität, Fachwissen und körperliche Belastbarkeit«, so fasst die Babelsberger Requisiteurin Schlegel die hohen Anforderungen an freiberufliche Kollegen zusammen. »Nur die Besten halten durch und werden immer wieder engagiert.«

Info-Box

Weitere Informationen bei:

Vereinigung Hamburger Requisiteure
c/o FTA
Steilshooper Str. 293
22309 Hamburg
Tel.: (0 40) 6 39 04 20
Fax: (0 40) 6 39 42 42

Ein zweijähriges Volontariat bietet der Westdeutsche Rundfunk an. Voraussetzung ist eine abgeschlossene Berufsausbildung in einem verwandten Beruf. Bewerbungen an:

WDR Köln
Aus- und Fortbildungsredaktion
Radio und Fernsehen
50600 Köln
Tel.: (02 21) 2 20-48 72
Fax: (02 21) 2 20-27 39

Lehrgänge zum geprüften Requisiteur gibt es an der

Fachhochschule Rosenheim
FFS Studiengang
Bavariafilmplatz 7,
Gebäude 33, 137
82031 Geiselgasteig
Tel.: (0 89) 64 90 62 11
Fax: (0 89) 64 90 62 20

Hanseatische Akademie für
Marketing und Medien
Conventstr. 14
22089 Hamburg
Tel.: (0 40) 25 30 13-0
Fax: (0 40) 25 30 13-98
www.hhamm.de

Internationale Filmschule Köln
Glück-Haus
Werderstr. 1
50672 Köln
Tel.: (02 21) 92 01 88-0
Fax: (02 21) 92 01 88-99
www.filmschule.de

Das Jahrbuch *Film + Television Design Annual* des Verbandes der Szenenbildner, Filmarchitekten und Kostümbildner ist beim Verband selbst unter der Telefonnummer (0 89) 6 49 31 39 oder über das Internet unter www.sfk-verband.de erhältlich.
Thurston James, *The Theater Props Handbook: A Comprehensive Guide to Theater Properties, Materials and Constructions*, Cincinnati 1987

Weitere Berufe im Bereich Filme gestalten

Food-Stylist

Wenn die Kamera einen besonders nahen Blick auf das Bierglas des Filmhelden riskiert, sorgen Experten dafür, dass die Hopfentropfen besonders erfrischend auf den Zuschauer wirken: mit Glyzerin und Wasser. Ein leckeres Erdbeereis darf im heißen Scheinwerferlicht auch bei der zehnten Klappe noch nicht schmelzen – deshalb besteht es für den Film aus Frischkäse, der mit Stärkemehl und Lebensmittelfarbe verknetet und mit einer glänzenden Flüssigkeit bestrichen wird. Das genaue Mischungsverhältnis von Glyzerin und

Wasser, die Bestandteile der glänzenden Flüssigkeit bleiben allerdings die kleinen Geheimnisse hoch bezahlter Spezialisten, der Food-Stylisten. Normalerweise setzen sie ihre Tricks in der Werbung ein, doch bei Nahaufnahmen von Nahrungsmitteln werden sie auch von den Film-Crews gerufen. Ganz wichtig: Alles, was Food-Stylisten zaubern, ist essbar, wenn auch nicht immer so lecker, wie es aussieht.

Friseur

So wie jeder Mensch erzählen auch die Stars ihren Friseuren gern mehr, als andere von ihnen erfahren. Außer Diskretion – Ehrensache – sollten Filmfriseure solides Handwerk, viel Einfühlungsvermögen in die jeweiligen Drehbuchfiguren und Kenntnisse einer breiten Spanne von Frisurenmoden mitbringen und sich mit der Herstellung und Pflege von Perücken auskennen. Dann dürfen sie bei den Dreharbeiten dabei sein und mit Kamm und Haarspray die Schäden der letzten Prügelszene am Set beseitigen. Beim deutschen Film sind die Maskenbildner übrigens immer selbst Friseure, können die Arbeit ihres Teams also gut überprüfen.

Garderobiere

Sie kümmert sich um die Bereitstellung der richtigen Kostüme zu den Dreharbeiten, wäscht die verschwitzten T-Shirts von Actionhelden, bügelt den Plissee-Rock auf, den die Hauptdarstellerin am nächsten Tag tragen muss, näht abgerissene Knöpfe an, flickt unsichtbar aufgeplatzte Nähte, hilft den Komparsen, sich in Obdachlose zu verwandeln, zupft Krawatten zurecht und achtet noch darauf, dass das Halstuch eines Schauspielers auf die gleiche Weise geschlungen ist wie in der vorherigen Einstellung, die aber drei Tage früher gedreht wurde. Die Arbeit einer Garderobiere endet nie.

Matte Painter

Das sind Effektspezialisten, die sich hervorragend mit Matte Painting, den Scheibentricks, auskennen: Mithilfe der Scheibentricks wird etwas dem Bild hinzufügt, was gar nicht da ist, oder es werden störende Elemente weggenommen, indem die Kamera durch eine bemalte Glasscheibe filmt. Man muss nicht nur etwas von Mal- und Zeichentechnik verstehen, sondern sich auch mit Farbenlehre und Optik auskennen. Diese Fertigkeit kommt neuerdings besonders in den USA wieder zu Ehren, weil sie den Bau teurer Kulissen oder den Einsatz teurer Rechenzeit am Computer erspart.

7.

Post-Production

»… die im Dunkeln sieht man nicht«, lautet der letzte Vers der Schlussstrophe in der Verfilmung der *Dreigroschenoper* von Brecht. Im Dunkeln bleiben auch diejenigen, die an der Post-Production eines Films mitwirken, wenngleich der fertige Film ihre Arbeit umso deutlicher ans Licht treten lässt. Ohne Cutter, Sound-Mixer, Komponisten oder Trickspezialisten würde kein Besucher ins Kino kommen, um sich für anderthalb oder zwei Stunden eine Geschichte erzählen zu lassen. Wie langweilig unbearbeitetes Filmmaterial ist, hat jeder schon einmal auf Familienabenden mit Vaters Ferienvideos am eigenen Leibe verspürt.

Obwohl Post-Production viel mit Technik zu tun hat, fühlen sich alle Befragten als kreative Filmschaffende. Selbst Trickkünstler, die heutzutage nie einen Drehort betreten und den ganzen Tag am Computer sitzen, hauchen ihren Figuren mit viel Liebe Leben ein. Gerade ihr Metier zeigt auch den Zuschauern, wie sehr sich die Filmtechnik in den letzten Jahren verändert hat. Von Ray Harryhausen, dem Virtuosen des Maskentricks (etwa in der *Sindbad*-Verfilmung von 1958), der jeweils einzeln aufgenommene Filmszenen zu einem ganzen Bild zusammenbrachte, bis zu den digital berechneten schmelzenden Körpern von *Terminator 2* oder den Dinosauriern von *Jurassic Park* war es ein langer Weg.

Digitalisierung ist überhaupt das Zauberwort der Branche. Selbst gestandene Film-Cutterinnen lernen begeistert, mit dem Schnittcomputer umzugehen. Das erleichtert in vielem die Arbeit, setzt aber auch neue Maßstäbe, was Arbeitstempo und gestalterische Möglichkeiten betrifft. Vielfach glauben nicht nur filminteressierte Computerfreaks, sondern auch Produzenten, dass mit der neuen Digitaltechnik jeder alles machen kann, und das auch noch gut. Der gute Ton und der elegante Schnitt entstehen aber nach wie vor durch die gespitzten Ohren und vor dem kritischen Blick der Fachleute. Dass es in Zukunft beste Chancen gibt für gute Post-Production-Fachleute, die ihre Computer virtuos beherrschen, dafür sorgen schon Fernsehen und Werbung.

Allerdings entsteht mittlerweile auch eine deutliche Gegenbewegung zur überbordenden Kreativität der Computerkünstler. Die so genannten Dogma-Filmer, allen voran Lars von Trier, verzichten ganz bewusst auf technische Raffinessen beim Filmemachen und in der Post-Production: zugunsten raffiniert erzählter Geschichten.

Cutter

Eine grandiose Wüstenlandschaft. Da steht dieser Monolith, die Affenmenschen berühren den glatten schwarzen Stein nur zögernd, denn er tut etwas mit ihnen, das ahnen sie, nicht zu Unrecht. Denn – wir Kinozuschauer begreifen das schneller als sie – der Monolith lehrt sie auf seltsame Weise zu begreifen, dass ein Knochen töten kann. Und dann fliegt solch ein Knochen hoch in den Himmel, verwandelt sich in ein Raumschiff, das viele Tode später zu Walzertakten durch denselben Himmel tanzt, viele Meilen höher.

Ein Film entsteht erst am Schneidetisch, sagen alle Cutter übereinstimmend. Wenn die Zuschauer allerdings an den emotional und optisch überwältigenden Beginn von *2001: Odyssee im Weltraum* denken, denken sie an Stanley Kubrick, den Regisseur. Kaum einer kennt Ray Lovejoy, unter dessen Händen diese geniale Filmsequenz (und weitere in *The Shining* 1980, *Alien* 1986 oder *Batman* 1989) im Schneideraum entstanden ist. Cutter oder Filmeditoren, wie sie sich auch nennen, verschenken Herz und Verstand an einen Film, ohne je dafür den Applaus des Publikums zu ernten. Berühmte Cutter der Filmgeschichte? Fehlanzeige.

Und doch sind es das Rhythmusgefühl der Cutter, ihr geschultes

Auge, ihr handwerkliches Geschick, die Filmen eine ganz individuelle Handschrift verleihen. Und Regisseure wissen sehr wohl, mit
welchem Cutter, welcher Cutterin sie ihre Vorstellung vom fertig
montierten Film umsetzen können.

»Mein Baby« nennt Jutta Busch-Tomalla ihr jeweiliges Projekt.
Und wenn sie »aus der Mischung kommt« und ihr Baby das erste
Mal mit Bild und allen Tönen fertig gesehen hat, sei das nach 20
Jahren in der Branche »immer noch ein ganz großer Glücksmo-
ment« für sie. Sie liebt es, aus einem Wust von Aufnahmen und
Dialogen und Geräuschen einen dramaturgisch sinnvollen und ästhetisch spannungsreichen Film zu gestalten. Dafür jongliert sie in
einem traditionellen Schnittstudio mit meterweise Filmpositiv und
bis zu 16 verschiedenen Tonspuren, die sie jeweils einzeln anlegen
muss.

Traditioneller Filmschnitt, das ist zunächst einmal ein Handwerk, das geschickte Finger und viel Ordnungsliebe erfordert. Aus
dem Kopierwerk kommen schon während der Dreharbeiten die
Muster, Aufnahmen, die von der Regie grünes Licht bekommen
haben und in den fertigen Film eingebaut werden sollen. Die Cutter-Assistentin versieht die Filmstreifen mit Etiketten, auf denen
Einstellung und Klappe notiert sind, und legt die Schnipsel und die
separaten Tonbänder am Schneidetisch synchron an, damit die
Cutterin gleich mit der Arbeit beginnen kann.

Busch-Tomalla vergleicht das Material mit dem Drehbuch, liest
den Cutter-Bericht der Regieassistenz, um sich auf Besonderheiten
und Änderungen einzustellen, und schneidet buchstäblich das
Filmmaterial entzwei und klebt das zusammen, was zusammenge-
hört. Sie eliminiert verwackelte oder aus anderen Gründen nicht
einwandfreie Aufnahmen, legt die Dramaturgie grob fest. So entsteht der Rohschnitt, den Regie und Kamera am Abend sichten
können, um sich ein Bild von der geleisteten Arbeit und dem Fortgang des Films zu machen. Den Feinschnitt gestalten Regisseur
und Cutter gemeinsam nach Abschluss der Dreharbeiten in der
Abgeschiedenheit des Schneideraums.

Die Qualität des Ergebnisses hängt von der Qualität der Zusammenarbeit ab, erklärt Busch-Tomalla: »Ich mache Vorschläge, und
man probiert zusammen, was am besten wirkt. Wenn der Regis-

seur mir vertraut, sagt er ›Was ich wollte, sieht bescheuert aus, wir machen, was du dir ausgedacht hast‹.«

An Spielfilmen findet die Berlinerin die Übergänge von einer Einstellung zur nächsten faszinierend. Die Arbeit nach einem verbindlichen Drehbuch lockt sie aber weniger. »Die Dokumentarfilmer kommen meist ohne festes Konzept mit assoziativem Material herein, und der fertige Film entsteht wirklich erst am Schneidetisch im Team.« In so einer Dokumentation steckt viel von ihrer eigenen Kreativität und ihrer Schnittkunst, mit der sie Bilder und Sequenzen auch retten kann, wenn die Bildqualität nicht so gut ist. »Wenn der Rhythmus der Schnitte stimmt, kann ich auch mal die Regeln brechen, Bewegungsschnitte auf dem falschen Fuß landen lassen, ohne dass es hinterher zu sehen ist.« Den Komponisten der Filmmusiken macht es Busch-Tomalla, dank ihres hervorragenden Rhythmusgefühls, leicht: »Auf meine Bilder passen alle Musiken.«

Wenn Busch-Tomalla schneidet, gehört sie dem Regisseur mit Haut und Haaren, die Tage im Schneideraum können ohne weiteres zwölf bis vierzehn Stunden dauern. Belastender findet sie die Arbeit am AVID, einem der neuen digitalen Schnittsysteme, an dem die Cutter mit Bits und Maus statt mit Film und Klebelehre arbeiten. »Im traditionellen Schneideraum kannst du mal ausruhen, wenn der Film zurückspult, alle Handgriffe haben ihren zeitlichen Ablauf. Die Computer zwingen dir einen ununterbrochenen Arbeitsrhythmus auf.«

Trotzdem, Busch-Tomalla, wie fast alle traditionell ausgebildeten Cutter, steht dem Computerschnitt äußerst aufgeschlossen gegenüber. Die mühsame Beschriftung und Sortierung der Bänder entfällt hier, kein Schnipsel von zwei, drei frames verschwindet gerade dann, wenn man ihn braucht. »Ich kann viel mehr ausprobieren, viel mehr technisch bearbeiten, besonders am Ton, was ich jetzt dem Misch-Tonmeister überlassen muss.« Die schnelle technische Entwicklung der letzten Jahrzehnte erfordert von Cuttern eine ständige Weiterentwicklung und Fortbildung, das sieht auch der Bundesverband der Filmschnitt-Cutter in München so. Viele der Nachwuchskräfte haben gleich mit linearem oder nonlinearem Videoschnitt begonnen.

»Lineares Schneiden ist eigentlich ein Kopieren von Videomaterial«, erklärt Jacqueline Weiss von *novemberfilm,* »dabei kopiere ich mit Hilfe einer elektronischen Schnittsteuerung die Einstellungen, die ich brauche, in der richtigen Reihenfolge vom Kameraband auf den Recorder.« Ein Vorgang, der viel Übersicht über die vorhandenen Bilder und ein gutes Gedächtnis erfordert. Änderungen und Umstellungen sind mühsam: »Anders als bei Film ist da rein physisch kein Platz auf dem Band, um zusätzlich neue Szenen einzubauen. Da müssen ganze Sequenzen völlig neu aufgebaut werden.« Sie schätzt ebenfalls den nonlinearen Computerschnitt, dessen Programme wie »ein altmodischer Schneideraum mit ›Bins‹ für die einzelnen Filmclips und Szenen organisiert sind«. Im echten Schneiderraum sind Bins mit Samt ausgeschlagene und mit Nagelleisten versehene Kästen, in die die Filmstreifen eingehängt werden.

Auch Spielfilme werden zunehmend digital bearbeitet. In der Regel schneidet man offline, das heißt, am Ende gibt der Computer eine Schnittliste mit den Zeitangaben und Tricks aus, nach denen das Filmnegativ als Basis für die Kinokopien geschnitten wird. »Man kann auch digitale Bänder als Basis für Positivkopien nutzen, aber die Qualität ist noch sehr umstritten.« Weiss, die in der Hauptsache für Fernsehproduktionen arbeitet, sieht in der Klebelehre auf dem Schreibtisch nur noch ein Andenken an ihre ersten Gehversuche in der Filmbranche.

Eine ältere Freundin und Kollegin von Busch-Tomalla aber, die eigentlich von ihrer Arbeit am AVID hellauf begeistert ist, kommt extra auf Besuch zu ihr in den Schneideraum bei Studio TV, »um den alten Celluloidgeruch zu schnuppern«. Diesen Geruch genoss Jutta Busch-Tomalla schon als Schülerin, wenn sie sich im Schneideraum bei ihrer Tante herumtrieb und ab und zu selbst einen Film kleben und zugucken durfte, wie die Cutter mit dem Material umgingen.

Mit 16 Jahren begann sie dann ihr Praktikum beim ZDF, lernte von verschiedenen Schnittmeistern, verbrachte einige Zeit im Kopierwerk, im Trickstudio, in der Grafik, beim Dokumentar- und beim Spielfilm. Anschließend wurde sie als Cutter-Assistentin übernommen. Von dieser breit gefächerten Ausbildung hält Busch-Tomalla viel, sie bot ihr Zeit, die Tricks der Cutter-Meister abzuschauen und Sicherheit in ihrer Arbeit zu gewinnen. »Der Beruf des

Cutter-Assistenten wird wohl aussterben«, denkt sie aber, deshalb biete heute vielleicht ein Studium wie zum Beispiel an der Filmhochschule Konrad Wolf dem Nachwuchs die nötigen Grundlagen, um in der Branche zu bestehen. Ihr Rat an Einsteiger: »Von der Pike auf lernen. Auch die Dreharbeiten kennen lernen.« Und dann? »Üben, üben, üben!«

Info-Box

Weitere Informationen bei:

Bundesverband Filmschnitt-
Cutter e. V.
Haimhauser Str. 5a
80802 München
Tel./Fax: (0 89) 33 65 73
www.bfs-cutter.de

Österreichischer Verband
Film- und Videoschnitt
Stiftsgasse 6
A-1070 Wien
Tel./Fax: 00 43 (1) 5 26 97 41
www.editors.at

Ein Tagesseminar zum Berufsbild Cutter und zu verschiedenen Wegen des Berufseinstiegs mit praktischen Übungen bietet:

Filmhaus Hamburg
Friedensallee 7
22765 Hamburg
Tel.: (0 40) 39 90 99 31
Fax: (0 40) 39 09 50-0
www.medienundkultur.hamburg.de

Einen Diplom-Studiengang Schnitt gibt es an der

Hochschule für Film und Fernsehen Konrad Wolf
Marlene-Dietrich-Allee 11
14482 Potsdam-Babelsberg
Tel.: (03 31) 62 02-0
Fax: (03 31) 62 02-5 49
www.hff-potsdam.de

Ein Volontariat Filmschnitt/Elektronischer Schnitt über zweieinhalb Jahre vermittelt die

AG zur Nachwuchsförderung für Film und Fernsehen
c/o Norddeutscher Rundfunk

Gazellenkamp 57
22504 Hamburg
Tel.: (0 40) 41 56-43 22
Fax: (0 40) 41 56-54 40

Umschulungen zum Film-/Videoeditor mit abschließender IHK-Prüfung bietet:

Fernseh Akademie Mitteldeutschland e. V.
Inselstr. 22
04103 Leipzig
Tel.: (03 41) 9 97 32-0
Fax: (03 41) 9 97 32-99

Weiterbildungsseminare zum Filmschnitt und AVID-Schnitt

Kölner Filmhaus e. V.
Maybachstr. 111
50670 Köln
Tel.: (02 21) 22 27 10-0
Fax: (02 21) 22 27 10-99
www.k-filmhaus.de

Einen noch unspezifischen Einstieg u. a. in den Cutter-Beruf bietet der dreijährige klassische duale Ausbildungsgang zum *Mediengestalter Bild und Ton* mit abschließender IHK-Prüfung. Die örtliche Industrie- und Handelskammer kann auch bei der Auswahl eines geeigneten Ausbildungsbetriebs beraten.

Hans Beller (Hg.), *Handbuch der Filmmontage. Praxis und Prinzipien des Filmschnitts*, München 1993

Trickfilm

Berühmt geworden ist die 3-D-Technik 1995 durch den ersten computeranimierten abendfüllenden Spielfilm, *Toy Story*. 3-D-Animationen vom Computer gibt es aber bereits seit den achtziger Jahren. Apple-Pionier Steve Jobs gründete seine Pixar Animation Studios mit derzeit rund 550 Mitarbeitern im Jahr 1986.[18]

Was unterscheidet solche Filme von Disney-Klassikern wie *Fantasia* oder dem *Dschungelbuch*? »Solche Cartoons wurden von Hand gezeichnet, die Folien mit den einzelnen Phasen und verschiedenen Ebenen mit der Trickkamera aufgenommen. Heute scannt man die Zeichnungen meist und verarbeitet sie dann im Computer weiter. Die 3-D-Animationen stammen dagegen gänzlich aus dem Computer, die Figuren sind Gittermodelle, so genannte Wire-Frames. Man probiert damit die Bewegungsabläufe, gibt ihnen bestimmte Oberflächenstrukturen, setzt Lichter, Schattierungen und die so genannten Key-Points für die Animationen. Dann errechnet der Computer die Bildveränderungen, zum Beispiel Bewegungen, samt Licht und Schatten automatisch« bringt Rainer Moeszcke, 3-D-Trickdesigner aus Berlin, bringt seine Arbeit auf den Punkt.

So zusammengefasst klingt das allerdings einfacher, als es ist. An einem Film wie *Toy Story* arbeiten mehrere hundert Experten. Allein der Vorgang des so genannten Rendering, bei dem die endgültigen Bewegungen der Figuren in der höchsten Auflösung für die Filmbelichtung berechnet werden, dauert trotz Hochleistungscomputern etliche Wochen. »Für die Gestaltung braucht man eine Menge Erfahrung und ein sicheres Gefühl für dynamische Bewegungen, um überzeugende Animationen zu liefern.« Der Diplomdesigner hat Trickfilm studiert und sein Gefühl für Timing »mit herkömmlichen Legetricks trainiert«, einer Trickfilmtechnik, die gänzlich aus der Mode gekommen ist.

Legetricks werden am Tricktisch von Einzelbildkameras gedreht, dabei rückt der Animator die sich bewegende Komponente des Bildes, etwa ein Auto, auf der Hintergrundzeichnung immer ein Stück vor. Pro Veränderung wird eine oder zwei Aufnahmen mit der Kamera gemacht. Lässt man den Film dann in normaler Geschwindigkeit ablaufen, fährt das Auto eine Straße entlang. Damit auch komplexere Bewegungen glaubwürdig aussehen, braucht man Fingerspitzengefühl, ein ausgeprägtes Zeitgefühl und Genauigkeit.

Die Genauigkeit und die Berechnung der Zwischenphasen übernehmen bei der 3-D-Animation die Computer – das Zeitgefühl des Gestalters können sie nicht ersetzen. Schon gar nicht seine Fähigkeit, Inhalte begreifbar zu machen, welche Technik er auch benutzen mag. Moeszcke hat zwar auch an konventionellen Cartoons mitgearbeitet, sein Hauptgeschäft besteht aber heute darin, komplizierte wissenschaftliche Sachverhalte filmisch zu verdeutlichen.

»Weniger ist oft mehr.« Moeszcke arbeitet nach dieser alten Designerregel, während Anfänger oft »alles aufbieten wollen, was die Maschine hergibt. Das kann dann tatsächlich mal toll aussehen, der Lerneffekt für den Betrachter ist aber möglicherweise dennoch gleich Null. Motto: Hauptsache, es bewegt sich!« Moeszcke hingegen, der erfolgreich Tricksequenzen für Arztinformationsfilme und Werbespots für die Pharmaindustrie herstellt, fand seine Arbeiten schon in Wissenschaftssendungen des Fernsehens wieder. »Ohne Nennung meines Namens natürlich«, ärgert er sich über den oft laschen Umgang mit seinen Urheberrechten.

Denn der Computer rechnet nur, was Moeszcke vorgibt. »Vor ein paar Jahren habe ich aufwändige Sequenzen von rund acht Minuten über Prozesse in Nervenzellen bei Alkoholabhängigkeit entwickelt. Damals kostete mich der Film ein halbes Jahr intensiver Arbeit.« Früher, ohne Computer, hätten drei Fachleute vermutlich dreimal so lange gebraucht. Dass – rein technisch gesehen – die aufwändigen Tricks immer schneller realisiert werden können, drückt auf die Preise und verkürzt so die Zeit, die man sich für die Entwicklung einzelner Darstellungen nehmen kann, findet der Berliner. Fließbandproduktion bei einer im Kern kreativen Tätigkeit kann zur größten Belastung in diesem Job werden.

Eine andere Belastung besteht darin, dass Computer und Programme nicht immer das tun, was sie versprechen. Als Einzelkämpfer muss der 3-D-Animator auch sein Equipment bis in die letzte Verästelung kennen, immer offen für neue Effektprogramme und Programm-Updates sein, die irgendeinen neuen Trick ermöglichen oder Altes vereinfachen. Die Sehgewohnheiten ändern sich. Die Leute werden immer anspruchsvoller, weil die Studios immer üppigere Grafik liefern. Paradoxerweise sind die Auftraggeber aber nicht immer bereit, die höheren Kosten der aufwändigeren Animationen zu tragen. »Manche Auftraggeber arbeiten dann mit Billiganbietern und haben anschließend ein ungutes Gefühl über das Produkt, können dessen Schwächen aber nicht recht definieren.«

Die großen Studios und Produktionen, wie *Pixar* oder *Das Werk,* das seine Special Effects allerdings vorwiegend für Realfilme wie *Terminator 2* gestaltet, aber auch Multimedia-Agenturen beschäftigen Spezialisten für verschiedene Bereiche. »Der eine ist beispielsweise für Oberflächen zuständig, der andere baut 3-D-Modelle, einer gestaltet Hintergründe, ein anderer kümmert sich um Partikelanimationen.« Partikelanimationen benötigt man beispielsweise für die Simulation von Explosions- oder Feuereffekten.

Moeszcke, bei dessen Arbeit es auf wissenschaftliche Exaktheit ankommt, kauft komplexe Wire-Frame-Modelle wie etwa die des menschlichen Gehirns oder des Herzens von Zulieferfirmen und gestaltet sie dann nach eigenen Anforderungen. Den Spaß am Animationsdesign hat er nach wie vor nicht verloren. Dass er von A bis Z selbstbestimmt arbeiten kann, versöhnt ihn mit dem Stress der Termine. In einem großen Studio nur für die Partikel zuständig zu sein, das wäre nichts für ihn.

Gute 3-D-Designer sind gesucht, Film, Werbebranche und Multimedia-Studios setzen mehr Trickkünstler denn je ein. Das Arbeitsamt bietet entsprechend viele Umschulungskurse für den noch boomenden Multimedia-Markt an. »Umfassende Erfahrungen im Designbereich wird man da wohl nicht erwarten dürfen«, vermutet Moeszcke.

Der Trickfilmdesigner rät deshalb Interessenten, sich in Praktika, durchaus auch im klassischen Trickstudio, erst einmal ein gutes Gefühl für das Timing von Bewegungsabläufen und Filmgestaltung anzueignen. Ein Studium an den Hochschulen für Gestaltung sei im Übrigen auch nur so gut wie deren Dozenten und die vorhandene Ausrüstung. Wichtig sei außerdem, dass den Studierenden genügend Zeit am Computer für eigene Projekte zur Verfügung stehe. Und dann gebe es noch die Computerfreaks, »die irgendwie die Ästhetik und Möglichkeiten von Animationsprogrammen als Autodidakten für sich entdeckt haben«. Rainer Moeszcke erinnert sich an einen 3-D-Umsteiger, der früher Koch war – vielleicht daher dessen Gefühl für zeitliche Abläufe!

Info-Box

Weitere Informationen bei:

ASIFA
National Office Germany
Götz Gruner
Engelhornweg 5
70186 Stuttgart
Tel.: (07 11) 48 75 08

Eine Liste deutscher Trickfilmstudios findet man im Internet unter der Adresse www.mediabiz.de/specials.

Schweizer Trickfilmgruppe
Secrétariat Béatrice Reichhart
Coumin-Dessus
CH-1529 Cheiry
Tel.: 00 41 (26) 6 68 28 48
Fax: 00 41 (26) 6 68 28 58
gsfa-stfg@com.mcnet.ch

Christopher W. Baker, *How Did They Do It? Computer Illusion in Film and TV*, New York 1994
Eric Sherman, *Frame by Frame. A Handbook for Creative Filmmaking*, Los Angeles 1987

Fachzeitschrift:
Digital Production (erscheint vierteljährlich mit einzelnen Sonderausgaben; zu bestellen im Internet unter www.digitalproduction.com)

Visual-Special-Effects

Als die Abenteuer der Computerspielheldin *Lara Croft* verfilmt wurden, liehen Judith Gibbins (1998 und 1999) und Angelina Jolie (2001) der Titelfigur ihre physische Präsenz. In Zukunft könnte die unverwechselbare »Original-Lara« irgendwann höchstpersönlich und ausgestattet mit all ihren Attributen im Realfilm erscheinen. Experten für digitale Bilderzeugung arbeiten an Projekten, die künstlichen Charakteren Leben einhauchen sollen.

Die üppigen Formen von Lara Croft wollen, reduziert man sie auf die Fachsprache, allerdings so gar nicht vor dem geistigen Auge erscheinen: »Entstehen soll ein Set von Templates oder Software-Tools, das, aufsetzend auf existierender Anwendungssoftware, es unterschiedlichen Nutzern erlaubt, flexibel und intuitiv ihre eigenen, individuellen Charaktere zu gestalten, zu animieren und zu rendern – abgestimmt auf ihre eigenen Bedürfnisse.« Soweit das *Virtual Character Project* der Filmakademie in Ludwigsburg.

Lust am Trick hatten schon die Väter des Kintopp. Was früher geschickte Handarbeit war, entsteht heute zunehmend an der Computertastatur und verändert auch die Art, Filme zu produzieren. Massenszenen wie in den großen Hollywood-Epen *Ben Hur* oder *Kleopatra* könnten heute mit wenigen Statisten realisiert werden, die im digitalen Trick zu einem Heer von Sklaven oder römischen Zuschauern vervielfältigt und nach Wunsch in die Szene eingebaut werden. Allerdings: Wenn etwa der 10-Sekunden-Doppelauftritt von Benno Führmann im Tykwer-Film *Der Krieger und die Kaiserin* die Spezialisten bei der Post-Production-Firma *Das Werk* noch vier bis fünf Tage Arbeit kostet, sind zur Zeit jedenfalls traditionelle Drehmethoden durchaus konkurrenzfähig.[19]

Interview

Professor Thomas Haegele gehörte zu den ersten in Deutschland, die sich auf dem Gebiet der Computeranimation einen Namen gemacht haben. Seit 1991 leitet er den Projektstudiengang Animation an der Filmakademie Ludwigsburg.

Frage: Was sind eigentlich Visual Effects?
Haegele: Visual Effects umfasst alles, was beim Film nicht real am Set gedreht werden kann – klassisch zum Beispiel Modellaufnahmen, Matte Paintings, Rückprojektionen, Blue Screen, um nur einige zu nennen. Digitale Animationstechniken haben in den letzten zehn Jahren all diese Arbeiten sehr erleichtert. Darüber hinaus haben digitale Animationstechniken die ganze Filmproduktion revolutioniert – weit über die klassischen Visual Effects hinaus. Film wird nicht mehr allein nach klassischer

Art am Set inszeniert, aufgenommen, stattdessen werden Filmbilder digital aus Teilen, die an verschiedenen Stellen der Welt aufgenommen sein können oder gar rein digital entstanden sind, im Rechner zusammengesetzt.

Nehmen Sie zum Beispiel Hintergründe: Verschiedene Szenen mit den Darstellern werden vor einer blauen oder grünen Wand aufgenommen. Später werden sie digital vor einen computergenerierten Hintergrund gesetzt. Je nach Blickwinkel oder Zoom der Kamera berechnet die Software, wie die virtuelle Umgebung aussehen muß. So zu sehen etwa im Film *Truman Show*, wo alle Gebäude der Einkaufsstraße auf der Insel nur als Erdgeschoss gebaut wurden, während alle oberen Stockwerke nur als digitale Set-Ergänzung vorhanden waren.

Andersherum der Vorgang bei *Jurassic Park* von Spielberg. Dafür wurden im Rechner geometrische Modelle von den urzeitlichen Saurierriesen erzeugt, die dann bewegt oder animiert werden konnten. Danach werden aus den Daten Bilder erzeugt, die eine präzise Oberflächenstruktur der Modelle zeigen, etwa ob die Haut nass ist oder rissig. Oder nehmen Sie die Farben. Früher war es nur möglich, bei der Entwicklung des Films und bei der Herstellung der Kopien die Farbwerte und die Belichtung etwas zu manipulieren, heute kann alles umfassend digital verändert werden – Beispiel: *Brother Where Are Though?* von den Coen-Brüdern.

Frage: Befürchten Sie nicht, dass ganze Berufsgruppen der digitalen Filmerstellung zum Opfer fallen?

Haegele: Zunächst würde ich sagen, dass ganz neue Berufsgruppen entstehen! Aber auch viele Profis in den klassischen Berufsgruppen sind an technischen Neuerungen interessiert. Wer gut ist in seinem Job, ist allem Neuen aufgeschlossen. Die digitalen Entwicklungen lassen sich nicht aufhalten. Fast jeder Cutter musste sich auf den Digitalschnitt umstellen, und auch für die Lichtbestimmer im Kopierwerk eröffnen sich durch diese Techniken ganz neue Dimensionen, die sie nur zu nutzen wissen müssen.

Frage: Wie war Ihr persönlicher Werdegang?

Haegele: Ich habe visuelle Kommunikation studiert, später noch

Sozialwissenschaften, Publizistik und Germanistik – bin also kein Techniker. Nach dem Studium habe ich Trickfilme gemacht, als Creative Director für eine große Kommunikationsagentur gearbeitet und 1986 eine eigene Firma für Computeranimation gegründet. Bei der Filmakademie war ich, seit 1991, von Anfang an dabei und habe die Konzeption mitentwickelt. Dabei haben wir uns gleich von Beginn an neben den klassischen Techniken auch der digitalen Technik zugewandt, um die ins Unterrichtsangebot mit einzubinden. Im Projektstudium Animation unterrichten wir heute die Schwerpunkte Visual Effects, Character-Animation, Digital Content und, als Quereinstieg für Informatik- oder Mathematik-Studenten, den Bereich Technical Director. Wir haben sehr viele Gastdozenten direkt aus dem Beruf, dadurch haben wir eine sehr praxisnahe Ausbildung.

Frage: Was lernen Ihre Studenten im Schwerpunkt Visual Effects?

Haegele: Im Mittelpunkt steht die Erstellung von Spezialeffekten für Spielfilm, Fernsehen und Werbung. Eine große Rolle spielen – neben der gestalterischen Qualität – auch Produktionsaspekte: Termine, Budgets, Zusammenarbeit im Team. Inhaltliche Schwerpunkte sind digitale Sets und Set-Ergänzung, Image-based Modelling und Rendering-Creatures. Außerdem Effektanimation: Feuer, Explosionen, Rauch, Wasser, Natur ...

Frage: Und die übrigen Schwerpunkte?

Haegele: Zum Schwerpunkt Character-Animation gehört der klassische erzählende Trickfilm genauso wie der künstlerisch-experimentelle Animationsfilm. Im Mittelpunkt stehen jedoch aktuelle Formen der Character-Animation für Film, Fernsehen und interaktive Anwendungen. Im Bereich Digital Content, für den Entwicklungspool Animation, wird die Entwicklung von Ideen und Konzepten für den Animationsfilm oder Serien gelehrt, von der Character- und Story-Entwicklung über Zielgruppenbestimmung bis zu Auswertungsmöglichkeiten in Fernsehen, Kinofilm, Spiele, Internet, Merchandising, Werbung.

Unverzichtbar für die Arbeit in den drei bisher genannten Schwerpunkten ist die Möglichkeit, spezielle Anwendungen programmieren zu können. Deshalb bietet der Schwerpunkt

Technical Director einen Quereinstieg für den Informatiker, der Programmierkenntnisse mit künstlerischer Arbeit verbinden will. Studenten dieses Schwerpunktes können am Unterricht der anderen Schwerpunkte teilnehmen und an allen Projekten mitarbeiten.

Frage: Welche Eignungen sollten Ihre Studenten mitbringen?

Haegele: Vor allem den Wunsch, Filme zu machen, dann Begeisterung, Kreativität und Beweglichkeit im Kopf und die Fähigkeit, im Team arbeiten zu können. Die kreative Begabung ist die Grundvoraussetzung, die Technik ist erlernbar. Wer keine kreative Ader hat, wird auch mit den größten technischen Fertigkeiten in diesem Bereich kaum Erfolg haben. Wenn jemand mit einem Vordiplom aus einem kreativen Bereich kommt, ob Design oder Grafik, ist auch der Quereinstieg in die Akademie möglich.

Frage: Sehnen Sie sich nicht manchmal nach ruhigen Landschaftseinstellungen im Sinne des Franzosen Eric Rohmer?

Haegele: Interessant, dass Sie Eric Rohmer ansprechen – ich mag seine Filme sehr. Es wäre ein Missverständnis zu denken, Animation und digitale Techniken wären nur etwas für Actionfilme. Auch lange Natureinstellungen mit ruhigen beobachtenden Landschaftsaufnahmen können digital erstellt werden – siehe die virtuelle Saurier-Dokumentation der BBC, *Walking with Dinosaurs*, animiert von der englischen Firma Framestore. Als einziger Nachteil wäre vielleicht der Zeitdruck anzumerken, unter dem wir ständig arbeiten müssen, doch ich denke, das ist eine Eigenart generell im Filmbusiness.

Frage: Welche Highlights gibt es im Leben eines Visual-Effects-Spezialisten?

Haegele: Als Lehrer ist es für mich besonders befriedigend, wenn unsere Studenten sich gut entwickeln, schöne Filme machen und dafür vielleicht sogar internationale Preise bekommen. Als Künstler ist es für mich besonders befriedigend, eine gestalterisch oder auch technisch neue Lösung zu finden, wie etwa in unserem Forschungsprojekt Virtual Character, in dem wir über die letzten drei Jahre neue Methoden zur Gesichtsanimation entwickelt haben, die durchaus wegweisend sein könnten.

Für mich persönlich wird es – zumindest hoffe ich das – besonders befriedigend sein, ab Herbst wieder in die Produktion zurückzukehren. Ich werde als Managing-Director der neuen Firma *ELEKTROFILM Post-Production Facilities* nach Berlin gehen. Wir wollen die komplette digitale Post-Production für Film, Fernsehen und Werbung aus einer Hand anbieten, von Entwicklung, Telecine (Lichtbestimmung) und digitaler Farbkorrektur über den gesamten Filmton (Aufnahme, Schnitt, Mischung) bis zu Offline- und Online-Schnitt – und vor allem auch Visual Effects und digitale Animation.

Info-Box

Ein Projektstudium Animation bietet:

Filmakademie Baden-Württemberg
Mathildenstr. 20
71638 Ludwigsburg
Tel.: (0 71 41) 9 69-0
Fax: (0 71 41) 9 69-2 99
www.filmakademie.de

Einen ersten Einblick in die digitale Welt eröffnen Praktika in einschlägigen Studios. Als eine der großen deutschen Post-Production-Firmen hat *Das Werk* Niederlassungen in zahlreichen Orten in Deutschland, die Zentrale des Konzerns hat ihren Sitz in Frankfurt/M.:

DAS WERK
Schmidtstraße 12
60326 Frankfurt/Main
Tel.: (0 69) 9 73 53-5 10
Fax: (0 69) 9 73 53-5 00
www.das-werk.de

Videostudio

Über 1,7 Milliarden Euro setzten im Jahr 2000 unabhängige TV-Produktionen in Deutschland um,[20] der Gesamtumsatz der Werbefilmer belief sich auf gut 400 Millionen Euro.[21] Ein kleiner Teil dieses Geldsegens findet seinen Weg in die Zulieferbetriebe der Industrie, darunter die Videoservicebetriebe. Michael Hentschel aus Berlin betreibt sein Studio »Halbzoll« seit 1986 und hat in dieser Zeit eine Vielzahl ganz unterschiedlicher Kunden und Projekte betreut. »Der witzigste Auftrag letztes Jahr kam von einer Agentur, die eine Werbeidee für Kompaktautos umsetzen wollte. Wir haben aus Horrorfilmen und Krimis kurze Szenen rausgeschnitten, in denen der Mörder von der Rückbank eines Autos aus über den Fahrer herfiel – mit der Botschaft: Das kann dir in einem Kleinwagen ohne Rückbank nicht passieren.«

Den Arbeitsalltag bestimmen allerdings eher trockene Industriefilme, etwa über die Herstellung von Porenbetonsteinen aus brandenburgisch-märkischem Sand, der Offline-Schnitt von Dokumentationen oder die Herstellung von Point-of-Sale-Videos für Bier oder Spielzeug. Zu seinen liebsten Kunden gehören Schauspieler, für die er so genannte Compilations, Demobänder mit den interessantesten Ausschnitten ihrer Auftritte, zusammenstellt: »Da gibt es manchmal bergeweise Material mit langen, vielleicht langweiligen Szenen. Daraus fünf bis zehn knackige Minuten zu basteln, die trotzdem das Können des Darstellers auf den Punkt bringen, das ist eine Herausforderung für mich als Cutter.«

Hentschel ist Generalist: »Wenn man die klassischen Maßstäbe der Filmbranche anlegt, bin ich mal Produzent, mal Redakteur, mal Cutter, mal Trickspezialist.« Seine lange Erfahrung in verschiedenen Bereichen des Gewerbes hat ihn gelehrt, vieles, aber nicht alles selbst zu machen. »Es gibt da ein Netzwerk von Experten, mit denen ich arbeite, wenn etwas kompliziert wird.«

Kompliziert kann vor allem die Technik werden: »Früher war ich das Vorzeigekind vom Hersteller meiner Schnittanlage – die haben gestaunt, welche Geräte ich miteinander zum Laufen gebracht habe.« Heute bearbeitet Hentschel die Videofilme nonlinear, mit einem Schnittprogramm im Computer. Das Bandmaterial wird digitalisiert, in den Computer eingelesen und dann mit Grafik- und Schnittprogrammen in Form gebracht. Als Einzelkämpfer versteht Hentschel sowohl etwas von Computern und ihrer – manchmal tückischen – Software als auch von der Filmsprache.

Einsteigern in dieses Geschäft rät er deshalb unbedingt dazu, praktische Erfahrung in mehreren Bereichen zu sammeln: am Set, um die Produktionsbedingungen der Filme und die Kamera- und/oder Tontechnik kennen zu lernen, in Schnittstudios, um mit der Bildsprache vertraut zu werden, in Trickstudios, um wenigstens die Grundregeln von Filmtricks zu beherrschen. »Klar, die digitale Technik vereinfacht viele Arbeitsschritte bei der Filmbearbeitung, aber gucken und hören musst du immer noch selbst«, erklärt Hentschel seine Empfehlung. An seinen eigenen ersten Filmjob nach dem Abitur erinnert sich der Berliner gern. »Ich war damals der erste Mensch in Deutschland, der den *Woodstock*-Film ganz gesehen hat.« Bei der *Neuen Marsfilm* versahen er und seine Kollegen die angelieferten ausländischen Filme mit Untertiteln, für die Berliner Filmfestspiele manchmal Tag und Nacht in drei Schichten.

»Die Manuskripttexte wurden in ein Lichtsatzgerät eingegeben und auf Planfilm belichtet. In einem mehrstufigen Verfahren wurden die Titel am Ende in einem Säurebad in die Filmkopie eingeätzt. Deshalb sind Untertitel immer weiß.« Damals wie heute, wo man für Filmkopien ein Laserverfahren und für Fernsehbänder elektronische Schriftgeneratoren verwendet, muss man sehr genau Buch führen, wie lange die Titel stehen sollen, damit der Zuschauer sie lesen kann. »Für Untertitel braucht man ein Gespür, wie für eine Wasserader mit der Wünschelrute«, kommentiert Bernhard Brämswig von der Untertitel-Werkstatt Münster diese Arbeit, die er und seine Kollegin Marianne Koch seit 1982 mit viel Engagement betreiben. Seit ihrem ersten Film, *Pan Tau – Alarm in den Wolken*, haben sie rund 63 000 Sendeminuten für den WDR und andere große Sender bearbeitet.

»Eigentlich sind wir in Deutschland eine Insel, was Untertitel angeht«, findet Brämswig und verweist auf das europäische Ausland, wo fremdsprachige Kinofilme und Fernsehbeiträge viel häufiger untertitelt als synchronisiert werden. Fast zwei Drittel billiger sei diese Methode. Neben seinem Studio kennt er etwa sechs Firmen in Deutschland, die auf Untertitel spezialisiert sind.

Die Münsteraner bieten ein ganzes Bündel von Dienstleistungen rund um die Untertitelung für Hörgeschädigte an, die besondere Anforderungen an die Übersetzer stellen: »Für Menschen, die von Geburt an taub sind, ist Deutsch die erste Fremdsprache. Da müssen wir darauf achten, dass sie mit dem Lesen mitkommen.« Fünfzehn Mitarbeiter beschäftigt die Untertitel-Werkstatt mittlerweile, darunter auch Mediengestalter für Bild und Ton im technischen Bereich. Anfängern empfiehlt Brämswig erst einmal Praktika in verschiedenen Studio-Betrieben, um die eigenen Neigungen und Talente abschätzen zu können. »Bei uns sind manche Bewerber enttäuscht, weil Untertitel eine sehr trockene Materie sind. Wir bilden deshalb ausschließlich Leute aus, die vorher bei uns Praktikanten waren.«

Info-Box

Oftmals arbeiten ehemalige Cutter oder Kameraleute in Videostudios, deren Fähigkeiten dort immer gefragt sind. Einen formalen Einstieg in die Videobranche bietet heute der dreijährige klassische duale Ausbildungsgang zum Mediengestalter Bild und Ton mit abschließender IHK-Prüfung. Die örtliche Industrie- und Handelskammer kann auch bei Auswahl eines geeigneten Ausbildungsbetriebs mit der jeweils gewünschten Spezialisierung auf Bild oder Ton beraten.

Geräuschearchiv

Was die Zuschauer in einem Film sehen, bestimmt maßgeblich der leitende Kameramann, in enger Abstimmung mit dem Regisseur natürlich. Am Soundtrack basteln im Laufe des kreativen Prozesses etliche Tonexperten: die Ton-Crew, die den O-Ton aufnimmt, Ton-Cutter, bei großen Produktionen auch Geräuschemacher, Synchronstudios, Musikaufnahmeleiter, schließlich die Misch-Tonmeister, die alles ins richtige akustische Verhältnis zueinander bringen.

Geräusche können für die richtige Stimmung eines Films wichtiger als der Dialog werden, weiß Elke Steinbach, Herrin über zufallende Türen, bellende Hunde, klingelnde Telefone jeden Baujahrs, und »30 bis 40 Schussgeräusche aus verschiedensten Waffentypen, nach Innenräumen und Außenaufnahmen sortiert«. Steinbach verwaltet ein riesiges Geräuschearchiv, dessen Inhalt nur nach Wochenspieldauer bemessen werden kann. Darunter finden sich die üblichen Hintergründe, »100 000 Mal verlangt, die Atmo mit wenigen Vögeln, deutlich, aber nicht aufdringlich«. Seltener braucht jemand exotische Vogelarten aus dem Kongo oder historische Aufnahmen von Stu(rz)ka(mpf)-Fliegern oder Luftschutzsirenen.

Welches dieser Geräusche für die Aufgabenstellung jeweils passend ist, lehrt die Erfahrung. »Das Gedächtnis hat eine feste Vorstellung von den Geräuschen zu einem Bild«, erklärt Steinbach. Das hat seine Nachteile: Das Ohr des Zuschauers ist rasch irritiert, wenn ein Mercedes in immer gleichem Abstand am Ohr vorbeifährt, oder wenn sein optischer Zustand ein Stottern des Motors erwarten ließe oder wenn er im Rückwärtsgang eigentlich anders klingen würde. Viele Billigproduktionen arbeiten immer mit ein und derselben Geräusche-CD, die gleiche Möwe schreit im Werbevideo wie in der TV-Serie. Manch ein Film langweilt wegen der undifferenzierten Geräusche, ohne dass die Zuschauer so genau wissen, warum sie ins nächste Programm umschalten.

Wegen der festen Verbindung von Ton und Bild kann das Gehör aber auch getäuscht werden. Geräuschemacher bieten dem akustischen Gedächtnis seit jeher auf Papier prasselnde Trockenerbsen als Regenschauer an. Steinbach, die beim Rundfunk der DDR in der Hörspielabteilung gelernt sowie Information und Dokumentation studiert hat, lässt sich deshalb von Kunden lieber die Stimmung beschreiben, die erzeugt werden soll, als das Bild, zu dem bestimmte Geräusche gehören sollen.

Ihre Kunden sind Werbefilmer, Theater oder Spielfilm-Cutter. Sie können aus dem Katalog moderne Türen in Neubauten oder knarrende Spuktüren alter Schlösser wählen – oder sich Steinbachs Erfahrung überlassen. Türen hat sie auf modernen digitalen Medien gespeichert, CD oder DAT-Band: »Da muss ich für Tür Nummer 135 nicht so lange vorspulen.« Ihr Archiv ist allerdings eine bunte Mischung von Tonträgern, denn das Überspielen tut alten Bändern nicht unbedingt gut. Selten gebrauchte historische Aufnahmen befinden sich deshalb noch auf »Schnürsenkeln«. Senkel sind glatte Viertel-Zoll-Bänder ohne Lochrand, mit denen die Ton-Crews vom Drehen kommen.

Alle Töne, die Steinbach verwaltet, sind O-Töne, also echte Geräusche, die irgendwo auf dieser Welt aufgenommen wurden. »Rohmaterial, das bearbeiten die Cutter meist noch, manchmal lassen wir es auch langsamer und rückwärts laufen, um einen bestimmten Effekt zu erzielen.« Die zunehmende Digitalisierung bei der Nachbearbeitung von Filmen, vor allem beim Fernsehen, bringt Veränderungen in die Tonbearbeitung: Sounddesigner erfinden die richtigen Geräusche für eine Szene mittels Computertechnik. Geräuschemacher von altem Schrot und Korn werden deshalb nicht mehr ausgebildet, nicht einmal in den großen Hollywood-Studios. Ob diese Tendenz auch die Archive brotlos machen wird, bleibt abzuwarten. Bis dahin wird Steinbach noch vielen Cutterinnen ein leises Klirren von Champagnergläsern einspielen können.

Info-Box

Einen inhaltlichen Einstieg sowie viele Links im Bereich Sounddesign und Film findet man auf
www.film-sound-design.de.

Adressen von Tonstudios mit Geräusche-/Atmosarchiv:
www.crew-united.com
www.mandy.com/place/germ.cfm

Filmdatenbank

In der Kürze liegt die Würze, auch beim Film. Erfahrene Kameraleute und Produzenten wissen, dass nur 10 bis 25 Prozent des belichteten Filmmaterials seinen Weg aus dem Schneideraum zum

Publikum findet. Spielfilme werden im Verhältnis von 1:10 gedreht, Dokumentarfilme im Verhältnis von 1:4. Kameraleuten oder Regisseuren mag das Herz um manche schöne Szene bluten – nicht einmal im Director's Cut für Cineasten und Fans tauchen sämtliche technisch gelungenen Einstellungen auf.

Allerdings verschwinden nicht alle der herausgeschnittenen Filmmeter auf Nimmerwiedersehen. Einige Kilometer Film stapeln sich beispielsweise in den Regalen von Iris Ortiz und ihren Kollegen. Ortiz verwaltet für die Ludwigsburger *Filmbank* gut 800 Bänder zu 60 Minuten, auf denen ihr Archivmaterial als Videokopie gespeichert ist. In meist zehn Sekunden dauernde Einstellungen zerteilt, werden hier die schönsten Sonnenuntergänge, Segelreviere, Skylines oder Formel-1-Kurven sozusagen recycelt.

Werbeagenturen, Spielfilmproduzenten, Dokumentarfilmer – auch jeder andere, der bewegte Bilder benötigt, die er nicht selbst drehen kann oder will, gibt bei der Ludwigsburger Filmbank, oder einer der anderen Filmdatenbanken in Deutschland, eine Suche in Auftrag. Ortiz, die über sich sagt, »ein gutes visuelles Gedächtnis ist mein wichtigstes Talent«, forscht zunächst am Computer in ihrer Datenbank nach den richtigen Schlagwörtern und erinnert sich zusätzlich vielleicht auch an ein passendes Bild unter einem anderen Stichwort. Anschließend setzt sie sich mit den Videokopien an einen der U-matic-Schnittplätze und stellt ein Preview-Band, eine Vorschau, mit den passenden Einstellungen zusammen.

Befriedigend findet sie es, wenn sie nach einer wilden Beschreibung die richtigen Motive anbieten kann. »Ich bin froh, dass wir hier eine kleine Firma sind, dass ich alles selbst machen kann. Bei unserer US-Mutterfirma gibt es mehr Abteilungen, da geht der Auftragszettel an die Cutter weiter.« Die US-Mutter, Sekani, bietet ihr aber auch Suchvorteile: Ortiz kann etwa auf Bilder des Sportsenders ESPN, Archive des Metro-Goldwyn-Mayer-Studios oder wissenschaftliche Aufnahmen des weltberühmten Smithsonian Institute zurückgreifen. Ihre Aufgabe ist die Vermittlung zwischen den Rechteinhabern – Filmern, Studios oder Institutionen – und den Kunden, die für die Nutzung der Clips nicht unerhebliche Gebühren zahlen. »Es kommt auf den Einsatz des Clips an. Wo und wie oft taucht die Einstellungen vor Publikum auf, für welchen

Zweck braucht der Kunde die Bilder.« Eine Werbefilmproduktion zahlt für die New Yorker Skyline, die allabendlich in den Werbeblöcken des Fernsehens auftauchen wird, mehr als ein Dokumentarfilmer, der Aufnahmen eines bestimmten Vogels als Ergänzung in einem Lehrfilm für Schulen benötigt.

Einige tausend Euro für fremde Bilder auszugeben, die gut ins eigene Konzept passen, ist für die meisten Auftraggeber günstiger, als selbst ein Drehteam auf die Brooklyn Bridge zu stellen, um New York zu filmen. Umgekehrt profitieren Kameraleute oder Dokumentarfilmer, die besten Lieferanten von Ortiz, vielleicht mehrmals von besonders gelungenen Ergebnissen ihrer manchmal aufwändigen und riskanten Arbeit.

Wenn die Kunden auf dem speziell für sie zusammengestellten Preview-Band fündig werden, faxen sie Ortiz den Time-Code, die genaue Angabe für die Bandstelle, und die Rollennummer. So findet sie auf den entsprechenden Filmen die gewünschten Bilder und gibt diese Informationen an ein professionelles Schnittstudio weiter. Dort werden die Einstellungen vom Originalmaterial auf hochwertige Ausgabebänder umgeschnitten. »Als Originalmaterial nehmen wir von den Lizenzgebern eigentlich nur 35 oder 16 mm-Film, selten Beta-SP, weil unsere Kunden sendefähige Master benötigen.« Der gelernten Bürokauffrau kommen die Fachbegriffe der Branche nach vier Jahren geläufig über die Lippen. Sendefähig sind Aufnahmen, wenn sie den strengen Kriterien der deutschen Fernsehanstalten entsprechen. Ein Master ist ein Videoband, das ohne Qualitätsverluste als Quelle für weitere Kopien genutzt werden kann.

Ortiz findet diese Welt sehr viel unterhaltsamer als den medizinischen Fachverlag und die Bildagentur, in denen sie früher gearbeitet hat. Der lockere Umgangston unter Film- und Werbeleuten, aber auch die Herausforderung an die eigene Kreativität und Gewitztheit kommen der fröhlichen Frau entgegen. »Was bis 12 Uhr mittags bestellt wird, wird für den nächsten Tag zugesagt. Bei eiligen Anfragen versuche ich aber auch schon mal, schneller zu liefern; hängt davon ab, wie voll mein Schreibtisch gerade ist.«

Manche Kunden aus der Umgebung kommen auch zum Sichten

ins Haus, der Standort im Film- und Medienzentrum Ludwigsburg ist gut gewählt. Möglicherweise werden solche Besuche in Zukunft seltener: »Filmbank geht online – wir digitalisieren unser Material und stellen unser Angebot, besonders die viel gefragten Standards, ins Netz.« Dann können die Kunden sich die kurzen Filmstücke direkt anschauen und entscheiden, ob die Aufnahmen zu ihrem Thema passen und sie die Einstellungen noch einmal in besserer Qualität auf Band bekommen möchten.

Info-Box

Die größten deutschen Filmdatenbanken sind:

Filmbank Deutschland
Königsallee 43
71638 Ludwigsburg
Tel.: (0 71 41) 97 85 67
Fax: (0 71 41) 97 85 94
www.film-bank.de

The Imagebank Film
Herthastr. 40
80639 München
Tel.: (0 89) 17 90 92-0
Fax: (0 89) 17 90 92-99
www.imagebank.de

Central Order
Gottesweg 64
50969 Köln
Tel.: (02 21) 9 36 40 80
Fax: (02 21) 9 36 40 88-8
www.centralorder.de

Synchronregisseur

Wenn am Sonntag Nachmittag wieder einmal ein alter Hollywood-Film mit der ganz jungen Liz Taylor oder dem alten Haudegen John Wayne über den heimischen Bildschirm flimmert, taucht im Abspann immer ein vertrauter Titel auf: »Berliner Synchron – Wenzel Lüdecke«. Das älteste noch bestehende deutsche Synchronstudio wurde 1949 gegründet und erhielt Aufträge der Motion Picture Export Association der US-amerikanischen Filmindustrie, der die Unterstützung der Westberliner während der Blockade ein Anliegen war.

Auch für Lutz Riedel war die *Berliner Synchron Wenzel Lüdecke* lange Zeit seine Hausfirma. Als Schauspieler begann er neben seiner Theaterarbeit damit, ausländischen Gesichtern seine deutsche Stimme zu geben, und hat mittlerweile viele Weltstars synchronisiert. »Das größte Presseecho fand ausgerechnet meine Synchronisation von Timothy Dalton in den James-Bond-Filmen. Darstellerisch fand ich persönlich die Rolle eher nichtssagend«, wundert sich Riedel, der seit 15 Jahren alle seine Filme als Dialogautor selbst bearbeitet.

Er stellt eine Rohübersetzung vom Originaldialog zusammen und arbeitet die in eine lippensynchrone Fassung um. Dazu kommen Wortspiele, Lieder und Texte von Gedichten, die so übersetzt werden müssen, dass sie dem Original weitgehend entsprechen. Auch der Sprachmodus der Zeit und der soziale Hintergrund einer Rolle muss stimmen: »Eine vornehme Dame im 18. Jahrhundert spricht anders als ein Teenie in einer modernen Komödie, ein Generaldirektor gepflegter als ein Taxifahrer.«

Im Dialogbuch stehen außerdem alle Laute, die mit der menschlichen Stimme erzeugt werden: schweres Atmen, Husten, Keuchen, Liebesgeräusche oder Zornesausbrüche. Im Studio erteilt Riedel als Synchronregisseur den Sprechern die Anweisungen, in welchem Rhythmus sie sprechen und wie sie ihre Stimme in einem von mehreren hundert Takes einsetzen sollen, aus denen das Synchronbuch besteht. Versierte Sprecher wissen aus Erfahrung, wie sie Gesprächspausen setzen oder die Atmung gestalten müssen. Bei den Stars der Branche wie Viktoria Brahms (die Stimme von Catherine Deneuve, Jane Fonda und Marthe Keller) oder Wolfgang Völz (Mel Brooks, Walter Matthau, Peter Ustinov und nicht zuletzt Käpt'n Blaubär) ist ein Take im Normalfall nach zwei oder drei Versuchen im Kasten. Allenfalls empfiehlt der Regisseur, eine intensivere Stimmlage einzusetzen oder »ein bisschen zu verkürzen oder zu verlängern«.

Riedel hatte mit dem Einstieg in die Synchronarbeit Glück. Ein Produktionschef, der ihn von seiner Film- und Theaterarbeit kannte, bot ihm einen kleinen Part in einem Film an. »Das hat gut geklappt«, erinnert sich Rieder, »und er hat mich dann mit kleinen

Rollen aufgebaut, bis ich nach einem Jahr auch größere Stars übernehmen konnte.« Zu den Stars gehörten Ronald Reagan, Sam Neill und Alec Baldwin. Oft dauert der Einstieg für Nachwuchssprecher aber lange: »Die Norm für Anfänger ist der Part des 13. Feuerwehrmannes, die Telefonistin oder Empfangsdame. Wenn man dann vom 17. Polizisten zum ersten aufgestiegen ist, werden die Produzenten auf jemanden aufmerksam und geben ihm oder ihr auch mal eine größere Rolle.«

Bei der Besetzung hat Riedel als Autor und Regisseur, der sich mit der deutschen Fassung von Filmen wie der *Truman-Show*, *American Beauty*, *Der Vater der Braut*, *Crocodile Dundee* und einigen Disney-Produktionen einen Namen gemacht hat, ein Wort mitzusprechen. Normalerweise weiß er schon während der Arbeit am Buch, welche Stimme er sich für einen Part wünscht. »Ich bin ein Stimmenfreak, ein wahrer Stimmenliebhaber. Ich bin jetzt Anfang Fünfzig, und mich hat noch nie in meinem Leben eine Frau angezogen, die eine furchtbare Stimme hat.« Seine eigene Frau, Marianne Groß, kennt akustisch jeder – sie leiht Cher, Angelica Houston und Claire, der Ehefrau vom Serienhelden Bill Cosby, die Stimme.

Natürlich geht es in der Arbeit nicht darum, nur schöne Stimmen auszusuchen. Oft wird eine kreischige Stimme oder eine männliche Fistelstimme gesucht. »Es ist für mich schon zu einer Art Sport geworden, Stimmen zu finden, die sehr dicht am Original sind. Eine Stimme ist für den Menschen das Ureigenste, es ist eine Art Fingerabdruck«, ist Riedels Überzeugung. »Ein fetter alter Mann hat nicht die Stimme eines schmächtigen Jünglings.«

Gute Synchronschauspieler sind rar. In den Hauptstädten der Synchronbranche Berlin, München, Hamburg und Köln stehen von vielleicht 3 000 Schauspielern etwa 200 für größere Rollen zur Verfügung. Nur 50 von ihnen würde Riedel für die Synchronisation berühmter Leinwandgrößen besetzen. »Ich würde nie mit jemandem in einer größeren Rolle arbeiten, den ich nicht kenne. Dazu ist der Zeitdruck zu groß.« Eine bis maximal drei Wochen dürfe die Arbeit von Regisseur und Sprechern im Studio dauern, da müsse der Schauspieler sich »auf Kommando in die Stimmung von Take 325 hineinversetzen« können. Unter solchen Bedingungen greifen die Studios natürlich auf altbewährte Mitarbeiter zurück.

Die wirtschaftliche Situation der Synchronstudios ist anders als zu den Monopolzeiten der Berliner Synchron, die heute eine Firma neben knapp 80 weiteren in Deutschland ist.[23] Zunehmend entdeckt auch Hollywood seine ausländischen Zuschauer und achtet auf die Qualität der Synchronisation und des Stimmen-Casts. Sandra Bullock etwa war mit ihrer deutschen Stimme nicht zufrieden. Jim Jarmusch gab überhaupt erst einen seiner Filme für die Synchronisation frei. Und Experten wie Claudia Gvirzmann reisen aus den USA an, um etwa für Steven Spielberg die technische und künstlerische Übertragung des Soundtracks zu überwachen.

Auch Riedel muss seine Arbeit vom Verleih abnehmen lassen, nachdem die Dialoge mit Musik und Geräuschen unterlegt worden sind. Manchmal werden Änderungen gefordert, manchmal wird eine bestimmte Stimme nicht akzeptiert. Dann geht die Tonaufnahme unter verstärkter Hektik erneut los. Doch Riedel kennt den Wert seiner Arbeit: »Das kommt äußerst selten vor in der Praxis.«

Info-Box

Wer sich für die Autoren- und Regietätigkeit in diesem Bereich interessiert, muss selbst Erfahrung als Sprecher sammeln. Zur Grundvoraussetzung gehört – neben der Sprecherziehung, wie sie für Schauspieler und Radiosprecher üblich ist – ein musikalisches Ohr. Außerdem sollte man die Fähigkeit besitzen, einen Part überzeugend, ohne Zuhilfenahme von Mimik und Gestik, in einer vorgegebenen Stimmintonation und einem festgelegten Rhythmus, sprechen zu können.

Mit der entsprechenden Vorbildung kann sich der Anfänger dann bei einem der Synchronstudios bewerben. Adressen findet man im Internet unter http://online.prevezanos.com/lds/sst.html.

Die Bezahlung von Synchronsprechern erfolgt nach der Anzahl der gesprochenen Takes. In der Regel werden 3 bis 5 Euro pro Take bezahlt, zusätzlich kann eine Anfahrtspauschale entrichtet werden. Bei einer gewöhnlichen Spielfilmlänge, 400 bis 800 Takes, liegt die Gage für eine mittlere Rolle selten über 1 000-1 500 Euro. Erfahrene Sprecher, die zur selben Zeit an mehreren Rollen arbeiten und von Studio zu Studio fahren, könnten ganz gut verdienen in der Branche, »jedenfalls mehr als der erste Held am Detmolder Stadttheater«, so Riedel.

Übersetzer

Hollywood bestimmt unseren Kinogeschmack, US-Fernsehserien bestimmen den Alltag des Zuschauers. Manche mögen diese Entwicklung beklagen und die Goldenen Zwanziger Jahre der Ufa zurückwünschen. Doch sicher nicht eine Zunft: die der Filmübersetzer. Rund 200 Kinofilme werden jährlich in Deutschland synchronisiert, etwa zu 80 Prozent anglo-amerikanische, bei den wöchentlich oder täglich gesendeten TV-Serienfolgen kommt niemand mit dem Zählen nach.[24]

Bis 1998 hat die Übersetzerin Barbara Jung auch Synchrondrehbücher geschrieben: »Die Rohfassung in der Regel. Den Feinschliff macht oft der Synchronregisseur, der hat Sprechererfahrung. Da wird noch im Atelier spontan am Text gebastelt.« Sie arbeitete für Frank Wesel, der mit *L. A. Law* eine qualitativ hochwertige Synchronisation abgeliefert hat. »Sehr textlastig, da wird viel geredet. Actionserien sind einfacher.«

Ausgerechnet eine Actionserie ist allerdings auch ein gutes Beispiel dafür, wie eine sehr freie, aber witzige deutsche Bearbeitung einer eher durchschnittlichen Serie zum Erfolg verhelfen kann. *Die Zwei*, im Original eine mäßig erfolgreiche US-Krimiserie, gewann durch die flotten Sprüche und Kalauer der Übersetzung in Deutschland Kultstatus. »Bei der lippensynchronen Drehbuchübersetzung gibt es viel dichterische Freiheit«, weiß Jung aus Erfahrung. Der deutsche Text muss zuerst auf den Mund des Sprechenden passen und dann noch zum Gesichtsausdruck – an der jeweils richtigen Stelle: »Timing ist alles.«

Manchmal werden auch deutsche Drehbuchautoren für die zweite Fassung beschäftigt. Trotzdem bemüht sich Jung, schon im »first draft« lippensynchron zu sein. »Labiale sind das größte Problem«, erklärt sie. Labiale sind die Laute, die entstehen, wenn sich die Lippen schließen, das m oder das w beispielsweise. Sagt etwa der Schauspieler im amerikanischen Western »The law won't win«, wäre die angemessene deutsche Übersetzung »Das Gesetz hat keine Chance« – ohne entsprechende Mundhaltung. Die Übertragung für das Synchronbuch könnte dann lauten, »Und wer will was?«, was den Sinn allerdings nur entfernt trifft. Die Kunst des

Übersetzens besteht darin, deutsche Wörter zu finden, die ähnliche Laute wie im Original haben und auch noch ähnliche Bedeutung. »Wenn jemand nuschelt, kann das bei der Übersetzung schon helfen«, sagt Barbara Jung. Die Germanistin und Theaterwissenschaftlerin kam als Quereinsteigerin ins Übersetzergeschäft. Sie lebte ein Jahr in Irland, der Liebe wegen, kam zurück nach Berlin, und dann führte eine Kette von Zufällen sie zum Regisseur Frank Wesel. Er fand, die Rückkehrerin sei ein Naturtalent.

Allerdings leidet Jungs Qualitätsbewusstsein zunehmend unter dem Produktions- und Gelddruck der Branche. »Zehn Tage für die Rohfassung eines Spielfilms, das ist ein Knochenjob. Hätte man einen Monat, könnte ich viel mehr ausprobieren, Einfälle überarbeiten.« Heute nutzt sie ihr Talent, sich in zwei Sprachen virtuos zu bewegen, vorwiegend als literarische Übersetzerin.

Aber einmal im Jahr kehrt Barbara Jung zu ihrer Liebe, dem Kino, zurück: Sie spricht für das Kinderfilm-Festival der Berlinale ausländische Filme live im Kino ein. *Voice-over* heißt dieses Verfahren, und Barbara Jung textet und spricht schwedische Abenteuergeschichten oder englische Zeichentrickfilme. »Ich bekomme auch bei spanischen oder französischen Filmen eine englische Dialogliste zum Übersetzen.« Dann sitzt sie mindestens einen Monat vorher mit Script und Videokassette vor dem heimischen Fernseher und bereitet das Einsprechen vor. »Nur einmal hatte ich wirkliche Probleme. Ein russischer Film, den eine Kollegin übersetzt hatte. Ich wusste nicht mal, ob die sich auf der Leinwand gerade anschreien oder ›Guten Morgen‹ sagen.« Im Kino setzte sich die Übersetzerin dann neben sie und zupfte sie am Ärmel, wenn sie zu schnell für den Originaldialog wurde oder hinterherhinkte.

Die Berlinerin übersetzt auch für die Kolleginnen, die beim Festival einsprechen, aber mehr als ein bis drei Filme schafft sie nicht rechtzeitig: »Manchmal weiß die Leiterin erst im Januar, ob ein Film kommt. Dann brauche ich die Zeit, meine eigenen Filme zu übersetzen und das Timing zu proben.« Sie findet es wichtig, dass Bild und Inhalt weitgehend übereinstimmen, dass emotionale Höhepunkte im Satz zur richtigen Mimik gesprochen werden. Dabei helfen ihr die Erfahrungen mit den lippensynchronen Drehbuchübersetzungen. »Gut 10 Prozent des Textes muss ich kürzen, manchmal mehr, weil Englisch kürzer ist als deutsche Sätze.«

Zum Einsprechen gehört, mit der Stimme zu spielen, mit Verve in einen Streit zu gehen und bei melancholischen Szenen leise zu werden. Sie verzichtet aber darauf, regelrecht nachzuspielen, was auf der Leinwand geschieht – das klinge selbst bei gelernten Schauspielern etwas seltsam, findet sie. »Auf jeden Fall macht diese Arbeit im Kino Spaß. Wenn die Kinder mitgehen, wenn's was zu lachen gibt, ist das ein tolles Feedback. Ich liebe die lebendige Atmosphäre im Saal.« Dass auch ein kindliches Publikum nicht unkritisch der Übersetzerin gegenüber ist, bewies ein Steppke, der sich hinterher beschwerte, sie habe das schlimme Wort »motherfucker« nicht richtig übersetzt. Die gängige Übersetzung »Arschloch« war ihm zu zahm.

Anfängern, die sich für das Drehbuchübersetzen interessieren, empfiehlt Barbara Jung, sich englische Scripts zu besorgen und an kurzen Stücken ihr Sprachgefühl zu testen. Ein Rezept für den Einstieg in die Branche kennt sie nicht. »Ich finde immer, die Flucht nach vorn ist das Beste. Einfach bei Synchronstudios anrufen und nach Probearbeiten fragen.«

Info-Box

Eine Liste von Synchronstudios findet man im Internet auf der Seite http://online.prevezanos.com/lds/sst.html.

Mit Tipps und Erfahrungen hilft auch der VdÜ (Verband deutschsprachiger Übersetzer literarischer und wissenschaftlicher Werke e. V.):

VS Bundesgeschäftsstelle, IG Medien
VDÜ / Bundessparte Übersetzer
Friedrichstraße 15
70174 Stuttgart
Tel.: (0711) 2018-237
Fax: (0711) 2018-300
www.literaturuebersetzer.de

Weitere Berufe im Bereich Post-Production

Synchron-Tontechniker

Ein reiner Studiojob. Technisch nicht einwandfreie Dialoge werden von den Darstellern nachgesprochen und so über die Originalszenen gelegt, dass die Atmo und die anderen Geräusche erhalten bleiben. Beim Synchronisieren von ausländischen Filmen passen die Tontechniker die deutschen Dialoge in die internationale Tonfassung eines Films ein, die bereits fertig abgemischte Geräusche, Hintergründe und Musik enthält.

Cutter-Assistent

Ordnung ist das halbe Leben, für Cutter-Assistenten. Sie legen das Film- und Tonmaterial synchron an, beschriften die hereinkommenden Filmschnipsel, kontrollieren sie auf Kratzer, sichten und verwalten die Cutter-Berichte. Alle traditionellen Cutter haben diese Vorstufe selbst absolviert, wissen, was sie der engen Zusammenarbeit mit ihrem ehemaligen Schnittmeister an Kenntnissen verdanken. Und sie legen Wert darauf, ihrerseits das Handwerk weiterzugeben. Leider stirbt die Assistenz allmählich aus, weil viele manuelle Arbeiten durch den Digitalschnitt entfallen. Nur noch bei großen szenischen Produktionen, auch beim Fernsehen, sind sie gefragt.

Geräuschemacher

Der Stolz des Geräuschemachers liegt darin, dass seine Arbeit vom Kinopublikum nicht bemerkt wird. Denn dann war die nachträgliche Vertonung von Schritten, Türenschlagen, murmelnden Bächlein bis hin zu Crashs ganzer Fahrzeugkolonnen auf der Foley-Bühne glaubwürdig. (Sie ist benannt nach dem Erfinder der Nachvertonung von Filmgeräuschen, dem US-amerikanischen Ton-Cutter Jack Foley.) Der Geräuschemacher gehört leider zu den aussterbenden Berufen: Digitaltechniker lösen die handwerklichen Spezialisten allmählich ab.

Sounddesigner

Der Sounddesigner ist das moderne Pendant zu demjenigen, der beim Tonfilm die Geräusche macht. Sounddesigner erfinden für Filmszenen am Computer die passenden Geräusche, die noch kein menschliches Ohr je gehört hat. Nicht nur, wie man erwarten könnte, Geräusche auf einem unentdeckten Planeten in den Weiten der Science-Fiction-Welten. Die Spezialisten werden auch dann gerufen, wenn etwa eine besondere Tür mit einem ganz besonderen »Plopp« schließen soll. Wichtig für diesen Job ist ein exzellentes Gehör – und das nicht bloß nach den Maßstäben der Hörgeräteakustiker-Innung.

Negativ-Cutter

Höchste Vorsicht ist geboten, wenn die Negativ-Cutter sich an die Arbeit machen. Diese erfahrenen, hoch spezialisierten Fachleute schneiden im Kopierwerk das Filmnegativ, also das Originalmaterial des belichteten Films, nach den inhaltlichen Vorgaben der Arbeitskopie, die der kreative Cutter mit dem Regisseur erarbeitet hat. Bei einem Film mit einer Länge von 45 Minuten kommen für den Negativ-Cut ohne weiteres 800 bis 1 000 Schnitte zusammen. Fehler sind fatal, weil sie fast nicht mehr rückgängig gemacht werden können. Dieser Job ist nur etwas für Leute, die Freude an exakter Arbeit und Ordnung haben.

Sound-Mixer

Dies ist ein primär technischer Beruf, der viel mit einem guten Gehör zu tun hat. Sound-Mixer, oder Misch-Tonmeister, basteln aus den vielen Tonspuren, die den Soundtrack eines Films ausmachen, ein harmonisches Ganzes. Sie entscheiden nicht, wann Musik, Dialog oder Geräusche zu hören sind – sie entscheiden, wie sie sich anhören, ineinander übergehen, wie laut oder leise sie im Verhältnis zueinander sein sollen.

8.

Filme verkaufen

Am Set schätzen Produktionsleiter und Regisseure disziplinierte Profis wie Anthony Hopkins oder Hannelore Elsner, die auch um fünf Uhr morgens pünktlich in der Maske erscheinen, bei der Arbeit hundertprozentig konzentriert sind und sich uneitel ins Team einfügen. Studios und Verleihfirmen haben es dagegen ganz gern, wenn Stars wie Michael Douglas auch mal durch kleine Skandale auf sich aufmerksam machen: Das ist eine kostenlose Schlagzeile für den nächsten Film mit ihm, der in die Kinos kommt. Schauspieler sind die Flaggschiffe der Marketingstrategen der Filmwirtschaft, sie verleihen der Premierenfeier Glanz, sagen wir lieber Glamour auf gut Amerikanisch, und lassen sich auf Filmfestivals oder von Talkshow zu Talkshow schicken, um Werbung für ihren Film zu machen.

Das war auch schon in den Kindertagen des Films so. Die deutsche Filmdiva Henny Porten kam in einer Zeit zu Ruhm, als die Darsteller der Stummfilmstreifen noch weitgehend namenlos blieben. Das Publikum entdeckte die junge Blondine, ging in ihre Filme. Erst zahlreiche Anfragen, wer sie denn sei, machten ihren Arbeitgeber, Filmpionier Oskar Messter, auf den Kassenschlager aufmerksam: A star was born.

Kunst oder Kommerz – beim Film war das von Anfang an keine gegensätzliche Betrachtung. Hier schöpft kein Hungerleider in der heimischen Dachkammer aus den Tiefen seiner Seele Poesie, hier arbeitet ein großes Team mit teurer Technik und mehr oder weniger aufwändiger Ausstattung am Gesamtkunstwerk. Und wenn ein Film wie *Pearl Harbor* startet, der ungefähr 150 Millionen Euro gekostet hat, wird nichts ausgelassen, um ins Gespräch zu kommen: Da die eigentlichen Helden des Films die untergegangenen Schiffe und ihre Besatzung sind, fand die Feier zur Uraufführung auf einem Flugzeugträger im Hafen statt. Für die Deutschland-Premiere wurde ein Hangar auf dem Flughafen Tempelhof in Berlin »zum größten Kino der Welt« umgebaut. Neben den üblichen Trailern für die Fernseh- und Kinowerbung, dem unvermeidlichen »Making of ...« konnte man sogar das seriöse Magazin *National Geographic Deutschland* von einer redaktionellen Themenbeilage zum Filmstart überzeugen, die auch die Pressetexte des Verleihs abdruckte.

Die erfolgreiche Vermarktung eines Films beschäftigt ein ganzes Team von Fachleuten, genauso wie seine Herstellung. Es gibt Spezialisten für Trailer, die kurze Appetithäppchen der spannendsten Momente eines Films zusammenschneiden. Die Arbeit von Marketingexperten und Pressebetreuern wird ergänzt durch gute Deals von Rechtehändlern, die möglichst hohe Gebühren für weltweite Senderechte im Fernsehen aushandeln. Und schließlich arbeitet ein Heer von Videothekaren daran, möglichst zahlreiche Kopien auf Video oder DVD ans zahlende Publikum auszuleihen.

Kunst oder Kommerz? Erfreulicherweise ist der Erfolg nicht wirklich steuerbar. Low-Budget-Produktionen wie *The Blair Witch Project* oder *Buena Vista Social Club* finden ohne großen Rummel immer wieder ihr Publikum. Und die Marketingexperten, die mit Herz und Seele am Kino hängen, lieben es auch, für Mittel und Wege zu sorgen, wie kleine Filme mit k(l)einem Budget bekannt werden.

Marketing im Filmverleih

Wenn uns an jeder Ecke das Urzeitmonster *Godzilla* oder die Uniform von *Batman* grüßt, wenn man den Filmhelden in allen Medien wieder begegnet, wenn bei allen das Gefühl aufkommt, dass ausweichen zwecklos wäre – dann ist gerade eine erfolgreiche Marketingkampagne für einen Film angelaufen. Verantwortlich dafür sind nicht die Produzenten, sondern die Verleihfirmen, die die Streifen ins Kino bringen, die Kopien verleihen. In deren Marketingabteilungen sitzen Leute mit Know-how, die oft bereits eine Karriere in einer Werbeagentur absolviert haben. Schließlich bewegen sich die Etats, um die es hier geht, bis in Millionenhöhe.

Ein solcher Profi ist Marko P. Tomazin, der als Vice President Marketing der Senator Film Verleih in Berlin beurteilen muss, wie hoch das Budget für die Kampagne zum Film jeweils zu bemessen ist. Das Budget wird anhand des erwarteten Absatzpotenzials geplant, und vom Budget hängt dann ab, wie viele Plakate aufgehängt und Anzeigen geschaltet werden oder wie viel Fernsehwerbezeit eingekauft wird. »Das Budget einzuschätzen und festzulegen ist immer eine riskante Entscheidung. Neben dem eigenen Wissen braucht man auch die Erfahrung kompetenter Mitarbeiter.«

Tomazin studierte in Mannheim Psychologie und Marketing. Während des Studiums jobbte er in einer kleinen Werbeagentur und fand Gefallen an der Werbung. Nach dem Studium starte er als Trainee bei der angesehenen Werbeagentur *Lintas* in Hamburg, die den Ruf einer Werbeakademie hat, drei Jahre später wechselte er zu *Young & Rubicam,* wo er unter anderem für die Kampagne *Bei ARD und ZDF sitzen Sie in der ersten Reihe* verantwortlich war. Nach einer Station bei *J. Walter Thompsons,* wo er als Etatdirektor Kodak und Gerolsteiner betreute, führte sein Weg direkt in die Medienbranche, zu SAT 1, wo er als Leiter Marketing/Kommunikation für den Off-Air-Auftritt verantwortlich war. »Ich hatte eigentlich immer mit Filmen zu tun, nur wurden sie zunehmend größer: Erst Werbefilme, dann Fernsehfilme und nun Kino.«

Im Filmmarketing sind vor allem Menschen gefragt, die nicht nur stoisch mit Zahlen jonglieren, sondern die neben dem klassischen betriebswirtschaftlichen und Marketingwissen auch filmspezifisches Know-how mitbringen. Angesichts des hart umkämpften Filmmarktes ist das auch bitter nötig. Annähernd 400 Filme starten jedes Jahr in den deutschen Kinos, Tendenz steigend.[25] Konkret bedeutet das, dass ein Kinofilm heute weniger Zeit hat, sich erfolgreich zu entwickeln als früher. Die 1974 gestartete *Rocky Horror Picture Show* brauchte ganze acht Jahre, um auf 1,2 Millionen Zuschauer zu kommen, bevor sie Kult wurde.[26] Unter heutigen Bedingungen wäre der Film wahrscheinlich, da er nicht sofort am Startwochenende ein Kassenerfolg war, nach vier Wochen aus dem Programm genommen und vielleicht noch auf DVD in die Videotheken gebracht worden.

Einen Film bekannt zu machen, heißt, ein Gefühl für das Publikum zu haben. Die klassische Marketingfrage lautet in abgewandelter Form: »Was will das Publikum?« Sie ist noch elementarer als in anderen Branchen, weil für einen Film heute nur wenige Wochen Zeit zur Verfügung stehen, um ihn beim Publikum bekannt zu machen und zur Marke aufzubauen. Eine zweite Chance gibt es meist nicht. »Sensibilität für das, was Zuschauer mögen«, nennt Tomazin eine seiner wesentlichen Eigenschaften. »Wir sehen uns den Film an und fragen uns dann, für welche Zielgruppe er geeignet ist.«

Denn erst wenn man die ermittelt hat, kann in den Medien geworben werden, die von der Zielgruppe auch genutzt werden. Einen Actionfilm wie *Das Experiment*, der hauptsächlich junge Männer von 14 bis 29 Jahren anspricht, muss man anders verkaufen als etwa *Chocolat*, bei dem eine Zielgruppe von sechs bis 60 Jahren ermittelt wurde. »Für einen Frauenfilm wie *Chocolat* in einer Männerzeitschrift wie *Autobild* zu werben, wäre wohl vergebliche Liebesmüh. Das ginge definitiv an der Zielgruppe vorbei.«

Je teurer die Kampagne für einen Filmstart, desto wichtiger ist es für den Verleih, sie nicht im Alleingang finanzieren zu müssen. Tomazin ist deshalb auch für die Suche nach geeigneten Partnern aus den Medien und der Industrie zuständig, die den angestrebten Hype mit anheizen sollen. »Die Kooperationspartnersuche ist zwar sehr arbeitsintensiv«, stellt der Experte Tomazin fest, aber »besonders die Zusammenarbeit mit der Musikindustrie, die den Soundtrack liefert, ist äußerst publikumswirksam.« Auch die Spielzeugindustrie, Textilhersteller oder Fast-Food-Ketten werden im Sinne einer echten Cross-Promotion und in der Hoffnung auf den Segen der wechselseitigen Werbewirkung gerne mit ins Boot genommen.

»In einem kreativen Prozess in Zusammenarbeit mit der Presse-abteilung und dem Produktmanagement« entwickelt Tomazins Abteilung die Strategie und die Marketingkampagne. Das Budget wird auf die verschiedenen Werbeträger und Medien verteilt, Plakatdrucke in Auftrag gegeben, Fernseh- und Radiospots gebucht, die Internetseite aufgebaut und die Medien mit Material versorgt. »Wichtigstes Werbemittel bleiben die Trailer«, erläutert Tomazin, »denn die erreichen immer die Kernzielgruppe, die Leute, die gerade im Kino vor der Leinwand sitzen.«

Wer die Vorstellung verlockend findet, sich selber eine solche Kampagne auszudenken und auf einen Job in der Marketingabteilung eines Filmverleihs hinzuarbeiten, dem gibt Marko Tomazin zu Bedenken, »dass dies kein Nine-to-five-Job ist und auch schon mal das Wochenende ausfallen kann«. Bei den Leuten, für deren Einstellung er mit verantwortlich ist, achtet er, neben einschlägigen Erfahrungen wie Praktika, auch darauf, dass das Interesse am Film echt und fundiert klingt: »Ich will eine Leidenschaft für den Film sehen, man sollte formulieren können, warum man Filme gut findet. Nur für *Indiana Jones* oder *Star Wars* schwärmen, das ist zu wenig.«

Info-Box

Wer einen Praktikumsplatz sucht, findet eine ausführliche Adressliste deutscher Verleihfirmen im Internet unter www.regie.de/adressen.

Adressen können außerdem nachgefragt werden bei:

Verband der Filmverleiher e. V.
Kreuzberger Ring 56
65205 Wiesbaden
Tel.: (06 11) 7 78 92-0
Fax: (06 11) 7 78 92-12
www.vdfkino.de

Schweizerischer Verband für Kino und Filmverleih
Schwarztorstr. 56
CH-3007 Bern
Tel.: 00 41 (31) 3 87 37 00
Fax: 00 41 (31) 3 87 37 07
www.procinema.ch

Seminare zum Thema Marketing und Film als Markenartikel sowie Pressearbeit für Filme und integrierte Kommunikation veranstaltet das

Kölner Filmhaus e.V.
Maybachstr. 111
50670 Köln
Tel.: (0221) 2227 10-0
Fax: (0221) 2227 10 99
www.k-filmhaus.de

PR-Agentur für Kinofilme

Die Vorbereitung eines Filmstarts gleicht heutzutage mehr der Planung eines Eroberungsfeldzugs als einer friedlichen kulturellen Vorführung für Filmfreunde. Schafft es der Film nicht sofort am Startwochenende, ein Kassenerfolg zu werden, so verschwindet er schneller in der Versenkung, als das Publikum für die Mundpropaganda braucht. Kaum hat der geneigte Zuschauer sich den Film fürs nächste Wochenende auf die Agenda gesetzt, bemüht sich schon der Nachfolger um sein Interesse. Und es sind keinesfalls immer die schlechtesten Filme, die dieses Schicksal ereilt.

Wie eine möglichst breit angelegte Medienkampagne über Wohl und Wehe eines Films entscheiden kann, zeigen am besten die nackten Zahlen. Das Wochenende vom 20. auf den 23. Juli 2000 verzeichnete sieben Neustarts in den deutschen Kinos, darunter *Der Sturm* von *Boot*-Regisseur Wolfgang Petersen, über den allseits in den Medien berichtet wurde. Weit über eine halbe Million Besucher sahen diesen Film am Startwochenende, während sich nur 12767 Kinogänger im gleichen Zeitraum die ambitionierte Jane-Austen-Verfilmung *Mansfield Park* anschauten. Das Schlusslicht *The Impostors* zog nicht einmal 3000 Zuschauer vor die Leinwand.[27] Neben Werbung mit großformatigen Plakaten, Fernsehtrailern und Anzeigen in den Szeneblättern gehören die Public-Relations-Profis zu den Geburtshelfern eines Kassenknüllers.

Ihre Aufgabe besteht darin, dem Filmtitel über das Fernsehen und die einschlägigen Publikumszeitschriften zu einem möglichst hohen Bekanntheitsgrad zu verhelfen. PR-Spezialisten sitzen in den Presseabteilungen der Verleihe oder in einer von etwa zwanzig freien Film-

PR-Agenturen Deutschlands. Dort überlegen sie dann in Abstimmung mit der Marketingabteilung, wie sie dem Film zur größtmöglichen Aufmerksamkeit in der Öffentlichkeit verhelfen können.

Dabei müssen sie ganz unterschiedlichen Konzepten und Interessen gerecht werden. So möchten Regisseur und Schauspieler ihre Arbeit gern als künstlerische Leistung verstanden und an die Öffentlichkeit vermittelt wissen. Die Leute vom Verleih sind an dieser Seite des Films aber meist nur so weit interessiert, wie sie dem Verkauf des Films nicht im Wege steht. Statt intellektueller Diskussion über Stoff, Inszenierung oder darstellerische Leistungen reden sie viel lieber über zündende Action, die neuesten Visual Effects oder den Sex-Appeal der Hauptdarstellerin.

Diese unterschiedlichen Interessen unter einen Hut zu bringen und dabei auch noch eine grandiose Pressestrategie zu entwickeln, ist Aufgabe von Edith Kleibel. »Um in diesem Bereich erfolgreich arbeiten zu können, braucht man eine Menge psychologisches Feingefühl«, erläutert die Berlinerin, die zusammen mit ihrer Schwester Karin die Filmpresseagentur Media Office betreibt und dieses Talent offensichtlich besitzt.

Kleibel ist eine klassische Quereinsteigerin: Gelernt hatte sie ursprünglich einmal Buchhändlerin. Zum Kino kam sie »aus privatem Interesse und Leidenschaft für den Film«. Zunächst nebenbei, später hauptberuflich kümmerte Kleibel sich um die Filmauswahl in einem kleinen Programmkino. Im Verleih lernte sie dann das Handwerk der Pressearbeit in der Praxis. Mit diesem Wissen machte sie ihre eigene Agentur auf. Ihr Arbeitsalltag ist abwechslungsreich. Zu den Aufgaben gehören »ganz normale Büroarbeit, E-Mails bearbeiten, telefonieren, Abrechnungen machen, was eben jeder tut«. Dann gibt es aber auch wieder Phasen, in denen gemeinsam mit Verleih, Produktionsgesellschaft und Regisseuren die Pressestrategie für einen Film erarbeitet wird. Dabei kann es schon mal hoch hergehen, wenn bis zu zehn Menschen gleichzeitig an einem Projekt arbeiten.

Als angenehme Pflicht in ihrem Job empfindet Kleibel, wenn sie auf Filmfestivals den ganzen Tag im Kino verbringen darf: »Wenn ich einen Film auf einem Festival gesehen habe, der mir gefallen hat, versuche ich mich möglichst früh in das Projekt einzubringen.« Oft kommen aber auch die Verleihe direkt auf sie zu, damit sie die PR-Kampagne für einen Film entwickelt.

Ein »ausgeprägtes kommunikatives Talent« sollte man für diesen Beruf schon mitbringen. Kai Meinschien, Redakteur für Presse- und Öffentlichkeitsarbeit beim ARD-Dauerbrenner *Marienhof* für die Münchener Bavaria, findet die PR-Arbeit sogar ausgesprochen »interessant und abwechslungsreich für echte Quasselstrippen«. An seine heutige Stelle kam er über ein Praktikum. Bereits nach vier Tagen erkannte man sein Talent und bot ihm einen Halbjahresvertrag, später die feste Stelle an. »Dabei wollte ich ursprünglich Karosseriedesigner bei Daimler-Benz werden«, wundert sich Meinschien noch heute. Wer in seine Fußstapfen treten will, dem empfiehlt er, die Augen nach Chancen offen zu halten und sich um Praktika bei Firmen zu bewerben, deren Tätigkeitsfeld auf den ersten Blick interessant wirkt und die Neugier weckt, auch mal hinter die Kulissen zu schauen.

Der Weg zum Traumberuf im Filmgeschäft verläuft oft nicht geradlinig, was Quereinsteigern gute Karrierechancen eröffnet. So formalisiert, dass man für alles ein Diplom braucht, ist die Filmbranche glücklicherweise noch nicht. Zwar strömen immer mehr Absolventen der Filmhochschulen und Medienwissenschaften in die begehrten Jobs, aber noch kann man es hier durch gute Leistung schaffen. Ganz wichtig: allmählich gute Kontakte aufbauen. Und Kleibel fügt hinzu: »Ohne Branchenkenntnisse läuft da nichts.« Freundlicher Small Talk auf der soundsovielten Premierenfeier kann zu harter Arbeit werden, und trotzdem muss man nachts um ein Uhr noch charmant und kompetent über das Filmbusiness plaudern können und wichtige Kontakte knüpfen.

Kontaktpflege zu den Vertretern der verschiedensten Medien ist das Wichtigste im Geschäft. Die Pressearbeit beginnt oft schon, bevor der Film überhaupt im Kasten ist. Einige Journalisten werden dann zum Drehort eingeladen, damit sie über das Werk schon in der Entstehungsphase berichten können. Vor dem eigentlichen Kinostart gibt es die Pressevorführung, damit die Frühkritik schon am ersten Abend das Publikum ins Kino lockt. Kleibel organisiert auch häufig die Premierenfeier.

Hier werden die Medienvertreter richtig hofiert mit kaltem Buffet und einer rauschenden Filmparty, natürlich ein »ganz besonderes Event unter dem Motto des aktuellen Films«. Da auf den Inhalt von Berichterstattung in den Medien kein Einfluss genommen werden kann, hofft Kleibel, dass die auf den Partys gnädig gestimmten, gut gelaunten Pressevertreter auch in bester Stimmung ihre Filmkritik verfassen. Weiter geht sie mit ihrer Beeinflussung aber nicht: Journalisten reagieren auf Eingriffe in ihre Unabhängigkeit mit Recht etwas gereizt. Nur mit Fingerspitzengefühl baut man in diesem Geschäft auch langfristig ein gutes Verhältnis zur Journalistenzunft auf.

Bei einem Arbeitstag von 15 Stunden ist eine große Portion Idealismus und Enthusiasmus gefragt. Beste Voraussetzung ist natürlich ein starkes privates Interesse am Film. »Auch eine große Portion Neugierde ist von Vorteil«, so Kleibel. Sie macht im Übrigen keinen Hehl daraus macht, dass zumindest die Neugier auf Stars in ihrem Geschäft befriedigt wird. Mit den Schauspielern einige Tage auf Promotion-Tour zu gehen und sie zu Talkshows, Radiosendern und anderen Interviewterminen zu begleiten, sei »nicht der langweiligste Part des Jobs«.

Info-Box

Auskunft über filmnahe PR-Agenturen sowie weitere Informationen erhält man bei:

Gesellschaft der Public Relations-Agenturen
Schillerstr. 4
60313 Frankfurt/Main
Tel.: (0 69) 2 06 28
Fax: (0 69) 2 07 00
www.gpra.de

Deutsche Public Relations-Gesellschaft
St. Augustiner Str. 21
53225 Bonn
Tel.: (02 28) 9 73 92 87
Fax: (02 28) 9 73 92 89
www.dprg.de

Deutsches Institut für Public Relations
Postfach 101628
41548 Kaarst
Tel.: (0 21 31) 76 89 70
Fax: (0 21 31) 76 89 71

Electronic-Press-Kits

Bis Ende der achtziger, Anfang der neunziger Jahre gab es nur im Kino unter der Überschrift »demnächst in diesem Theater« optische Appetithäppchen fürs Publikum. Die Trailer der neu startenden Filme waren so beliebt, dass sogar Trailer-Rollen – ähnlich der *Cannes-Rolle* mit beliebten Werbespots – zusammengestellt und als eigenes Kinoereignis gefeiert wurden. In abendfüllender Länge schnitt jemand eine Reihe von alten Trailern für Wikinger-Filme zusammen, die in der gedrängten Form oft von unfreiwilliger Komik waren.

Dann kam, zunächst in den USA, die Mode auf, Pressematerial über Kinofilme nicht als Papierberge zu verschicken, sondern die Möglichkeiten des Mediums Fernsehen für das Kino zu nutzen. Jeder Filmstart konnte in den Redaktionen zum Ereignis hochstilisiert werden, ohne die Dreharbeiten durch Horden fremder Journalisten zu stören.

In Deutschland entstand Mitte der neunziger Jahre ein regelrechter Boom von »Making-of ...«-Beiträgen, die über die Dreharbeiten, die Stars und die technischen Tricks der anstehenden Kinofilme berichteten. Spezialfirmen stellten diese Sendungen zusammen, für die der Verleih oder die Produktionsfirma dann Sendeplätze bei den Privatsendern kauften. Allerdings liefen diese Sendungen oft kurz vor Mitternacht, erreichten so nicht unbedingt ihre Zielgruppe und brachten den Sendern auch nicht die erhofften Werbeeinnahmen.

Das Electronic-Press-Kit dagegen boomt. Ein Zusatzpaket für Filme zusammenzustellen, mit Filmausschnitten fürs Fernsehen, mit akustischem Material für die Hörfunkredaktionen, ist mittlerweile ein normaler Bestandteil der Werbekampagne rund um den Filmstart geworden. Die Macher der Verfilmung von J. R. R. Tolkiens *Herr der Ringe* stellten sich sogar ein gutes Jahr vor dem Start des Films eigens auf dem Filmfestival in Cannes mit ersten Bildern der Produktion vor.

Interview

Ralf Eue ist von Hause aus Journalist mit einem Abschluss in Publizistik und hat unter anderem Filmgeschichte und Filmtheorie an der Uni Marburg und der FU Berlin unterrichtet. Bei der Tobis-Filmkunst war er als Pressechef des Verleihs tätig. Seit 1995 produziert er mit seiner eigenen Firma Electronic-Press-Kits und »Making-of ...«-Filme für Kinoproduktionen und Fernsehen.

Frage: Was genau sollen wir uns unter einem Electronic-Press-Kit vorstellen?

Eue: Ein Verleiher möchte vielleicht drei Filmausschnitte à zwei Minuten in die Öffentlichkeit bringen, also meist den einschlägigen Redaktionen der Fernsehsender zur Verfügung stellen. Auf den Videokassetten, die ja mit 20, 30, 60 oder gar 90 Minuten Lauflänge genormt sind, hat noch jede Menge zusätzliches Material Platz. Je nach Budget liefern wir dieses Material. Das können Beobachtungen beim Dreh, Interviews mit den beteiligten Produzenten, Regisseuren oder Schauspielern sein. Im Grunde ist das eine verkürzte Version des »Making-of ...«, die wir selbst gedreht haben, entweder eine so genannte Selected-B-Roll von sieben bis elf Minuten Rohmaterial oder eine E-dited-B-Roll, die schon stärker von uns bearbeitet wurde. Wenn wir einen fertigen Beitrag zum Film herstellen, nennt man das Featurette. Das Press-Kit enthält immer einen Trailer vom Film, einen 30 bis 45 Sekunden langen Zusammenschnitt der interessantesten Szenen.

Frage: Wer legt fest, was die Öffentlichkeit vor dem Film erfahren soll?

Eue: Die Auftraggeber sind Verleiher oder Produzenten, auch Fernsehproduktionen, die entweder zum Zeitpunkt, wenn ein Film fertig abgedreht ist, oder wenn er in die Kinos kommt, das zusammengestellte Material strategisch für die Werbung einsetzen wollen. Wir entwickeln Konzepte für diese Strategie. Ich schaue mir den Film an, und wir besprechen, welche Teile, welche Ausschnitte und welche Menge für welche Art von Werbung zusammengestellt werden soll. Dann wird viel diskutiert, geplant und verworfen, bis alle Beteiligten sich mit der Idee sicher fühlen.

Frage: Wenn man die Trailer und die Fernsehwerbung für Spielfilme so betrachtet, suchen Sie und Ihre Kollegen immer die Szenen mit viel Action und Feuerzauber aus.

Eue: Nicht unbedingt. Es kommt darauf an, für welche Zielgruppe diese Werbung gedacht ist. Für ein Multiplex wählen wir andere Ausschnitte aus als für das Publikum in den Arthouse-Kinos. Sicher, nicht alle Filme, die wir zu bearbeiten haben, sind unsere Lieblingsfilme. Einige Aufträge nehmen wir nur an, um den Laden am Laufen zu halten, während wir bei anderen mit Herz und Seele dabei sind.

Bei manchen Filmen fühle ich mich aber persönlich verpflichtet, ihnen auf die Beine zu helfen, und ich setze alles daran, dass sie viele Menschen ansprechen. In jedem Fall stellen wir die Frage: Was wollen wir preisgeben, was wollen wir zurückhalten? Es werden Spuren gelegt, eine Vorsteuerung, um eine bestimmte Neugier und Fantasie beim Publikum zu wecken.

Frage: Das hört sich nach kreativer Gestaltung an. Verstehen Sie sich als Künstler, als Marketingexperte oder als Berichterstatter?

Eue: Wir sind Realisator und Produzent in einem. Wir brauchen eine große Portion an Kreativität, doch wir müssen auch auf die Wünsche der Kunden eingehen können. Und wir brauchen das Gespür für die Wünsche der Zielgruppe. Die Kunst besteht darin, journalistisch zu denken, ein Konzept für die Tendenz der späteren Berichterstattung zu liefern. Ganz nebenbei muss ich auch etwas von der Technik verstehen. Ich muss zum Beispiel ganz banal wissen, dass Fernsehredaktionen nur Beta-Material oder Digi-Beta senden. Ich drehe also über einen Film selbst nicht auf Filmmaterial, weil sie das gar nicht verarbeiten können. Beim Zusammenschnitt meines Materials sitze ich dann neben dem Cutter am AVID, da brauche ich auch die Erfahrung, zu wissen, was so ein Bildbearbeitungssystem kann, wie ich das Ergebnis optisch interessant gestalte.

Frage: Sind die Investitionen in diesem Bereich nicht sehr hoch?

Eue: Das ist eine Frage der Lebenseinstellung. Für mich habe ich beschlossen, dass ich nur ein Minimum an eigenem technischem Zubehör will. Bei Bedarf miete ich einen AVID-Schnittplatz oder leihe mir die Ausrüstung. Ich möchte mich dem Innovationsterror bei der Videotechnik nicht aussetzen. Dann bleibt zu wenig Zeit für die inhaltliche Arbeit.

Frage: Woher bekommen Sie das Material für Ihre Ideen?

Eue: *Der Krieger und die Kaiserin* von Tom Tykwer – nebenbei, mein absoluter Lieblingsfilm – war ein gutes Beispiel für wirklich ideale Arbeitsbedingungen. Wir waren vom ersten Tag an am Set und haben während dieser Zeit viel Zusatzmaterial gedreht, das wir dann beim Kinostart verwenden konnten. Nach *Lola rennt* war es wichtig, die ganz andere filmische Umsetzung des neuen Films 'rüberzubringen, damit das Publikum auf diese anders geartete Produktion eingestimmt war. Natürlich wollten wir auch Lust machen, sich diesen Film anzusehen. Die Arbeit war ideal, weil ich zum einen den Film fantastisch fand, und außerdem war die enge Zusammenarbeit mit dem Regisseur spannend, kreativ und lustvoll.

Frage: Wie kann man sich auf einen Job im Bereich EPK am besten vorbereiten?

Eue: An der Filmhochschule in Ludwigsburg gibt es entsprechende Seminare, auch an der DFFB in Berlin gibt es einige Nebenveranstaltungen zum Thema. Es werden beispielsweise Leute aus Presseabteilungen eingeladen, die über ihre Arbeit berichten. Einen regelrechten Studiengang gibt es meines Wissens nicht in dem Bereich. Vielleicht ist der Einstieg über die Teams, die in den großen Sendern die Eigenwerbung gestalten, eine Möglichkeit.

Frage: Gehen Sie überhaupt noch privat ins Kino?

Eue: Ich schaue mir gern Filme an und überlege mir schon beim Anschauen, in welcher Form er beworben werden könnte, um auch die richtigen Leute ins Kino zu locken. Welcher Film ist für welche Zielgruppe ideal? Ich liebe eben den Film an sich, das Kino, meine Arbeit.

Info-Box

Sendeanstalten, die Trailer für Eigenproduktionen herstellen:

ARTE
2A, rue de la Fonderie
F-67080 Strasbourg Cedex
Tel.: 00 33 (3) 88 14 22 55
Fax: 00 33 (3) 88 14 21 60
Tel.: (01 80) 5 00 24 88 (nur von
Deutschland aus)
www.arte.tv.com

Für die Sender ProSieben und Kabel1:
ProSieben Digital Media
Medienallee 7
85774 Unterföhring
Tel.: (0 18 05) 27 77 77
www.pro-sieben.de

Sat.1
Jägerstr. 32
10117 Berlin
Tel.: (0 30) 20 90-0
Fax: (0 30) 20 90-23 47
www.sat1.de

RTL NEWMEDIA
Coloneum 1
50829 Köln
Tel.: (02 21) 7 80-0
Fax: (02 21) 7 80 40 89
www.rtl.de

MTV Networks Music Television
Ackerstr. 14
10115 Berlin
Tel.: (0 30) 2 88 75-0
Fax: (0 30) 2 88 75-2 99
www.mtve.com
jobs@mtv.com

ORF-Zentrum Wien
Würzburggasse 30
A-1136 Wien
Tel.: 00 43 (1) 8 78 78-0
www.orf.at

ZDF – Zweites Deutsches
Fernsehen
55001 Mainz
Tel.: (0 61 31) 70-1
Fax: (0 61 31) 70-21 57
www.zdf.de

Schweizer Fernsehen DRS
Fernsehstr. 1–4
CH-8052 Zürich
Tel. 00 41 (1) 3 05 66 11
Fax: 00 41 (1) 3 05 50 94
www.sfdrs.ch

Kinoleiter

»Reihe 10, Platz 16«: Wenn ein Filmfreak so über seine frühen Kinojahre zu erzählen beginnt, weiß der Zuhörer, dass die Rede ist von einem der alten Kiezkinos mit Stuckdecke und Samtvorhang, die seit langem zu Supermärkten und Möbelhäusern umgebaut sind. Nach der ersten Welle des Kinosterbens in den sechziger und siebziger Jahren traten kommunale Filmtheater und Programmkinos an die Stelle der alten Kinos, in denen *Ben Hur* oder *Der Förster vom Silberwald* Premiere hatten.

Im neuen Jahrtausend geraten nun auch die Programmkinos – auf Neudeutsch: Arthouse-Kinos – unter Druck. Immer mehr Lichtspielhäuser, insbesondere Multiplexe, eröffnen, aber die Besucherzahlen nehmen nicht im gleichen Maße zu. Im ersten Halbjahr des Jahres 2000 entstanden 236 neue Kinosäle in Deutschland – nahezu doppelt so viele wie im Vergleich zu den Vorjahren (1999: 132 und 1998: 131), gleichzeitig mussten 135 Kinos schließen.[28] Die Konsequenz: Die bequemen Multiplexe gefährden die Mainstream-Kinos, weil sie die gleichen Filme spielen. Die großen Kinos versuchen daher, sich als Programmkinos zu profilieren, und am Ende der Kette kämpfen die Programmkinos ums Überleben.

»Popkorn gibt es bei uns nicht!« Der Filmtheaterleiter des Berliner Kant-Kinos, Randolf Böttcher, will damit nicht sein Publikum verärgern und die Erwartung der Zuschauer auf ein gelungenes Kinoerlebnis enttäuschen. Sein Satz dokumentiert vielmehr eine klare Absage gegen »das Popkorn einwerfende Publikum der Multiplexe«. Das traditionsreiche Haus in der alten Berliner Kinohochburg Charlottenburg schlägt sich »noch ganz gut durch. Wir machen immerhin keine Verluste«, freut sich Böttcher, »aber um Geld zu verdienen, bräuchte man mehr Besucher.« Kleine Erfolge kann er verzeichnen: »Für ein Kino wie das Kant sind 8 000 Besucher pro Film schon guter Durchschnitt, bei *Brot und Tulpen* waren es 25 000. Das macht denn auch wieder Mut.«

Böttcher ist mit dem Kino schon seit über einem Jahrzehnt verbandelt. Mitte der achtziger Jahre arbeitete der gelernte Elektriker als Mädchen für alles für die Band *Trio* und war als Roadie dabei, als sie 1986 im Berliner Kant-Kino spielten. Der damalige Kinobetreiber Reinhard »Conny« Konzack hatte eine starke Affinität zur Musik, er managte nebenbei die Gruppe *Ideal* und veranstaltete in diesem Kino viele – heute zum Teil legendäre – Konzerte, wie die von *Blondie*, *Iggy Pop*, den *Boomtown Rats*, den *Talking Heads*, *Nico* und vielen mehr.[29]

Nach dem *Trio*-Gig war Böttcher um einen wichtigen Kontakt reicher und jobbte als Kartenabreißer im Kant-Kino neben seiner Arbeit als Elektriker. Denn Kinos sind seiner Ansicht nach »als riesige technische Anlage ideal für einen Handwerker«. Außerdem machte er seinen Meister und eine Fortbildung zum Betriebswirt des Handwerks. Gut zehn Jahre nachdem er als Kartenabreißer im Kant-Kino angefangen hatte, wurde dort die Stelle des Theaterleiters frei. Böttcher sprang zunächst als Schwangerschaftsvertretung ein. »Aber dann wollte mich der Chef nicht mehr gehen lassen«, erzählt er. Seit August 2000 leitet er ein weiteres Kino, das »Filmkunst 66«, dessen ehemaliger Betreiber trotz hohen Einsatzes schließlich aufgeben musste. »Er war sehr engagiert und kämpfte gegen die Übermacht der Multiplexe – aber leider vergeblich.«

Damit ist Böttcher nun für zwei echte Berliner Traditionskinos verantwortlich. Obwohl man für den Job gute Nerven und einen ausgeprägten Kampfgeist braucht, macht Böttcher die Arbeit Spaß. »Ich bin hier am richtigen Ort«, meint er, »besonders weil die Arbeit so viel Selbstständigkeit verlangt.« Der Kinoalltag besteht für Böttcher vor allem darin, das Programm zu gestalten und passende Filme auszusuchen. Er entdeckt sie auf den Trade-Shows der Verleiher oder auf Festivals. Viele Verleiher nutzen sein Kino für Pressevorführungen, so kann er sich dabei deren Filme schon mal ansehen.

»Wenn ich einen Film für potenzielle Ware halte, muss ich mich natürlich schlau machen, aber es gibt auch Filme, die ich blind buche.« Der Rockmusikfilm *Almost famous* war so ein Fall. Da sei der Verleih vier Monate vor Filmstart von sich aus auf Böttcher zugekommen, denn »der Film passte einfach optimal zum musiklastigen Kant-Kino!« Der wichtigste Tag für die Programmplanung ist der Montag: »Dann wird die nächste Kinowoche programmiert.« Sie beginnt mit dem Donnerstag, dem Starttag für neue Filme.

Eigentlich beträgt die Mindestspielzeit für einen Film fünf Wochen. Wenn ein Film nicht so ankommt, kann Böttcher ihn in einen seiner kleineren Säle legen. »Bei einem Kino wie dem Kant mit drei Sälen tut das nicht so weh. Ich versuche, so viel wie möglich zu buchen, damit man flexibel ist, wenn ein Film nicht so gut läuft.« Außer für die Programmschiene ist Böttcher auch für seine Crew verantwortlich. Rund 15 Leute arbeiten für ihn, Filmvorführer, Kartenabreißer, Putzleute oder Süßigkeitenverkäufer. Auch für die Einstellung neuer Mitarbeiter ist er verantwortlich. Auf seinem Schreibtisch landen etliche Bewerbungen. Da helfe es, »wenn man jemanden im Kino kennt«, gibt er zu, »das macht die Sache für beide Seiten einfacher«.

Böttcher lässt seinen Häusern eine Rundum-Betreuung zukommen, selbst für das Anbringen der Außenreklame fühlt er sich noch verantwortlich. »Damit es mir gefällt, mache ich das lieber selber.« Vor allem aber muss er jederzeit erreichbar sein. »Das Handy ist immer eingeschaltet, auch nachts um halb eins, falls das Kino mal unter Wasser steht. Dann fahre ich natürlich raus.« Man sollte sich für nichts zu schade sein als Kinoleiter, findet er, »notfalls putze ich eben die Säle, wenn der Putzmann mal krank ist«. Und schließlich organisiert er auch den Nachschub von Getränken und Süßigkeiten, denn der Nebenverkauf ist eine wichtige Einnahmequelle. Allerdings: Popkorn steht dabei nicht auf der Einkaufsliste.

Info-Box

Bei der AG Kino kann der *Leitfaden zur Kinoförderung in Deutschland* bestellt werden:

Arbeitsgemeinschaft Kino e. V.
Allende-Platz 3
20146 Hamburg
Tel.: (0 40) 44 40 00
Fax: (0 40) 45 94 01

Hauptverband der Filmtheater
Kreuzberger Ring 56
65205 Wiesbaden
Tel.: (06 11) 72 34 27
Fax: (06 11) 72 34 03

Filmvorführer

Dass man es als Filmvorführer durchaus weit bringen kann, zeigt das Beispiel des Erfolgsregisseurs Tom Tykwer. Mit 16 Jahren ergatterte er einen Job als Kinovorführer, der mit einem weiteren Highlight für den Filmnarren verbunden war: dem Generalschlüssel für das Kino. Bis tief in die Nacht hinein konnte Tykwer Filme anschauen. Nach dem Abitur zog er nach Berlin, wo er noch weitere zehn Jahre in einem Kreuzberger Programmkino arbeitete.

Die Bandbreite der Menschen, die sich von diesem Job angezogen fühlen, reicht von reinen Technikern bis hin zu echten Filmfreaks. Von den Filmvorführern, die zur »Filmfreakfraktion« gehören, träumen nicht wenige von einer eigenen Karriere als Filmemacher à la Tykwer.

»Ein geflügeltes Wort der Branche lautet: Es gibt Filmvorführer und Filmeinleger«, so der Berliner Hans-Werner Thiele. Er kennt sowohl die Arbeit in kleinen Kinos mit nur einer Leinwand, in denen der Vorführer außerdem Süßigkeiten verkauft und die verstopfte Toilette repariert, als auch die großen Kinokomplexe. »In den kleineren Kinos kann man zwischen den Filmen mit den anderen Mitarbeitern plaudern. In einem größeren Kino oder etwa einem Multiplex-Kinocenter ist es allerdings vorbei mit der Gemütlichkeit. Bei so vielen Leinwänden, die dort gleichzeitig bespielt werden, kann es richtig stressig werden. Kaum ist der Film in einem Kino eingelegt, muss der Vorführer schon zum nächsten hetzen und weiter zum nächsten.«

Früher, als Filmmaterial noch in Flammen aufgehen konnte, mussten die Filmvorführer die ganze Zeit im Vorführraum bleiben, sahen deshalb die Filme immer wieder und wurden so regelrechte Experten. Damals war Vorführer ein Lehrberuf, heute ist er oft nur ein Nebenjob für Studenten. Da Kinos sieben Tage in der Woche geöffnet haben, brauchen die Betreiber Mitarbeiter, die zeitlich flexibel einsetzbar sind. »Der ideale Nebenjob«, findet Thiele, der sich selbst übrigens eher zur »Träumerfraktion« zählt.

Sein Weg führte vom studentischen Aushilfsfilmvorführer über die Position als Teamleiter der Filmvorführer zum Filmtheaterleiter. Nach Abschluss seines Betriebswirtschaftsstudiums wechselte er als Filialleiter zum Filmverleih der deutschen *Columbia TriStar* in Berlin und kommt jetzt mit eigenen Drehbuchprojekten seinem eigentlichen Ziel beim Film immer näher. Die intime Kenntnis von Publikumsreaktionen und dem Umfeld, in dem ein Film schließlich rezipiert wird, kann dabei nicht schaden.

Die Faszination des Jobs liegt für Thiele »in der Mischung aus Technik und dem Mythos Kino«. Der Filmvorführer ist meist der Erste, der das Kino betritt, um Film und Projektor vorzubereiten. Filmkopien werden nicht vorführbereit transportiert, sondern aktweise verpackt, das heißt auf mehreren kleinen Rollen. Auf den klassischen Projektoren kann nur eine Filmrolle in dieser Größe abgespielt werden. Anhand einer vorgestanzten Markierung oder einer, die der Vorführer mit Fettstift anbringt, wird nach der ersten Rolle auf einen zweiten Projektor übergeblendet.

Die meisten großen Kinos arbeiten heute allerdings mit »Tellern«, auf denen der gesamte Film untergebracht wird. Der Vorführer spielt die Akte auf diese flachen Metallplatten, indem er sie in richtiger Richtung aneinander klebt. Dabei müssen Werbung, Trailer und eventuell noch ein Vorfilm und schließlich die etwa sechs Rollen des Hauptfilms in die richtige Reihenfolge gebracht werden. Es gibt drei Bildformate: Cinemascope, Breitwand und Normal. Jedes Format verlangt ein eigenes Objektiv auf dem Projektor, auch die Leinwand muss entsprechend eingerichtet werden. Wenn der Film eingelegt ist und läuft, wird die Bildschärfe und manchmal auch der Ton überprüft. Dann ist die Arbeit des Vorführers getan – wenn alles gut geht.

Die Pannen, die passieren können, empfindet Thiele eher als unterhaltsame Abwechslung: »Wenn mal was schief geht und sich das Publikum nicht meldet, kann es mitunter auch richtig schön stressig werden, aber das hält fit.« Daher sollte man »keine Angst vor Hektik haben« und ruhige Hände behalten, wenn der Film einmal reißt und geklebt werden muss.

Besonders bei den Multiplex-Kinocentern mit bis zu 20 Leinwänden, von denen es bis Juni 2000 bundesweit schon 117 gab, besteht die Gefahr, dass es eine Weile dauert, bis der Vorführer solche Pannen behebt, die allerdings nur noch äußerst selten passieren[30]. Wer in solch einem modernen Kinokomplex arbeitet, braucht vor allem eines: Kondition. Denn die Vorführer betreuen mehrere Filme in verschiedenen Sälen gleichzeitig, flitzen zwischen den Vorführräumen, in denen sich die riesigen Filmspulen drehen und Projektoren brummen, hin und her.

Eine negative Seite hat der Job, wie Thiele augenzwinkernd zugibt. Vorführer werden meist nur wahrgenommen, wenn die Illusion auf der Leinwand nicht so perfekt ist, wie sie sein sollte, wenn das Bild unscharf ist, wenn es wackelt, wenn kein Ton kommt oder wenn der Film stehenbleibt. Deshalb: »Weil man bei dem Job meistens allein in der dunklen Kammer ist, besteht die Gefahr, etwas eigenbrötlerisch zu werden.« Nur in den Festspielkinos erhalten die Vorführer während der Filmfestivals mitunter Besuch, wenn sich ein Regisseur oder Leinwandstar vor dem Rummel in die Abgeschiedenheit ihres dunklen Refugiums flüchtet. Dann ist der Vorführer plötzlich mitten drin in der Welt des Films.

Info-Box

Für die Bewerbung als Filmvorführer ist es optimal, einen Sinn für Technik und handwerkliche Grundkenntnisse mitzubringen, zum Beispiel in der Elektrotechnik oder als Gerätemechaniker. Neben der Betreuung und Organisation der Vorführungen überwacht der Filmvorführer oft auch die Haus- und Sicherheitstechnik des Hauses, reinigt die Projektoren und nimmt Öl- oder Kolbenwechsel vor. Für einen Job in Filmtheatern können Interessenten direkt beim Kino vorsprechen.

Zu den größeren Kinobetreibern mit Häusern in zahlreichen Städten gehört:

Cinemaxx
Semperstr. 26
22303 Hamburg
Tel.: (0 40) 45 06 80
Fax: (0 40) 45 06 82 01
www.cinemaxx.de

Einen Operateur-Kursus bietet:

Focal – Schweizerischer Kinoverband (SKV)
Effingerstr. 11
CH-3001 Bern
Tel.: 00 41 (31) 3 81 50 77

Günter von Hochmeister, *Handbuch für den Filmvorführer. Filmkopie, Geräte und Technik der Filmprojektion, Sicherheitstechnik*, München 1983

Videothek

Ihr Motto: »Das Leben ist zu kurz für schlechte Filme«. Mit viel Liebe zum Medium Film, detektivischem Spürsinn und Organisationstalent haben die »todesmutigen Filmenthusiasten« vom Berliner Videodrom über 20 000 Filmtitel zusammengetragen. Statt eines Sortiments »von Hollywood bis Hollywood«, wie es die großen Kettenvideotheken anbieten, findet der Filmfreak hier englische Originaltitel, Off-Kino, Science-Fiction-Klassiker, asiatische Filme, schwule und lesbische Produktionen, jede Menge Kunst und jede Menge Trash.

Die Leute vom Berliner Videodrom pflegen ihre Kontakte zu anderen Filmliebhabern rund um den Erdball. Wann immer sie davon hören, dass jemand die Kopie irgendeiner cineastischen Rarität besitzt, strecken sie ihre Fühler aus. Zur Freude der Kunden oftmals mit Erfolg. Ins Videodrom kommen Studenten der Filmhochschulen, Kunsthistoriker, Journalisten, Redakteure, Künstler und Kritiker, die genau wissen, was sie wollen, und genau wissen, wovon sie sprechen. Ebenso wie Videothekare verfügen sie über ein breites Wissen, kennen auch weniger erfolgreiche Regisseure und B-Movies, diskutieren Kameraeinstellungen und Special Effects, vergleichen die Arbeiten dieses oder jenes Cutters.

Studenten kommen, um sich über einen Meisterregisseur zu informieren. »Aber die Diplomarbeiten müssen sie schon noch selber schreiben«, kommentiert einer der Videothekare die Hilfestellung, die jeder der Experten hier auch zu entlegenen Filmthemen geben kann. Während der Filmfestspiele geht es im Laden drunter und drüber. Journalisten und Filmfreunde aus aller Welt, die womöglich das Gesamtwerk von Fellini oder Fassbinder oder die komplette Ausgabe der Kultserie *The Avengers* (deutscher Titel: *Mit Schirm, Charme und Melone*) nach Hause tragen wollen, stöbern zwischen den Regalen.

Diese Videothek ist eine Mischung aus mehr oder weniger straff geführtem Wirtschaftsunternehmen und dörflicher Leihbibliothek. Bauchschmerzen bereiten den Videothekaren säumige Kunden. Keine Versicherung kann den wahren Wert einer filmischen Sehenswürdigkeit ersetzen, die jemand in seinem häuslichen Chaos verlegt hat. Die Filme sind oft Einzelstücke, das Videodrom ist kein Ort für Massenware.

Wenn ein Kunde ein Leihvideo nicht mehr zurückbringt, bedeutet das oft einen unwiederbringlichen Verlust. Die Arbeit, die im Aufspüren seltener Kopien steckt, kann keiner ersetzen. Das Verzeichnis lieferbarer Videofilme gehört bei der Suche zu den eher unwichtigen Quellen. Vor allem Sprachkenntnisse sind nützlich, um Verhandlungen zu führen, und cineastisches Know-how ist gefragt, wenn Originalfassungen identifiziert werden sollen.

Für ihre Liebe zum Film nehmen die Videothekare vom Videodrom die Schichtarbeit im Wechsel mit den Kollegen und das lange Stehen hinter dem Ladentisch in Kauf und bringen endlose Geduld für das Beantworten von Fragen auf. »Wir hatten hier mal einen Mitarbeiter, der war ein organisatorischer Chaot. Aber wenn es voll wird, muss man schon mehrere Kunden gleichzeitig bedienen können. Das ist eben auch ein ganz normaler Dienstleistungsberuf.« Manches ist im Videodrom wie in jeder anderen Videothek.

Seit dem Jahr 1999 kann man in Hamburg, seit 2000 in Berlin zum Videothekar ausgebildet werden. Die marktführenden Videotheken Berlins wurden 2001 von der örtlichen Industrie- und Handelskammer für ihre vorbildliche Ausbildungsleistung ausgezeichnet. Die Lehre endet mit dem Erwerb des Titels eines Einzelhandelskaufmanns, Fachrichtung Home-Entertainment. Im Videodrom ist es mit Nervenstärke und technischen Kenntnissen von DVD und Videoformaten allein nicht getan: »Ein Zwanzigjähriger hat einfach noch nicht genug Filme gesehen.«

Die gute Ausbildung der Videothekare begründet gerade den wirtschaftlichen Erfolg des Videodroms und der anderen Filmkunstvideotheken. Das unterscheidet sie deutlich von der Gesamtbranche. Trotz einer beträchtlichen Wachstumsrate in den neuen Bundesländern nahm die Zahl der Videotheken kontinuierlich ab. Zwischen 1998 und 2001 schlossen in Deutschland jedes Jahr etwa 500 Videotheken ihre Pforten.[31] Auch der vielversprechende Start der DVD als neuem Motor im Home-Entertainment konnte diesen Trend noch nicht umkehren.

Das Videodrom mit seinen besonderen Filmen kann hingegen über einen Publikumsrückgang nicht klagen. Manch einer, der nur eine Rarität im Archiv des Verleihs suchte, wurde zum Stammkunden. Im Versand beliefert man auch auswärtige Filmliebhaber mit Kaufkassetten, Filmmagazinen, Literatur oder Merchandising-Produkten. Die Internetseite des Videodroms ist im Aufbau (www.videodrom.com).

Reich wird man in diesem Metier nicht, aber es ermöglicht den Filmfreaks, ihre Leidenschaft für den Film einigermaßen auskömmlich mit dem Broterwerb zu verbinden. Die meisten der sechs bis sieben ständigen Mitarbeiter im Videodrom jobben noch in anderen Berufen, die – wie könnte es anders sein – auch mit dem Film zu tun haben. »Die meisten von uns machen Musik oder schreiben Filmkritiken oder assistieren am Set«, erzählt einer von ihnen.

Info-Box

Weitere Informationen bei:

Interessenverband des Video- und Medienhandels in Deutschland e. V.
Hartwichstrasse 15
40547 Düsseldorf
Tel.: (02 11) 57 73 90-0
Fax: (02 11) 57 73 90-69
www.ivd-online.de

Bundesverband Video/FAM
Vereinigung der Video-Programmanbieter Deutschlands e. V.
Deichstr. 19
20459 Hamburg
Tel.: (0 40) 36 90 56-0
Fax: (0 40) 36 90 56-10
www.bv-video.de

Videothekenförderung zur Modernisierung, Neuerrichtung und Verbesserung bietet die:

Filmförderungsanstalt (FFA)
Grosse Präsidentenstrasse 9
10178 Berlin
Tel.: (0 30) 2 75 77-0
Fax: (0 30) 2 75 77-1 11
www.ffa.de

Informationen zur Videothekar-Ausbildung in Hamburg und Berlin gibt es bei:

IHK zu Berlin	Handelskammer Hamburg
Fasanenstr. 85	Adolphsplatz 1
10623 Berlin	20457 Hamburg
Tel.: (0 30) 3 15 10-0	Tel.: (0 40) 36 13 80
Fax: (0 30) 3 15 10-2 78	Fax: (0 40) 36 13 84 01
www.IHK-Berlin.de	www.hamburg.ihk.de

Weitere Berufe im Bereich Filme verkaufen

Disponent

Wenn ein Film wie *Pearl Harbor* oder *Mission Impossible* mit einigen hundert Kopien gleichzeitig startet, sind es die Disponenten in der Verleihfirma, denen das Arbeit macht. Sie verteilen die Kopien auf die Kinos und rechnen später den Anteil des Verleihs an den Eintrittsgeldern ab. Natürlich sind sie auch zuständig, wenn ein Arthouse-Kino einen alten Schwarz-Weiß-Klassiker ins Programm aufnimmt, von dem oftmals nur wenige Kopien zur Verfügung stehen. Der Disponent klärt in diesem Fall, ob und wann der begehrte Streifen verfügbar ist und wann er geliefert werden kann.

Rechtehändler

Filme, auch große Fernsehproduktionen, sollen dem breiten Publikum so oft wie möglich angeboten werden: im Kino, im Fernsehen, in der Videothek und neuerdings auch im Internet. Rechte-händler verkaufen nicht die Filmrollen oder DVDs – sie handeln aus, was es jeweils kostet, einen Beitrag in allen Dritten Program-men der ARD zeigen zu können oder nach Indien zu exportieren.

9.

Theorie und Praxis rund um den Film

Der legendäre Studioboss Samuel Goldwyn ist nicht nur wegen seiner Filme wie *Ben Hur* (der Schwarz-Weiß-Film von 1925), *Sturmhöhe* (aus dem Jahr 1939 mit dem jungen Laurence Olivier) oder *Porgy und Bess* (1959) berühmt, sondern auch wegen seiner lockeren Sprüche. Ein Satz, dessen Urheberschaft ihm zugesprochen wird, soll die Replik auf eine Einladung gewesen sein: »Include me out«. Übersetzt heißt das so viel wie: »Setzen Sie mich auf die Liste derer, die ausgeschlossen sind.«

Wenn dieses Kapitel auch ... *rund um den Film* heißt, bedeutet das nicht, dass die Berufe, die hier versammelt sind, von der Welt des Films ausgeschlossen sind. Im Gegenteil: Filmkritiker etwa sorgen dafür, dass die Öffentlichkeit von lohnenden Geschichten erfährt; Filmrestauratoren bewahren die Meisterwerke der letzten hundert Jahre Kino vor dem Verfall oder suchen geduldig die Teile verloren gegangener Kopien zusammen; Filmhistoriker untersuchen die Geschichte des Films, der Film- und Darstellungstechnik und der Filmrezeption.

Neben diesen eher theoretischen Tätigkeiten rund um das Kino gibt es auch Jobs für praktische Menschen. Das Talent zu kochen, wird von Schauspielern wie Bühnenarbeitern gleichermaßen geschätzt – Film-Catering ist eine noch junge, aber aufstrebende Spezialisierung der gastronomischen Zunft. Und nicht erst seit dem Film *Bodyguard* besteht eine enge Beziehung zwischen Stars und Security: Ohne den gehörigen Abstand zum Publikum könnten die Diven und Helden womöglich ihre Magie verlieren.

Filmkritiker

Alex Mende, der Bodybuilder aus Chemnitz, schaut Filme nach ganz eigenen Kriterien an: »Da sitzt du im Kino, in einem Film mit Stallone, mit Schwarzenegger, da guckst du auf diese Muskeln.«[32] Für Mende schreibt und spricht Rainer Veit, Filmkritiker beim Berliner Inforadio, sicher nicht. Er wendet sich mit seinen Berichten über die frisch gestarteten Filme der Woche an Menschen, die einen ähnlichen Erfahrungshintergrund wie er selbst haben.

»Es gibt genügend junge Kritiker, die sollen für ein jüngeres Publikum schreiben«, sagt Veit. Dahinter steckt ein Stück Gelassenheit und Toleranz gegenüber Zuschauern wie Alex Mende, eine Haltung, die jeden im Dunkel des Vorführraums nach seiner Façon selig werden lässt.

Veits besonderes Talent liegt darin, Filme so zu beschreiben, dass der Hörer oder Leser glaubt, den Film bereits gesehen zu haben. Während die Kritikerkollegen noch streiten, ob das Stalingrad-Epos *Das Duell* von Jean-Jacques Annaud gelungen ist, bringt Veit seine Meinung in knappen Worten auf den Punkt, gleich als er aus dem Kino kommt. Dies sei eigentlich ein Kammerspiel, berichtet er in überraschender Antithese zur Vorabreklame über Tausende von Statisten und hohe Investitionskosten. *Das Duell* sei eine Auseinandersetzung zwischen Held und Anti-Held, »ein Western, der in eine überdimensionierte Kulisse verlegt ist«. Schon weiß man, dass man sich wohl nicht auf die existenzielle Brutalität von *Apocalypse Now* einstellen muss, aber auch kein *Tora!Tora!Tora!* des Ostens sehen wird.

Eine Filmkolumne soll pfiffig formuliert sein und soll einen Unterhaltungswert haben, fordert Veit. »Klare Worte von unserem Filmkritiker Rainer Veit«, lautete die Abmoderation nach einem seiner Beiträge, in dem er sich ausführlich mit »dem wunderbaren Dokumentarfilm *Black Box BRD*« befasst und empfohlen hatte, den Rest der Neustarts schnell zu vergessen.

Allerdings, betont Veit, habe er beim Berliner Inforadio auch die Freiheit, seine eigenen Kriterien anzulegen. Für Fachzeitschriften wie etwa *Blickpunkt: Film* zu schreiben, bedeutet, die ökonomischen Kriterien der Filmwirtschaft zu berücksichtigen. Die Klientel der *ZEIT* oder der *BILD*-Zeitung hat unterschiedliche Maßstäbe, wird von unterschiedlichen Elementen eines Films unterhalten.

Der gelernte Literaturwissenschaftler analysierte zwar schon in Seminaren Filme, in die Wiege gelegt war ihm der Beruf aber nicht. Sein Handwerk hat er als Journalist gelernt, auch heute moderiert er noch aktuelle Nachrichtensendungen. Das hilft bei der Einordnung der Filme in die wirkliche Welt. »Nur Filmkritiker, das ist doch kein Beruf für einen erwachsenen Menschen«, sagt er mit einem Augenzwinkern. Trotzdem, es sei eine wichtige Aufgabe, die populäre Kultur, die Massenkultur kritisch zu begleiten. Dazu gehöre die Filmpolitik, und dazu gehöre auch, mit den Filmschaffenden zu sprechen, sich mit den Hintergründen vertraut zu machen.

Veit führt ausführliche Gespräche mit Regisseuren und Produzenten oder etwa dem neuen Berlinale-Chef Dieter Kosslick, innerhalb und außerhalb seiner Sendungen. Dabei hat er die innere Debatte darüber, ob man die Entstehungsgeschichte und die Schwierigkeiten bei der Produktion eines Films unbedingt kennen muss, um ihn zu kommentieren, noch nicht abgeschlossen.

Im Kino zu sitzen und nach den ersten drei Minuten zu merken, dass der Film, der auf der Leinwand läuft, gut ist, macht die Highlights des Berufs aus. Darüber kann er schnell und begeistert schreiben. Notizen macht er sich nicht: »Was du vergisst, war es auch nicht wert, erwähnt zu werden.« Manchmal vergeht allerdings einige Zeit zwischen Kinobesuch und Kritik, denn viele Filme sieht Veit schon auf den großen Festivals. Beim Kinostart der deutschen Fassung schaut er sich nur gute Filme noch einmal an. Überhaupt machen Filmfestivals wie das von Cannes den Profis gar nicht so viel Spaß, wie der gewöhnliche Filmfan annehmen mag: »Ab morgens um acht Uhr im Kino zu sitzen und einen schlechten Film nach dem anderen zu sehen, ist harte Arbeit.« Er gehe auch aus Filmen raus, wenn es zu furchtbar sei, gesteht er und zitiert den Theaterkritiker Alfred Kerr: »Man muss ein faules Ei nicht aufessen, wenn man riecht, dass es stinkt.« Seinen eigenen Beitrag zur Steigerung der Kinoqualität leistet Veit mit seiner Arbeit für einen Filmförderer, für den er eingereichte Drehbücher beurteilt.

Was er von Filmen erwartet? Filme sollten starke Emotionen wecken, durch genaue Menschenbeobachtung anrühren, zentrale Themen des Lebens ansprechen. Die Qualität hänge nicht von der filmtechnischen Experimentierfreude, sondern vom intelligenten Einsatz der filmischen Mittel ab. Veit nennt neben Fassbinders *Faustrecht der Freiheit* ausdrücklich *Solange es Menschen gibt* von Douglas Sirk als einen seiner Lieblingsfilme. In beiden Filmen werden seiner Meinung nach die menschlichen Beziehungen in all ihren Facetten geschildert.

Damit gehört er sicher nicht zu der Kritikerfraktion, die Hollywood-Kino per se ablehnt. Kurt Scheel, Mitherausgeber der Zeitschrift Merkur, hat sich gegen die intellektuelle Kritikerelite folgendermaßen zur Wehr gesetzt: »Ich bin dezidiert der Ansicht, dass das Kino kein Ort der Pädagogik und Belehrung werden soll. Die wissenschaftliche Beschäftigung mit schönen Büchern und schönen Bildern hat zweifellos zu viel Unheil und Abgötterei geführt, das Gute, Schöne, Wahre (Fußball, Arno Schmidt, Kino) muss vor Erziehern und Kommentatoren mittlerweile eher geschützt und versteckt werden.«[33]

Diese Replik galt einem allzu philologisch geratenen Aufsatz, in dem zur Analyse von *Das Schweigen der Lämmer* neben Motiven entlegener altgriechischer Kulte auch sakrale Kunstwerke der westlichen Malerei als »Chiffren« herangezogen wurden. Scheel formuliert zu diesem Film ebenso drastisch wie knapp: »Im Prinzip habe ich natürlich nichts gegen Perversionen – aber man wird doch gerne vorher gefragt, ob man teilnehmen möchte.« Rainer Veits Rat an Nachwuchskritiker scheint ein hintergründiger Kommentar zu dieser Debatte: Wichtig sei, das zu besprechen, was auf der Leinwand zu sehen ist.

Für den Anfang empfiehlt er, schreiben und gucken zu lernen. Das bedeutet erst einmal, wirklich viele Filme, gute wie schlechte, zu sehen und zu analysieren. Zum anderen muss das Handwerk gelernt werden: in Volontariaten bei den Printmedien, zum Beispiel auch im neuen Zusatzstudium »Kulturjournalismus«, das die Berliner Hochschule der Künste Studierenden aus anderen Fächern anbietet. Manche Programmkinos haben kostenlose Hauszeitschriften, die – allerdings gegen sehr geringes Honorar – Kritiken

von Anfängern abdrucken. Auch Stadtmagazine nehmen Bespre-
chungen ohne Ansehen des Namens: »Die gucken auf den Text.
Wenn der gut ist, kriegt man seine Chance.«

Info-Box

Weitere Informationen bei:

Bundesverband der deutschen Filmkritik
Im Brunnenhof 30
50999 Köln
Tel./Fax: (0 22 36) 9 67 57

Einen Aufbaustudiengang Kulturjournalismus gibt es an der Hochschule
der Künste in Berlin. Der Master-Studiengang richtet sich an Hochschul-
absolventen aus beliebigen Fächern und wird ab 2002 in enger Zusammenarbeit mit Experten aus Print- und AV-Medien durchgeführt.

Hochschule der Künste Berlin (HDK)
Mierendorfstr. 30
10589 Berlin
Tel.: (0 30) 31 85-25 86
Fax: (0 30) 31 85-26 59
www.hdk-berlin.de

Eine Kulturjournalistenausbildung bietet die

Bayrische Theaterakademie
im Prinzregententheater
Prinzregentenplatz 12
81675 München
Tel./Fax: (0 89) 21 85 28 23
www.staatstheater.bayern.de/akademie

Siegfried Kracauer, *Theorie des Films. Die Errettung der äußeren Wirk-
lichkeit*, München 1974
Hans-Christoph Blumenberg, *Kinozeit. Aufsätze und Kritiken zum mo-
dernen Film 1976–1980*, Frankfurt/Main 1980
Norbert Grob, Karl Prümm, *Die Macht der Filmkritik. Positionen und
Kontroversen*, München 1991
Irmbert Schenk, *Filmkritik. Bestandsaufnahmen und Perspektiven. Bre-
mer Symposien zum Film*, Marburg 1998

Filmzeitschriften
Film und Kritik (erscheint einmal jährlich in Zusammenarbeit mit dem
   Deutschen Filmmuseum, Frankfurt/Main)
black box (erscheint alle 6 Wochen)
Blickpunkt: Film (erscheint wöchentlich)
cinema (erscheint monatlich)
epd-Film (erscheint monatlich)
Film und Fernsehen (erscheint sechsmal im Jahr)
Film + Video (erscheint fünfmal im Jahr)
Film-Dienst (erscheint zweimal im Monat)
Filmbühne-Cinema (erscheint monatlich)
Filmbulletin (erscheint sechsmal im Jahr in der Schweiz)
filmecho/filmwoche (erscheint wöchentlich)
Filmforum (erscheint sechsmal im Jahr)
Filmjournal (erscheint monatlich)
Filmtips (erscheint wöchentlich)
Kino News (erscheint monatlich)

Filmrestaurator

Metropolis von Fritz Lang – ein Film, der mit Mythen spielt, wurde selbst zum Mythos. Von der siebenstündigen Uraufführungsfassung aus 4198 Metern Film bleiben gut 1000 Meter wohl auf Dauer verschwunden. Seit 1936 versuchen Filmwissenschaftler und Filmliebhaber, die Lücken zu schließen und das Original zu rekonstruieren. Am Ende dieser langen Kette steht die jüngste *Metropolis*-Fassung, die 2001 in der Fritz-Lang-Retrospektive der Berliner Filmfestspiele erstmals gezeigt wurde. Sich mit solchen Hauptwerken der Filmgeschichte beruflich zu beschäftigen, ist das Privileg der Filmarchivare und Restauratoren. Ihr Betätigungsfeld ist schwierig, denn anders als bei Büchern, die in Deutschland seit 1911 zentral gesammelt werden, gibt es für deutsche Filme bis heute keine Pflichtabgabe an ein Zentralarchiv.

So sind von manchem Meilenstein der Filmgeschichte die Negative verschollen oder das überlieferte Material ist auf verschiedene Archive verteilt. Von anderen gibt es nur lückenhafte oder unterschiedlich geschnittene Kopien. Außerdem sind die Trägermaterialien wie die Nitrocellulose, die seit den fünfziger Jahren wegen ihrer leichten Entflammbarkeit nicht mehr verwendet wird, nach 100 Jahren Film am Ende ihrer Lebensdauer. Ziel der Restaurierung, so Karl Griep vom Filmarchiv im Bundesarchiv, ist, der Uraufführungsfassung eines Films so nahe wie möglich zu kommen. Das Bundesarchiv sammelt deutsche Filme oder deutsche Koproduktionen und verfügt über eine der weltweit größten Sammlungen. Darunter befinden sich nicht nur Spielfilme und Klassiker, sondern auch alte Wochenschauen oder Dokumentarfilme. Die Filme des Archivs stehen der Öffentlichkeit zur Verfügung, die Gebühren für die Benutzung der Sichtungstische sind allerdings nicht unerheblich. Denn der Bundesrechnungshof erwartet vom Archiv, dass es sich zu einem gewissen Teil selbst trägt. Neben der fachgerechten Aufbewahrung der alten Filme sieht es das Archiv auch als seine Aufgabe an, Filme auf moderne Bildträger umzukopieren und so nicht nur zusätzliche Kopien zu schaffen, sondern durch die fachgerechte Duplizierung das Material zu sichern. Dabei soll fehlendes Material so weit wie möglich durch die Zusammenarbeit mit anderen Archiven ergänzt werden. Die internationale Zusammenarbeit der Filmarchive ist bereits seit 1938 in der FIAF, der Fédération Internationale des Archives du Film, organisiert.

Interview

Der Filmforscher Martin Koerber gestaltet im Filmmuseum Berlin/Deutsche Kinemathek seit fünf Jahren das Programm der Retrospektive mit und übernahm auf Vorschlag der Arbeitsgruppe Filmrestaurierung im Kinemathekenverbund für die Murnau-Stiftung die *Metropolis*-Restaurierung.[34] Vorher hatte er bereits an zahlreichen anderen Restaurierungen für die Kinemathek und andere Auftraggeber gearbeitet. Nach dem Studium der Publizistik und der Kunstgeschichte eignete er sich praktische Filmkenntnisse bei Filmproduktionen an, arbeitete als Tonmann und im Schneideraum. Koerber drehte den Dokumentarfilm *Ein verlorenes Berlin* und erstellte für das ZDF Essays über die Filmgrößen G. W. Pabst und Otto Preminger.

Frage: Was qualifiziert einen Filmwissenschaftler zu der Ehre, *Metropolis* rekonstruieren zu dürfen?

Koerber: Zunächst mal bin ich nur Teil eines Teams, »Mittler zwischen Hirn und Hand« – um *Metropolis* zu zitieren –, der die verschiedenen Arbeiten und die Beteiligten an einem so großen Projekt koordiniert. In diesem Fall brachte ich die Archive, die das Material, aber kein Geld haben, und die Rechte-Inhaber, die Murnau-Stiftung, zusammen und schlug schließlich vor, wie das Material bearbeitet werden soll, um eine bessere Fassung zu erhalten. Inhaltlich konnte ich auf den Jahrzehnten der Forschung, besonders auf die Arbeit von Enno Patalas im Münchner Filmmuseum, aufbauen. Und dann sitze ich neben dem Techniker, der den Film Bild für Bild scannt, um eine digitale Fassung herzustellen, von der wir anschließend Kopien für den Verleih ziehen können. Als Qualifikation bringe ich wohl eine gewisse Aufsässigkeit mit, die mich immer genau nachfragen lässt, ob was geht oder nicht.

Frage: Was ging in diesem Fall?

Koerber: Eine ganze Menge. Wir hatten das Glück, dass noch ein Originalnegativ im Bundesarchiv vorhanden war. Da haben wir es heute leichter als noch vor 20 Jahren, die Archive sind viel besser dokumentiert. Beispielsweise ist das Reichsfilmarchiv, das im Staatlichen Filmarchiv der DDR aufgegangen war, mit seinen großen Beständen jetzt verfügbar, die vom Bundesarchiv übernommen worden sind. Weiteres Originalmaterial fand sich in Archiven in London, Rochester und Mailand, viel Brauchbares auch in Berlin und Wiesbaden. Als wir uns sehr spät – auf Vorschlag des Bundesarchivs – zur Digitalisierung entschlossen hatten, konnten auch die Szenen und Bilder aus anderen Quellen, die technisch zum Teil unbrauchbar schienen, berücksichtigt werden. Da hatte ich einen Vorteil gegenüber Patalas, der nur mit Material schlechterer Generation hatte arbeiten können. Da konnte man manches nicht zeigen. Ich habe seine Arbeit eben mit Material der frühesten erreichbaren Kopierstufen nachvollziehen und ergänzen können.

Frage: Wie finden Sie heraus, welche Szene an welche Stelle gehört?

Koerber: Für die Filmrekonstruktionen sind viele Quellen von Bedeutung. Dem Schriftgutarchiv des Filmmuseums Berlin verdanken wir das Drehbuch des Films. Dort liegt auch die Originalpartitur für die Musik zur Uraufführung von *Metropolis* erhalten. Darin gab es Anmerkungen zu Szenenwechseln und Zwischentiteln, die den Film, wie er mal gewesen ist, ganz genau wiedergeben. Auch die Zensurkarte gibt Aufschluss über die Texte der Zwischentitel, damit indirekt auch über die richtige Szenenfolge.

Frage: Kommt der Film dem Original jetzt näher?

Koerber: Die technische Qualität der neuen Kopie kommt der Uraufführungsfassung recht nahe, denke ich, obwohl die digitalen Systeme zum Beispiel noch nicht ganz die Brillanz von Filmmaterial erfassen und wiedergeben können. Tausend Meter Film, also ein Viertel der Geschichte, sind aber seit 1927 verschwunden und werden es wohl auch bleiben. Die sind damals von der Paramount rausgeschnitten worden, was die Ufa dann später in allen ihren Materialien nachvollzogen hat. Im Grunde haben die aus der Premierenfassung einen völlig neuen Film gemacht. Und die »überflüssigen« Filmmeter dann wohl weggeworfen.

Frage: Wie konnte man ein solches Meisterwerk so zerstückeln?

Koerber: Das hat man eben nicht so als Meisterwerk gesehen. *Metropolis* war ein Flop, so unglaublich uns das heute erscheint. Paramount, der Verleih für die US-amerikanische Fassung, wollte den Film so umbauen, wie sie glaubten, dass der amerikanische Zuschauer ihn sehen wollte. Sie haben aus dem komplizierten, eigentlich posthumen, Konflikt zwischen Joh Fredersen, dem Herrn von *Metropolis*, und dem Erfinder Rotwang um Hel, die geliebte Frau, bei dem alle möglichen letzten Menschheitsthemen abgehandelt wurden, eigentlich eine Frankenstein-Geschichte gemacht: Verrückter Professor erschafft zerstörerischen Roboter. Mit dem Neuschnitt wurde der Film beschleunigt und die Story scheinbar leichter verdaulich für das Publikum.

Frage: Wie ersetzen Sie die fehlenden Szenen in der neuen Kopie?

Koerber: Leider besitzen wir gerade zu den meisten verlorenen Szenen keine Standfotos. Sonst hätte man damit weitere Stränge der Geschichte sinnlich erfahrbar machen können. Bei der Rekonstruktion der Langfassung des Erich-von-Stroheim-Films *Greed* wurde das mit Erfolg praktiziert. Man kann die ursprüngliche Struktur des Films dadurch wieder erleben, auch wenn die Filmbilder natürlich eigentlich durch nichts zu ersetzen sind.

Frage: Aber das entspricht dann nicht mehr dem Ziel, das Original zu rekonstruieren. Fotos erzeugen doch nicht dasselbe Gefühl wie bewegte Bilder.

Koerber: Die Schrifttafeln, die wir in *Metropolis* einsetzen mussten, um die Geschichte weiter zu erzählen, wo es keine Bilder mehr gibt, auch nicht. Und doch wird die ursprüngliche Konzeption des Films visualisiert, erlebbar. Ob es ethisch ist, so zu verfahren, muss jeder für sich entscheiden. Natürlich muss man deutlich machen, dass eine Rekonstruktion nicht dasselbe ist wie der verlorene Film.

Frage: Gab es nicht in den achtziger Jahren eine kolorierte Fassung von Giorgio Moroder? Ist so etwas legitim?

Koerber: Filme wie *Metropolis* haben die Bildsprache des 20. Jahrhunderts geprägt, jeder kennt den Maschinenmenschen aus dem Film, obwohl gar nicht so viele den Film gesehen haben. Jeff Mills hat zum Beispiel einen 60-Minuten-Cut von einer Raubkopie gemacht, die in Chicago aufgetaucht ist, und mit Techno-Musik unterlegt. Technisch ist die Qualität so schlecht, dass es wie eine Fotokopie wirkt. Das ist kein Plagiat, sondern ein Zitat der Filmgeschichte, ein Remix, der mit klassischen Motiven spielt. Das finde ich interessant – aber Mills spiegelt auch nicht vor, *Metropolis* zu rekonstruieren.

Frage: Was empfehlen Sie Fans, die sich mit Filmrestaurierung beschäftigen wollen? Wie kann man anfangen?

Koerber: Ich habe mein »Grundstudium« im Berliner Kino Arsenal absolviert, tagtäglich alte und neue Filme geguckt.[35] Aber ernsthaft, ein Filmwissenschaftler muss auch von der Technik etwas verstehen. Ein Praktikum im Kopierwerk zum Beispiel kann nicht schaden. Sonst kann die beste Theorie auch mal danebengehen. Ein technisch wenig versierter Filmwissenschaftler hielt beispielsweise die gelben Schlieren auf dem Originalnegativ, die aus einem Fehler des Kopierwerks der Ufa resultieren und in der Kopie als weiße Lichtflecken erscheinen, im Film *Abschied* von Robert Siodmak für »die Lichter der Großstadt, die in die Intimität der Beziehung der Helden einbrechen«. Nur dass der Regisseur Siodmak davon nichts gewusst hatte. Übrigens war dessen Bruder Kurt laut den Aufzeichnungen Statist bei Langs *Metropolis*.

Info-Box

Wolfgang Jacobsen, Werner Sudendorf (Hg.), *Metropolis. Ein filmisches Laboratorium der modernen Architektur*, Stuttgart/London 2000
Enno Patalas, *Metropolis in/aus Trümmern*, Berlin 2001

Filmhistoriker

Die Geschichte der visuellen Medien ist eine Geschichte des Verfalls der Bildqualität. Restaurierte Stummfilme aus der Zeit des Ersten Weltkriegs sind auf 68-mm-Material gedreht worden und zeigen eine deutlich bessere Auflösung als die 35-mm-Filme, die wir heute vom Kino gewohnt sind. Ganz zu schweigen vom Videomaterial oder den unscharfen kleinen Bildern der digitalen Internetwelt. Parallel zu dieser Entwicklung verbesserte sich allerdings die Verfügbarkeit der bewegten Bilder für alle. Die Geschichte des Films könnte also auch als Geschichte der Demokratisierung der Bilder geschrieben werden.

Dr. Martin Loiperdinger, Professor am Fachbereich Medienwissenschaften der Universität Trier, besitzt das Talent, die komplexen Zusammenhänge der Filmindustrie auf den Punkt zu bringen und seine Zuhörer mit seinem umfangreichen Wissen über die Filmgeschichte zu verblüffen: Das 35-mm-Format war ursprüng-

lich für Amateure gedacht – erst als die Emulsionen und die Licht-
empfindlichkeit des Filmmaterials besser wurden, wurde das billi-
gere Format professionell genutzt. Für Dokumentationen und aktuelle Berichterstattung kam das 16-mm-Format auf, mit dem
auch deutsche Autorenfilmer wie Fassbinder ihre Low-Budget-
Produktionen drehten. Bei der geringen Anzahl der Bildpunkte im
Fernsehen lohnte es bald nicht mehr, TV-Sendungen auf Film auf-
zuzeichnen, schließlich drehte sogar Wim Wenders seinen *Buena
Vista Social Club* in gehobener Amateurtechnik.

Loiperdinger plaudert über Pixel und Farbtiefe ebenso gewandt
wie über die Technik der ersten Tonfilme, die Filmpionier Oskar
Messter schon ab 1903 durch synchrones Abspielen von Filmse-
quenzen und Schellackplatten herstellte, und vergleicht diese Ton-
bilder der Operettenstars der Gründerzeit mit den Musikclips von
heute: kurze Stücke von wenigen Minuten, die die technischen
Möglichkeiten des Mediums ausreizen. »Messter musste 1909 aufgeben, weil die Konkurrenten zu Dumping-Preisen produzierten
und der Markt zusammenbrach«, erzählt Loiperdinger. Venture-
Capital mit traumhaften Renditen und gleichzeitig Zusammenbrü-
che in einem schnellen Geschäft habe es auch damals schon gegeben. »In den ersten Star der Kinogeschichte, Asta Nielsen, wurden
2 Millionen Reichsmark investiert. Man baute extra für sie ein
Studio. Das hätte auch schief gehen können – denken Sie an
EM.TV heute.«

Einen Abschluss im Fach hat Loiperdinger nicht, so wie viele
andere Filmhistoriker. »Wir bewegen uns in einer Grauzone. Wer's
macht, macht's eben. Es kommt darauf an, über Film Bescheid zu
wissen«, erläutert er. Filmhistoriker ist ein Beruf für echte Filmverrückte, die sich für die Technik von Kameras und Projektoren oder
die Chemie des Filmmaterials ebenso interessieren wie für die
Montagetechnik russischer Revolutionsfilme oder die Dramaturgie bei Hitchcock-Thrillern. Der Spezialisierung sind ebenfalls keine Grenzen gesetzt: Beispielsweise haben die Enthusiasten Scott
Williams und Alistair B. Fraser eine Filmografie des Dudelsack-
spielens zusammengestellt, die von *Anzio* mit Peter Falk und Robert Mitchum bis *The Year of Living Dangerously* von Peter Weir
etwa 500 Filme auflistet.

Professor Loiperdinger, »gelernter« Politologe und Germanist, kam über die Beschäftigung mit dem NS-Film zu seinem Thema. Besonders spannend findet er die ganz frühen Filmemacher ab 1896, die weitgehend anonym arbeiteten. »Außer Georges Méliès kennen wir bis 1912 keinen Namen, nicht von Regisseuren, nicht von Darstellern, nicht von Autoren«, erklärt Loiperdinger. Méliès war Zauberkünstler und adaptierte seine Tricks für die Leinwand, drehte 500 Filme und wurde einer der ersten Special-Effects- oder Trickkünstler des Films. Einen unbekannten Film von Méliès in irgendeinem Archiv auszugraben, wäre denn auch das höchste Glück des Filmhistorikers.

Filmarchive und -museen sind die idealen Arbeitsstätten für die Experten der Filmgeschichte. Ihre speziellen Kenntnisse sind aber auch in der Programmgestaltung von Arthouse-Kinos, bei Festivals (Retrospektiven), in der Publizistik oder in Forschung und Lehre gefragt. Loiperdinger unterrichtet an seinem, wie er sagt, »idyllischen kleinen Studiengang« in Trier 30 Studenten, die ihr Studium zum größten Teil mit dem Ziel beginnen, Firmen für Web-Design zu gründen. Sie im Studium mit »dem alten Kram« zu konfrontieren, hält Loiperdinger für nützlich: »Dass man die geschichtlichen Grundlagen für seine Tätigkeit kennen muss, ist ein Omaspruch. Aber man muss das Rad ja auch nicht immer neu erfinden.« Manche hochgelobte digitale Videoinstallation gleicht verblüffend den Experimenten mit Phasenbildern aus Fotografien von 1890.

Jeder, der heute Geschichten erzählen will, ob im World Wide Web oder auf der Leinwand, muss die Kunst der Montage individuell nachvollziehen und erlernen. Für die jungen Studenten eignet sich altes Stummfilmmaterial aus der Kinderstube des Mediums ausgezeichnet, um zu verstehen, warum sich bestimmte Montagetechniken im Filmschnitt durchgesetzt haben. »Gleichzeitig bietet die alte Filmästhetik einen Verfremdungseffekt, der die heutigen Sehgewohnheiten durchbricht und ein genaueres Hingucken auslöst.«

Durch die eigene Videoarbeit, Projekte und Seminare entdecken manche der Studenten unter Loiperdingers Anleitung selbst die Liebe zur Filmgeschichte. Eine seiner Studentinnen arbeitet heute an einem Projekt am Frankfurter Filminstitut – erst einmal im Rahmen eines Zeitvertrags, aber das ist der übliche Einstieg, weiß Loiperdinger aus eigener Erfahrung. »Und meine Studenten sind nicht einmal eine wirkliche Konkurrenz für die Enthusiasten, die ihre Jugend im Kino verbringen, um alte Filme zu sehen.«

Zum Durchhalten rät Loiperdinger deshalb jedem Filmbegeisterten, der sich mit Filmgeschichte auch beruflich auseinander setzen will. Stehvermögen hält er für die wichtigste außerfilmische Qualifikation in seinem Beruf. Er selbst ist Mitherausgeber der Zeitschrift *KINtop*, eines Jahrbuchs zur Erforschung des frühen Films. Außerdem hat er Projekte wie die Ausstellung mit Filmgeräten von Oskar Messter für das Filmmuseum Babelsberg und das deutsche Museum in München organisiert und fungierte fünf Jahre als stellvertretender Leiter des Deutschen Filminstituts. Nach 20 Jahren intensiver Beschäftigung mit dem Thema Film bekam er dann 1998 seine Professur in Trier. Zur Zeit »darf« er sich im Rahmen eines Gemeinschaftsprojekts mit anderen Universitäten ausführlich mit der Geschichte des dokumentarischen Films in Deutschland beschäftigen – in seiner Lieblingszeit natürlich: »Von den Anfängen bis 1918, da kann man noch unbekannte Schätze ausgraben wie ein Archäologe.«

Info-Box

Die Filmgeschichte ist im Internet außergewöhnlich gut dokumentiert, die Institutionen über Datenbanken und Link-Sammlungen vernetzt. Deutschsprachige Informationen zur Filmgeschichte vom Hamburgischen Centrum für Filmforschung mit Links zu internationalen Archiven und Verbänden finden sie auf der Internetseite www.cinegraph.de.

Informationen erhält man außerdem bei:

International Federation of Film Archives
1, rue Defacqz
B-1000 Brüssel
Tel: 00 32 (2) 5 38 30 65
Fax: 00 32 (2) 5 34 47 74
info@fiafnet.org

Frank Kessler, Sabine Lenk, Martin Loiperdinger (Hg.), *KINtop. Jahrbuch zur Erforschung des frühen Films*, Frankfurt/Main / Basel 1992 ff.
Ulrich Gregor, Enno Patalas, *Geschichte des Films*, München/Gütersloh/Wien 1973
Hans-Michael Bock, Wolfgang Jacobsen (Hg.), *Recherche: Film. Quellen und Methoden der Filmforschung*, München 1997
Thomas Koebner (Hg.), *Filmklassiker. Beschreibungen und Kommentare*, Ditzingen 2001

Filmmuseum

Was zeigt ein Filmmuseum? Requisiten, Kostüme, Projektoren, alte Filme? Rund 100 000 Besucher jährlich entscheiden sich für ein bisschen von allem und besuchen das Potsdamer Filmmuseum. Im historischen Marstall von 1685, dem ältesten Haus der Stadt, findet die jüngste Kunst der Welt ihre Heimstatt, wie es die Eigenwerbung des Hauses formuliert. »Die Basis für unsere Existenz sind die Filmstudios in Babelsberg«, erklärt Dorett Molitor, die unter anderem verantwortlich für die Öffentlichkeitsarbeit des Hauses ist.

Die Studios sind mittlerweile in ihrem »dritten Leben«. Ab 1912 drehten hier die Größen des frühen deutschen Films, darunter Fritz Lang seinen bahnbrechenden Science-Fiction-Stummfilm *Metropolis* oder Josef von Sternberg den *Blauen Engel* mit dem damaligen Jungstar Marlene Dietrich. Nach dem Krieg nutzte die DEFA die Studios in Babelsberg, und nach der Wende führte der inzwischen verstorbene Studiochef Rainer Schaper die Filmstadt Babelsberg zu neuem Glanz mit Großproduktionen wie *Enemy at the Gates* oder *Der Pianist*.

Gut, dass die Potsdamer aus dem Vollen ihrer Filmvergangenheit schöpfen können. Der Jahresetat für Ankäufe beträgt gerade mal 20 000 Euro. Die ständige Ausstellung zum Thema Filmgeschichte Babelsberg zeigt viele Originalkostüme aus bekannten Filmen, zum Teil auch originale Requisiten mit Anmerkungen zu den

Dreharbeiten des jeweiligen Films. Hauptausstellungsstück in technischer Hinsicht ist ein Bioskop von Max Skladanowsky: Mit diesem Gerät fand im November 1895 die erste öffentliche Vorführung von Filmaufnahmen im Berliner *Wintergarten* statt. Ein Glücksfall war der Erwerb einer umfangreichen Hans-Albers-Sammlung mit 2 000 Originalfotos, Plakaten, Kostümen, Kleidungsstücken und persönlichen Gegenständen von einem Münchner Privatsammler.

Molitor und ihre Kollegen sind darauf angewiesen, Sponsoren und andere Partner zu finden, um ein spannendes, abwechslungsreiches Programm für ihre Besucher auf die Beine zu stellen. Die leidenschaftliche Filmliebhaberin Molitor kennt das Potsdamer Museum schon aus ihren Jugendtagen. Im Jahr 1981 schenkte der Staat den Potsdamern die Einrichtung anlässlich des 9. SED-Parteitags. Schon damals war das Kinoprogramm im hauseigenen Vorführraum abwechslungsreich. »Filmgeschichte – das sind eben auch die Arbeitsergebnisse, die Filme selbst.« Molitor, heute selbst für die Programmgestaltung zuständig, organisiert Filmreihen zu den wechselnden Ausstellungen des Museums. Diese widmeten sich Filmgrößen wie Romy Schneider, Alfred Hitchcock, Fellini und der umstrittenen deutschen Filmemacherin Leni Riefenstahl.

Wenn eine Filmpersönlichkeit einen runden Geburtstag feiert, organisiert Dorett Molitor Werkschauen und Vorführungen von dessen Lieblingsfilmen. Im Anschluss kann das Publikum mit dem Jubilar Gespräche über seine Arbeiten führen. Regelmäßig gibt es Stummfilmvorführungen, die von der Weltkinoorgel des Museums live begleitet werden. Der Gegenwartsfilm aus Europa, Asien oder Afrika ist genauso vertreten wie die vom Filmboard Brandenburg geförderten Filme. Diese stellt Molitor im Kino vor und lädt die Regisseure zu Werkgesprächen ein. Einzelne Filmreihen des Museums befassen sich mit historischen, architektonischen oder biografischen Einzelthemen. »Klassisches Arthouse-Kino eben«, erläutert sie leicht untertreibend ihre Programmarbeit, zu der auch kinoverwöhnte Berliner anreisen.

»Wir alle hier sind leidenschaftliche Filmliebhaber, und wir lieben diese Arbeit. Natürlich ist es auch zum großen Teil Selbstausbeutung, der Etat reicht nie aus.« Gerade arbeitet das Team daran, eine neue Dauerausstellung zusammenzustellen. Denn das umfangreiche Archiv enthält noch jede Menge Requisiten und Filmtechnik, zu denen die fachkundigen Mitarbeiter viele Anekdoten erzählen können.

Info-Box

Die großen Filmmuseen bieten eine Fülle von Aufgaben für Filmfreaks mit unterschiedlicher Qualifikation: Die Häuser sind Kino, Archiv (alter Filme, Originaldrehbücher sowie anderer Dokumente), Fachbibliothek, Forschungsstätte und Ausstellungsort in einem.

Filmmuseum Potsdam
Schlossstraße/Marstall
14467 Potsdam
Tel.: (03 31) 2 71 81-0
Fax: (03 31) 2 71 81-26
www.filmmuseum-potsdam.de

Filmmuseum Berlin/
Deutsche Kinemathek
Potsdamer Str. 2
10785 Berlin
Tel.: (0 30) 3 00 90 30
Fax: (0 30) 30 09 03-13
www.filmmuseum-berlin.de

Filmmuseum Düsseldorf
Schulstr. 4
40213 Düsseldorf
Tel.: (02 11) 8 99 42 10
Fax: (02 11) 8 99 37 68

Deutsches Filmmuseum Frankfurt
Schaumainkai 41
60596 Frankfurt/Main
Tel.: (0 69) 21 23 88 30
Fax: (0 69) 21 23 78 81

Filmmuseum München
St. Jakobsplatz 1
80331 München
Tel.: (0 89) 23 32 23 48
Fax: (0 89) 23 32 39 31
www.dimos.de/artechock/mfz

Österreichisches Filmmuseum
Augustinerstr. 1
A-1010 Wien
Tel.: 00 43 (1) 5 33 70 54/-55 /-56
Fax: 00 43 (1) 5 33 70 56-25

Weiterbildungsdozent

Ein ganz großes Talent haben sie in ihren Kursen entdeckt. In ihrer Funktion als »Paten« waren Marianne Pletscher und Werner Schneider dabei, als Martin Überall den Preis für den besten Auftragsfilm der Schweizer Werbewirtschaft entgegennahm. Die erste

Aufgabe des ehemaligen Werbetexters schien so trocken, wie er sie überraschend gelöst hat: Er verfilmte die neue Schweizer Bundesverfassung, indem er 80 Menschen, einfache Bürger und Prominente, vor deren ganz persönlichem Hintergrund ihren Lieblingssatz aus der Verfassung vorlesen ließ. »Stolz und glücklich«, so beschreibt die renommierte Züricher Fernsehjournalistin und Dokumentarfilmerin Marianne Pletscher ihre Gefühle in diesem Augenblick.

Zusammen mit ihrem Lebensgefährten Werner Schneider, Kameramann und Tonmeister des Schweizer Fernsehens, hält sie Kurse für Nachwuchsfilmer bei Mountain Multi Media, einem Fortbildungsinstitut in Brienz im Berner Oberland. »Mit bewegten Bildern Geschichten erzählen« ist der drei- bis fünftägige Lehrgang überschrieben. »Viele Kursteilnehmer denken, wenn sie die Technik beherrschen, beherrschen sie das Filmemachen«, fasst Pletscher dem gängigen Irrtum vieler Schüler zusammen. Aber schon in den ersten Stunden erfahren sie, dass mehr dazu gehört, um Emotionen und Interesse seines Publikums zu wecken, als den Zoom gleichmäßig zu bedienen oder den Weiß-Abgleich an der Kamera nicht zu vergessen. »Film ist zu 50 Prozent Licht«, sagt Pletscher und schickt ihre Schüler nach zwei Stunden Einführung in die Filmsprache erst einmal hinaus in die Bergwelt, um das Licht richtig sehen zu lernen.

Später wird in Grundübungen probiert, wo man etwa eine Lampe geschickt positioniert, um eine interessante Lichtstruktur in Innenräumen zu erhalten. Zwischen Theorie und Praxis wird ständig gewechselt. Filme der Dozenten werden analysiert, auch das Lachen kommt nicht zu kurz. »Werner Schneider hat ein besonderes pädagogisches Talent. Er kann Dinge einfach und witzig auf den Punkt bringen«, beschreibt Pletscher die Fähigkeit ihres Ko-Referenten. Seit Jahren bildet er Videojournalisten für Fernsehstationen aus. Außer ihrer langjährigen praktischen Erfahrung haben beide Dozenten auch selbst Kurse zum Thema »Ausbildung für Ausbildner« beim Schweizer Fernsehen belegt. Sie sind immer gut vorbereitet, sprechen schon vor den Brienzer Kursen mit den Teilnehmern, um Vorkenntnisse abzuschätzen und Interessen zu klären.

»Kein Kurs läuft ab wie der andere, mal bilden wir VJs aus, mal hatten wir eine Polizistin, die Instruktionsvideos für ihre Kollegen drehen wollte«, erinnert sich Pletscher. Die vier bis sechs Schüler eines Lehrgangs drehen in kleinen Teams: »Möglichst immer einer, der die Technik versteht, mit einem, der Geschichten erzählen kann.« Dabei entstehen eigene Kurzfilme, deren Themen die Dozenten vorher in der Gegend recherchiert haben. »Hier gibt es viele farbige Originale unter den Menschen. Die Schüler kommen selten mit eigenen Ideen, deshalb haben wir immer etwas vorbereitet.«

Mit ihren unterschiedlichen Kompetenzen, Regie und Dramaturgie auf der einen, Bild- und Tongestaltung auf der anderen Seite, bieten Pletscher und Schneider ihren Schülern ein ideales Lehrprogramm zum Dokumentarfilm. In der eigenen Arbeit seien »die Grenzen zwischen Kamera und Regie nach all den Jahren fließend«, so Pletscher. Weit über 20 Dokumentationen hat das Team seit den achtziger Jahren gemeinsam gedreht und dafür Preise in Havanna, New York und der heimischen Schweiz erhalten. Pletscher liebt besonders den Film *Das Tal der Frauen* über eine Bergbäuerin auf Besuch in Bhutan, der 1995 in Genf und 1996 auf dem Filmfestival Piemont prämiert wurde.

Werner Schneider, der auch im Spielfilmbereich gearbeitet hat, liebt den Dokumentarfilm, »weil die Gestaltungsspielräume für einen Kameramann weitaus größer als bei festgelegtem Drehbuch sind«. Wenn Marianne Pletscher auch darauf beharrt, dass er die Bilder so aufnimmt, wie sie in der Dramaturgie vorgesehen sind, so erlaubt diese Arbeit doch Spontaneität und ein szenisches Drehen. Außerdem sieht sie an den Aufnahmen, dass der erfahrene Kameramann oft mehr wahrnimmt als sie: »Er denkt vom Bild her, das gibt seinen Bildern dann viel Kraft.« Diese enge Zusammenarbeit hat ihnen, neben optimalen Arbeitsergebnissen, auch Lehrverpflichtungen an der Internationalen Film- und Fernsehschule in Kuba beschert. Dort haben sie angehende lateinamerikanische und afrikanische Filmemacher in der Kunst der Zusammenarbeit zwischen Regie und Kamera unterrichtet.

Dort wie auch in der Schweiz versuchen sie, ihre Schüler für den Dokumentarfilm zu begeistern. Pletscher kennt »nichts Spannenderes als die Realität« und empfindet es als Privileg, »Geschichten darüber erzählen zu dürfen, was mir gerade am wichtigsten ist«. Das Unterrichten ist ebenfalls wichtig. Der unvoreingenommene

Blick auf den Film, den ihre Schüler aus allen Berufsgruppen bei Mountain Multi Media mitbringen, bereichert auch ihre eigene Filmarbeit. Den Wechsel zwischen Praxis und Theorie, Dreharbeiten und Unterricht schätzen auch andere Filmemacher – Dozentenverzeichnisse der Filmhochschulen und Weiterbildungsinstitute lesen sich wie ein *Who is who* der Filmwelt.

Der Regisseur Hark Bohm (*Nordsee ist Mordsee*) hat Mitte der achtziger Jahre das Aufbaustudium Film an der Universität Hamburg ins Leben gerufen. Wie die Schweizer Pletscher und Schneider betont auch Bohm die Teamarbeit beim Filmemachen, unterrichtet allerdings zusammen mit seinen Kollegen vor allem Spielfilm. In Hamburg und an der Deutschen Film- und Fernsehakademie in Berlin vermittelt Deutschlands bekanntester Kameramann, Michael Ballhaus, den angehenden Kollegen sein Wissen aus langer internationaler Erfahrung. An Einsteiger wenden sich die Drehbuchkurse von Frank Göhre im Hamburger Filmhaus.

Das Unterrichten kann mitunter genauso anstrengend sein wie das Filmen. Wenn die Begeisterung mit ihnen durchgeht, sitzen Pletscher und Schneider mit ihren Kursteilnehmern schon mal die ganze Nacht am Schneidetisch. Jeder Schüler soll möglichst mit einem fertigen Produkt nach Hause gehen: »Immer in der Hoffnung, dass sie aus dem Kurs herausspazieren mit der Lust, weiter zu lernen.« Und wohl natürlich auch in der Hoffnung, dass sie sich dann dem geliebten Dokumentarfilm zuwenden.

Info-Box

Weiterbildungsinstitute für Filmfreaks sind:

Mountain Multi Media
Mountain-Academy
Bahnhofzentrum
Hauptstraße 139 C
CH-3855 Brienz
Tel.: 00 41 (33) 9 52 13 33
Fax: 00 41 (33) 9 52 13 34
www.mountain-academy.ch

medien und kulturarbeit e. V.
Filmhaus
Friedensallee 7
22765 Hamburg
Tel.: (0 40) 39 90 99 31
Fax: (0 40) 39 09 50-0
www.medienundkultur.hamburg.de

Filmhaus Bielefeld
August-Bebel-Str. 94
33602 Bielefeld
Tel.: (0521) 177757
Fax: (0521) 137574
www.filmhaus-bielefeld.de

Kölner Filmhaus e. V.
Maybachstr. 111
50670 Köln
Tel.: (0221) 2227100
Fax: (0221) 22271099
www.k-filmhaus.de

Filmhaus Frankfurt e. V.
Schützenstr. 12
60311 Frankfurt/Main
Tel.: (069) 13379994/96
Fax: (069) 13379998
www.Filmhaus-Frankfurt.de

Filmwerkstatt Münster
Gartenstr. 123
48147 Münster
Tel.: (0251) 2303621
Fax: (0251) 2303609
www.muenster.org/filmwerkstatt

Künstleragentur

Neunzig Prozent ihrer Arbeitszeit verbringt sie am Telefon, dafür hat sie sich extra ein Computertelefonsystem angeschafft – »wie im Callcenter«. Agenturarbeit ist klassisches Networking. Jahrelang aufgebaute und gepflegte Kontakte zu Produzenten, Besetzungsbüros und Redakteuren in den Fernsehsendern stellen das Grundkapital der Berliner Agenturchefin Jana Kunath dar. Sie recherchiert, plaudert, fragt nach, wer gerade einen Film vorbereitet, einen Stoff entwickelt, ein Drehbuch schreibt. »Vielleicht braucht ein Regisseur, ein Produzent für sein Projekt einen großen Namen – und ich kann die Arbeit des Schauspielers dann so planen, dass er gerade rechtzeitig frei ist.«

Als Künstleragentin – Kunaths Traumberuf »seit dem zweiten Arbeitstag« – könne man in Boom-Zeiten »wirklich sehr gut verdienen«. Die gelernte Theaterwissenschaftlerin und ehemalige Regieassistentin, die sich in der Branche in wenigen Jahren einen Ruf als seriöse Vermittlerin erworben hat, versetzt der etwaigen Euphorie des ambitionierten Nachwuchses allerdings im gleichen Atemzug einen Dämpfer: »Zur Zeit ist der Markt von etablierten Schauspielern wie leer gefegt – bei 200 Agenturen, die sich in den Besetzungsstudios und Fluren der Fernsehanstalten drängeln.«

Früher ließen sich selbst Stars noch vom Künstlerdienst beim Arbeitsamt vermitteln. Damit sei es jetzt vorbei. Eigentlich wäre nur für etwa 80 gut gehende Agenturen Platz, schätzt sie.

In den nächsten Jahren scheiden etliche Kollegen aus Altersgründen aus, darin sieht Kunath Chancen für junge Leute, vor allem für Frauen. Denn offenbar bringen Agentinnen eher die erforderliche Sozialkompetenz für den Beruf mit: Konfliktfähigkeit, die Fähigkeit zum Ausbalancieren von Ansprüchen, Menschenkenntnis und ein künstlerisch geschulter Blick. Das sind laut Kunath auch gleichzeitig die wichtigsten außerfachlichen Qualifikationen für einen Künstleragenten. Außerdem: Sie sollten sehr kommunikativ sein. Berufserfahrung in der Film- und Fernsehbranche bringen viele Künstleragenten mit, sei es als Regieassistenten, Produktionsleiter oder Finanzierungsagenten für internationale Produktionen. Kunath selbst hat nach ihrer Theatererpraxis Erfahrung als Angestellte einer Künstleragentur gesammelt.

Manche Agenten lassen sich von Party zu Party treiben und arbeiten zwischen Small Talk und kaltem Büfett. Béla Jarzyk von der Agentur Players findet, dass gerade ein Agent, der sich in der Szene herumtreibt, ein guter Agent ist.[36] Players vermittelt die Prominenz der neuen deutschen Kinostars, von Benno Führmann bis Till Schweiger. Bei solchen vielbeschäftigten Schauspielern kommt es darauf an, die Angebote auszusieben und nicht zu viel Fernsehen zuzulassen. Kino sei immer noch das wichtigste Medium für die Karriere von Schauspielern, findet auch Kunath, deren Klienten in Streifen wie *Mädchen, Mädchen* und *Wie Feuer und Flamme* zu sehen waren.

Neben bekannten Gesichtern wie Ercan Özcelik, Tom Mikulla oder Antonio Wannek baut Kunath einen zweiten Pool von talentiertem Nachwuchs auf. Hier steht zunächst die Betreuung im Vordergrund der Arbeit. Die Berlinerin empfindet es als Belohnung und persönliches Erfolgserlebnis, wenn sich ein hässliches Entlein unter ihren Künstlern zum schönen Schwan entwickelt. Einen »richtigen Jägerinstinkt« hat sie, wenn sie junge Schauspielschüler findet, aus deren künstlerischer Qualität sie eine Karriere formen kann.

Oftmals dauert es ein paar Jahre, bis aus einem entdeckten Talent ein gut verdienender Schauspieler geworden ist. Und erst dann zahlen sich die Investitionen aus. Investitionen an Arbeit und persönlichem Einsatz, aber auch finanzielle Investitionen. Agenturen lassen etwa Hochglanzkataloge mit großformatigen Fotos ihrer Klienten drucken, manche finanzieren auch die Demobänder, auf denen sich die Schauspieler in kurzen Szenenausschnitten den Besetzungsbüros empfehlen. Traditionell 10 Prozent vom Bruttoeinkommen sind das branchenübliche Honorar für all diese Bemühungen (gesetzlich erlaubt sind 12 bis 15 Prozent).

Zwischen fünf und 80 Künstler betreut hierzulande ein Agent. In den USA gibt es weitaus größere Agenturen, die so genannte Talent-Pools bilden, ein Trend, der auch in Deutschland zunimmt. Allein zu arbeiten, hat aber seine Vorteile: Das fragile Geschäft mit Künstlern – streng genommen eine private Arbeitsvermittlung – beruht auf nur kurzfristigen Vertragslaufzeiten und keineswegs exklusiver Vertretung. Die Einstiegsbarrieren werden allerdings zunehmend höher. Die ersten ein bis zwei Jahre sollte ein selbstständiger Agent sich schon mittels seiner Rücklagen finanzieren können, bis Honorare regelmäßig fließen.

Auch ein Traumberuf hat seine Schattenseiten. Belastend findet Kunath die sprunghafte, manchmal unsystematische Arbeit, wenn sie 40 oder 50 verschiedene Vorgänge gleichzeitig auf ihrem Schreibtisch jongliert. Hier sind Fotos zu machen, da geht es um Vertragsverhandlungen, dann ruft ein Klient an, der einen Durchhänger hat: »Und dann muss ich Verständnis für die manchmal sonderbaren Zustände von Schauspielern aufbringen, die zwischen Aggressionen und Euphorie schwanken. Man muss Distanz halten können, nichts persönlich nehmen.«

Übrigens vermitteln Künstleragenturen nicht nur Schauspieler. Auch Regisseure oder Drehbuchautoren verlassen sich zunehmend auf die Unterstützung erfahrener Agenten, die nicht nur Kontakte knüpfen, sondern sich auch um Vertragsverhandlungen, Terminabsprachen ihrer Klienten kümmern oder sie rechtzeitig an die nächste Steuererklärung erinnern.

Info-Box

Künstleragenten benötigen eine Lizenz, die nur an Leute mit Branchenerfahrung vergeben werden soll. Acht Jahre Erfahrung als Arbeitnehmer oder ein Hochschulabschluss im Bereich der Theater- oder Filmthematik sind Voraussetzung. Wer einen vergleichbaren Abschluss hat, muss drei Jahre Praxis vorweisen. Die Lizenz ist nicht ganz billig: Für die ersten drei Jahre zahlt man 500 Euro, für die Dauerlizenz sind noch einmal 1 500 Euro fällig. Nähere Angaben zur Lizenz geben die örtlichen Arbeitsämter.

Kurse zum Thema *Marketing für Künstler* gibt es an der
Reichenhaller Akademie in der Alten Saline
Solereserve 3
83435 Bad Reichenhall
Tel.: (0 86 51) 37 13
Fax: (0 86 51) 6 80 71
www.bgl-net.de/akademie/home.htm

Catering

Peter Falk alias Columbo isst gern Seezunge, und weil er ein Feinschmecker ist, zeigte er dem Koch am Set höchstpersönlich, wie man sie für ihn zubereiten muss. Ein Glücksfall, denn nachdem diese Ernährungsfrage geklärt war, war Falk der geduldigste Mensch und jeden Tag mit seiner Seezunge zufrieden.

Film-Catering, das ist mehr als nur Kochen: ein bisschen Werkskantine, ein bisschen Stammkneipe, ein bisschen à la carte. Und mittendrin der Koch, der sein Budget nicht überschreiten darf, aber trotzdem frisches und abwechslungsreiches Essen auf die Minute pünktlich servieren soll, auch wenn der Drehtermin zweieinhalb Stunden länger dauert als verabredet. Erfahrung, Routine, Improvisationstalent, gute Nerven und ein hohes Maß an Belastbarkeit sind beim Film-Catering gefordert.

Ein Caterer wie Volker Rüger von *Moviecat* kennt den Drehplan des Films, weiß, dass zu Außenaufnahmen in der Wüste eine

Menge Wasser geordert wird oder dass plötzlich einsetzender Regen die Essenszeiten wahrscheinlich vorverlegt. Außerdem muss er die Diäten der Darsteller berücksichtigen. Wenn etwa Till Schweiger einen Boxer spielt, bekommt er eine Sonderration – gemäß Drehplan zunächst vielleicht etwas weniger und schließlich etwas mehr als die anderen im Team. Caterer und Koch werden zum verlängerten Arm der Regie, die ein paar Gramm Fett zuviel am Körper des Athleten nur akzeptiert, wenn sie im Drehbuch vorgeschrieben sind.

Der Berliner Rüger fing vor 15 Jahren an, Film-Catering in Deutschland zu etablieren. »Echtes Film-Catering gab es hier nicht, bevor wir damit angefangen haben«, stellt er selbstbewusst fest. »Die Leute vom Set sind damals in der Mittagspause zum nächsten Restaurant gegangen und haben sich Pizza zum Mitnehmen bestellt.« Inzwischen gibt es mehrere sehr gute Adressen für Film-Catering, und nicht wenige dieser ganz speziellen Profis haben sich ihre Sporen bei Rüger verdient.

Rüger selbst hat die klassische Laufbahn eines Kochs durchlaufen. »Die üblichen Stationen«, sagt er und zählt dann die ersten Adressen von Berlin als Stufen seiner beruflichen Leiter auf. Im Künstlertreffpunkt Bovril am Kurfürstendamm wurde er schließlich von Gästen überredet, mit seiner exzellenten Küche der ewigen Pizza und Currywurst am Set den Kampf anzusagen. Es funktionierte. Nach drei Jahren und vielen Improvisationen auf dem jungfräulichen Terrain des Film-Caterings bestellte er »so 1988 oder '89 den ersten Catering-Truck« in den USA.

Mittlerweile lässt er sich die Trucks nach seinen besonderen Wünschen anfertigen und steht als Catering-Unternehmer auch nicht mehr selbst am Herd. Eigentlich bedauerlich: »Es ist etwas Besonderes, am Set zu kochen«, erzählt er rückblickend, »in keinem Hotel bekommt man ja als Koch so unmittelbar die Reaktion der Gäste mit. Normalerweise erzählen vielleicht die Kellner oder dein Chef, ob der Gast zufrieden war mit dem Essen. Am Set stehen dir deine Gäste direkt gegenüber. Das ist eine zusätzliche Belastung für viele, die das vorher nicht kannten. Aber es ist auch großartig, wenn man quasi vor Publikum kocht und gelobt wird.«

Doch nicht jede Zusammenarbeit mit jeder Produktionsgesellschaft funktioniert reibungslos. Rüger ist froh, auch im Interesse seiner Mitarbeiter, heute den einen oder anderen Auftrag auch einmal ablehnen zu können. Zum Beispiel dann, wenn das zugebilligte Budget und der eigene Anspruch an eine gute Küche zu weit auseinander klaffen.

Der Drehplan und der Produktionsleiter bestimmen das Auftragsvolumen: In der ersten Woche sind vielleicht erst zwanzig Techniker beschäftigt, in der zweiten kommen die Stuntmen hinzu, in der dritten fallen die Stunts weg und die Tänzer treffen ein. Je nachdem, wie viele Leute tatsächlich vor Ort sind, werden die Anzahl der Mahlzeiten und der Umfang der Leistungen kalkuliert. Ein erfahrener Caterer kennt die Risiken, die bei Drehverzug oder schlechtem Wetter eintreten, die den Drehplan umstürzen und sich auch auf die Anzahl der permanenten Mitarbeiter am Set auswirken können.

»Gegen Mitte der Drehzeit hat jeder schon ein paar Nerven gelassen«, konstatiert Rüger aus Erfahrung. »Wir machen dann immer so eine Art ›Bergfest‹ für die Leute, denn ohne ein gutes Team geht am Set und in der Gastronomie gar nichts.« Es sei zwar nicht die Regel, aber manche Drehs dauerten ein paar Monate und fänden im Ausland statt. »Da bist du bis zu sechs Monate zwölf Stunden am Tag gefordert, weg von zu Hause, weg von Freunden, die dir Mut machen und dich unterstützen, oder wo du einfach mal abschalten kannst.«

Was Volker Rüger Anfängern oder interessierten Quereinsteigern rät, ist einfach: Praxis sammeln bei etablierten Catering-Unternehmen, denn ohne jahrelange Erfahrung schätzt man den Arbeitsaufwand und die notwendige Selbstdisziplin zwangsläufig falsch ein. Es reicht nicht aus, ein guter Koch zu sein, aber es reicht auch nicht, ein guter Wirtschafter zu sein. Die Akquise eines Auftrags und die Vertragsverhandlungen über den Leistungsumfang gehen dem Einkauf und dem Speiseplan voran.

Außerdem muss man delegieren können und sich ein Team heranziehen, dem man vertrauen kann. Sonst hält man in der Branche nicht durch. Im mittleren Management müssen Leute sitzen, auf die man sich verlassen kann. Regionale Besonderheiten müssen erkannt werden. Dazu gehören auch unerwartet teure Preise am Drehort, die eine ganze Kalkulation über den Haufen werfen können.

Wirtschaftlichkeitsrechnungen, Flexibilität, Mobilität, Sprachkenntnisse für das Einkaufen im Ausland – all das gehört zum Arbeitsalltag des Caterers. Aber auch die Liebe zum Beruf und zu seiner speziellen Klientel, den Menschen vor und hinter der Kamera. Wenn alles funktioniert, das Budget stimmt und die Catering-Mitarbeiter ihr Bestes geben, wirkt sich das auch positiv auf den Film aus, an dessen Entstehung sie auf ihre Weise teilnehmen. Und es passiert, dass Götz George an den Catering-Truck von *Moviecat* schreibt: »Wer so gut kocht, der muss ein guter Mensch sein.«

Info-Box

Catering-Unternehmen im In- und Ausland:

Volker Rüger
Moviecat Gesellschaft für Catering & Partyservice
Kurfürstendamm 184
10707 Berlin
Tel.: (0 30) 8 91 60 35
Fax: (0 30) 8 91 60 36
www.moviecat.de

Frederik's Catering
Taborstr. 24A
A-1020 Wien
Tel.: 00 43 (1) 2 14 99 99
Fax: 00 43 (1) 2 14 99 99 13
www.frederiks.at

Cena-Catering International
Poststr. 13
CH-8700 Küsnacht
Tel./Fax: 00 41 (79) 4 67 56 41
cenacatering@bluewin.ch

Security

Film und Sicherheitsleute haben eine ganz eigene Beziehung zueinander. Da spielt Hollywood-Star Kevin Costner in dem gleichnamigen Film einen Bodyguard. Da wird Hakan Orbeyi, ein Bodyguard aus Isernhagen bei Hannover, zum Hauptdarsteller in Lenard Krawinkels *Sumo Bruno* – einem Film über einen schüchternen Kleinstädter, der an der Sumo-Weltmeisterschaft im sächsischen Riesa teilnimmt. Regiealtmeister Robert Altman schrieb in den vierziger Jahren das Drehbuch zu einem Polizeifilm, Titel: *Bodyguard*. Die *International Movie Database*, ein Internet-Filmlexikon, zählt 25 Titel aus aller Herren Länder zu diesem Stichwort auf – der älteste stammt von 1933. In dieser Liste sind Filme wie *In the Line of Fire* mit Clint Eastwood als Kennedy-Leibwächter noch gar nicht enthalten. Und die Angestellten einer Potsdamer Wachschutzfirma, die seit 1992 ein altes Kasernengelände in Fahrland sichert, finden sich unversehens im Filmgeschäft wieder, als dort Jean-Jacques Annaud seinen Stalingrad-Film dreht.

»Prominenten-Bodyguard bin ich nicht«, stellt René Schirrmacher klar. »Ich organisiere lieber den Ablauf im Hintergrund, sorge dafür, dass an den strategisch wichtigen Stellen jemand von meinen Leute steht, dass die Rückzugswege frei sind, dass uns Alternativen offen stehen.« Vom reinen Personenschutz könne in Deutschland ohnehin kein Sicherheitsunternehmen leben. Schirrmacher entwirft Sicherheitskonzepte für ein großes Kaufhaus, bietet Seminare an und schult Kaufhausdetektive.

Nebenbei übernimmt er auch immer wieder die scheinbar glamouröse Aufgabe, Prominente bei Signierstunden oder anderen Veranstaltungen zu bewachen und im Anschluss daran zu begleiten. Das Alltagsgeschäft besteht, anders als im Film *The Bodyguard* mit Kevin Costner und Whitney Houston, weniger im Schutz vor Angriffen als im Schutz der Stars vor zu viel Begeisterung der Fans. »Wir müssen mit jedem Klienten klären, ob extrem naher Kontakt erwünscht ist oder nicht«, erklärt Schirrmacher.

Extrem naher Kontakt mit dem Leibwächter ist allerdings nie auszuschließen. »Wenn ich die unmittelbare Bewachung übernehme, muss ich bereit sein, den Prominenten am Arm 'rumzuzerren oder auf den Boden zu werfen, wenn ich eine Gefahr ausmache.« Abgesehen von derartigen Gefahrensituationen achtet Schirrmacher sehr auf eine professionelle Distanz zum Klienten. »Der Film mit Kevin Costner war zum Teil gut recherchiert«, erinnert sich Schirrmacher, »aber dass einer der Klientin so nahe kommt, passt nicht ins Bild.«

Nie würde er beispielsweise um ein Autogramm für sich oder einen Freund bitten. Dafür verhalten sich Stars wie Karl Lagerfeld, Siegfried und Roy oder Gabriela Sabatini ausgesprochen entspannt und natürlich in seiner Gegenwart.

Den unmittelbaren Personenschutz überlässt Schirrmacher gern seinen Mitarbeitern. Er selbst ist, wie auch seine Kollegen bei Rockkonzerten oder Filmfestivals, bei Veranstaltungen immer dafür zuständig, den Schutz der Fans vor sich selbst zu organisieren. Aufzupassen, dass niemand eine Treppe hinunterfällt, dass die erste Reihe von Fans nicht von der Masse dahinter erdrückt wird, zu planen, dass solche Dinge gar nicht erst vorkommen können, das alles gehöre zu seinem Geschäft, findet er.

Diese professionelle, umfassende Sicht auf den Beruf ist nicht die Regel in der Branche. Waren die Sicherheitsfirmen früher eher mittelständische Betriebe, ist heute eine Spaltung des Marktes zu beobachten: Etlichen Branchenriesen wie Securitas, IHS oder Boss und kapitalkräftigen Quereinsteigern wie Dussmann stehen einige tausend Einzelkämpfer gegenüber, die sich als Subunternehmer verdingen und nicht immer über die nötige Qualifikation verfügen.

Schirrmacher, der den Einstieg in seinen Traumberuf über die Arbeit als Kaufhausdetektiv bei der Deutschen Wachgesellschaft fand, bemängelt ebenso wie die Gewerkschaft VERDI das Fehlen einer Berufsgrundausbildung bei Sicherheitspersonal[37]. Zur Zeit kann jeder mit einem 5-Tage-Lehrgang der örtlichen Industrie- und Handelskammer im Sicherheitsdienst arbeiten. Im Grunde lernen die Teilnehmer hier – unter ihnen auch Frauen, die zunehmend als unauffällige Bodyguards etwa für Prominentenkinder eingesetzt werden – nur den rechtlichen Rahmen der Tätigkeit kennen (»Festnahmen nur im Jedermannsrecht«), Video-Überwachungstechnik, Warensicherheitstechnik und ein bisschen »Psychologie im Alltag«.

Auf »Fingerspitzengefühl, Zuverlässigkeit und eine stabile Persönlichkeit bei meinen Mitarbeitern« legt Schirrmacher großen Wert, denn ein Team sei nur so gut wie der schlechteste Mann, sagt er. Aikido kann das bessere Training als Karate sein in einer Branche, in der man in Sekundenbruchteilen Entscheidungen treffen muss. Dieses Talent sollten Einsteiger mitbringen, sollten offen für neue Erfahrungen sein und »auf gar keinen Fall denken, sie seien die Größten«, erklärt Schirrmacher. Regelmäßige Weiterbildung und Trainieren der eigenen Fähigkeiten bieten einen besseren Schutz als eine Waffe, an die viele Möchtegern-Securitys als Statussymbol wohl denken mögen. »Den Waffenschein gibt es für den Personenschutz sowieso nicht so leicht. Da wird jedes Jahr nachgefragt, ob die besondere Gefährdung eines Klienten noch besteht, ob man diesen Klienten noch hat.« Seines Wissens haben in der Großstadt Berlin allenfalls zehn Leibwächter aus privaten Sicherheitsdiensten einen Waffenschein erhalten.

Auch die schwarze verspiegelte Sonnenbrille in geschlossenen Räumen ist ein Hollywood-Requisit. Im wirklichen Leben wollen Sicherheitsleute möglichst unerkannt und unbeobachtet sein, um selbst gut beobachten zu können. »Auf die Augen und die Hände muss man achten«, sagt René Schirrmacher, »und dann auf sein Glück vertrauen.«

Info-Box

Der Start in die Sicherheitsbranche sollte bei einem seriösen Unternehmen erfolgen, das eine breite Palette von Aufgaben abdeckt. Wegen der Unübersichtlichkeit der Branche empfiehlt sich der Kontakt zu Spezialisten der zuständigen Gewerkschaft VERDI. Die Bundeszentrale kann auch Experten für die Sicherheitsbranche auf regionaler Ebene nennen.

Gewerkschaft VERDI
Fachbereich 13
Potsdamer Platz 10
10785 Berlin
Tel.: 01 80/2 22 22 77
Ansprechpartner: Wilhelm Zechner

Die Gewerkschaft baut nach dem Zusammenschluss ihre Strukturen neu auf, deshalb lohnt auch ein Blick auf www.verdi.de, wenn Sie sonst keinen Ansprechpartner erreichen können.

Weitere Berufe rund um den Film

Klatschreporter

Bis morgens um vier Uhr mit den Reichen und Schönen der Filmwelt auf Partys abhängen und mit den Stars auf Du und Du stehen? Das gehört wohl manchmal auch zum Geschäft. Aber die Wirklichkeit der meisten Klatschreporter besteht vor allem darin, auf der Party O-Töne aufzuschnappen, interessante Geschichten zu sammeln und diese noch am frühen Morgen in einen spannenden Text fürs Lesepublikum zu gießen. Bonbons gibt's natürlich auch: Exklusiv-Interviews mit Heiner Lauterbach oder Tom Tykwer über Liebe, Leben und die nächsten Pläne. Dafür geht man auch mal spät zu Bett.

Studio-Tour-Guide

Näher als der normale Fan kommen die Tour-Guides der großen Studios den Stars auch nicht – sie sehen sie nur öfter. Das gilt natürlich besonders für die USA, auf dem weitläufigen Gelände von Warner Bros. etwa oder der Paramount, wo sie die Villa der Munsters vorführen. Aber auch in Babelsberg oder auf dem Bavariagelände in München führen Tour-Guides die Besucher durch bekannte Kulissen, zu Stunt-Shows oder in die Garderoben der Komparserie. Filmluft schnuppern sie auf alle Fälle täglich.

Product-Placement-Agent

Schleichwerbung, in der guten alten Fernsehzeit höchst verpönt, hilft heute, aufwändige Filme zu finanzieren: Man denke an den BMW von James Bond in *Golden Eye* und *Der Morgen stirbt nie* oder die Pepsi-Automaten in *Terminator 2*. In welcher Höhe die Summen dafür fließen, entnimmt man nur der Gerüchteküche. Dass dieses wechselseitige Geschäft sich lohnt, sieht man daran, dass Spezialagenturen entstanden sind, die gegen eine Gebühr Markenfirmen ansprechen und Product-Placement für Filme arrangieren.

Teil III
Workshop

Ein Film ist wie eine Reise. Sie kann nach einem Programm geplant werden, aber die Orte selbst entdeckt man erst während der Fahrt.

Federico Fellini, italienischer Filmregisseur

Ich nehme lieber einen echten Kellner als einen Schauspieler, der in der Rolle eines Kellners gleich den Hamlet spielen will.

Ulrich Schamoni, deutscher Filmregisseur

Fernsehen bildet. Immer, wenn der Fernseher an ist, gehe ich in ein anderes Zimmer und lese.

Groucho Marx, jüngster der Marx-Brothers

10.
Workshop zur Individuellen Berufsfindung

Im vorangegangenen Teil des Buchs haben Sie gesehen, wie andere vor Ihnen die Begeisterung für den Film zum Beruf gemacht haben. Kameraleute, Aufnahmeleiter, Regisseure, Schauspieler, Film-Caterer, Kulissenmaler, Beleuchter, Filmkritiker, Vorführer, Presseagenten: Die Möglichkeiten für Filmfreaks auf dem Arbeitsmarkt sind groß.

Genau diese Vielfalt aber ist es, die einige zur Verzweiflung bringt. Wer alles machen kann, macht manchmal gar nichts. So wie Buridans Esel, der verhungert, weil er sich zwischen zwei gleich großen Heubündeln nicht entscheiden kann. Damit es Ihnen bei der Berufsfindung nicht ähnlich ergeht, zeigen wir jetzt, wie Sie aus all den Möglichkeiten das Richtige für sich auswählen.

Die folgenden zehn Schritte sind die Grundlage der Individuellen Berufsfindung. Wer es ausführlicher möchte und sich viele Anregungen und Beispiele wünscht, findet sie in der Berufsfindungsfibel *Der Job, der zu mir passt.*[38]

Die Grundfragen der Individuellen Berufsfindung lauten:

1. Was kann ich? (Fähigkeiten)
2. Was will ich? (Motivationen)
3. Wo gibt es Tätigkeiten, in denen ich meine Fähigkeiten und Motivationen gewinnbringend einsetzen kann?

Auch wenn die meisten Filmfreaks lieber im Kinosessel als am Schreibtisch sitzen, sollten Sie die folgenden Schritte unbedingt schriftlich bearbeiten. Legen Sie einen Berufsfindungsblock oder einen Ordner an. Dort erarbeiten Sie eine Übersicht, die Ihnen hilft, ein Tätigkeitsgebiet zu entwickeln. Begleiten wird Sie dabei das Beispiel einer Kinoliebhaberin namens Claudia, die ihre Leidenschaft zum Beruf gemacht hat.

Schritt 1: Was kann ich?

Viele Leute tun sich schwer damit, ihre eigenen Stärken und Fähigkeiten anderen zu vermitteln. Und schlimmer noch: Viele fühlen sich selbst unsicher, was das eigene Potenzial angeht. Deshalb stellen wir die Frage nach persönlichen Fähigkeiten hier einmal anhand *konkreter* Situationen Ihrer Biografie.

Und das geht so: Nehmen Sie Ihren Berufsfindungsblock zur Hand, und schreiben Sie einige Situationen der letzten Monate und Jahre auf, in denen Sie stolz auf sich waren. Situationen, in denen Sie sich selbst auf die Schulter geklopft haben und dachten: »Das habe ich wirklich gut gemacht.«

Nun schauen Sie sich diese Situationen einmal genauer an. Analysieren Sie: Welche Fähigkeiten habe ich damals eingesetzt? Ohne welche meiner Stärken hätte das Ganze nicht funktioniert?

Unser Beispiel: Claudia war stolz auf sich, als sie bei einem Videoprojekt das Drehbuch geschrieben, Regie geführt, geschnitten und sich um die gesamte Technik gekümmert hatte. Sie hielt ihre Schauspieler bei Laune, kümmerte sich um das Essen und bewarb sich anschließend mit dem fertigen Film bei einem Kurzfilm-Festival. Claudia hatte außerdem ein großes Straßenfest organisiert, an dem sich Anwohner, Händler und Bezirkspolitiker beteiligt hatten. Trotz vielem Stress mit Behörden (die beispielsweise die Straße nicht sperren wollten) hatte Claudia schließlich alles nach ihren Vorstellungen durchgesetzt. Claudias Stärkenliste:

• gutes technisches Verständnis rund ums Filmen
• Vielseitigkeit
• Kreativität
• Eigeninitiative
• Projekte vorantreiben

- organisieren
- den Überblick behalten
- andere motivieren
- Durchhaltevermögen
- den eigenen Willen durchsetzen
- viele Interessen unter einen Hut bekommen
- mit unterschiedlichsten Leuten klarkommen, auch bei Schwierigkeiten
- Kommunikation
- Kommunikation mit Behörden und anderen offiziellen Stellen

Schritt 2: Was will ich?

Die Antwort auf die Frage »Was will ich?« fällt den meisten noch schwerer als die Angabe der eigenen Fähigkeiten. Daher untersuchen wir hier noch einmal Ihre Biografie. Diesmal geht es um Situationen, in denen Sie hoch motiviert waren. Schreiben Sie auf, wann Sie schon einmal über sich selbst hinausgewachsen sind. Wann haben Sie unglaubliche Energie entwickelt und hatten das Gefühl, die Welt auf den Kopf stellen zu können? Es gibt sie nämlich, allen Unkenrufen zum Trotz: die Tage, an denen Sie wirbeln und an denen es Ihnen ganz leicht fällt, etwas zu tun.

Nun analysieren Sie wieder: Was genau hat Ihre Energiereserven in diesen Momenten mobilisiert? War es entscheidend, dass die Situation etwas mit einem bestimmten Thema (Kunst, Gesundheit, Sport) zu tun hatte? Oder dass Sie anderen in einem schwierigen Augenblick zur Seite stehen konnten? Was genau hat Sie angetrieben? Fertigen Sie eine zweite Liste mit Ihren Motivationen an.

Unser Beispiel: Claudia hatte besonders viel Energie an den Tag gelegt, als sie für sich und ihre Freundin Internetseiten gestaltete. Dort präsentieren die beiden Hobbyfotografinnen ihre gelungensten Aufnahmen. Claudia ist besonders motiviert (und steht erstaunlicherweise ohne Probleme frühmorgens auf), wenn sie Besuch hat, der sich für Berlin interessiert und den sie auf ihre stundenlangen Streifzüge durch die Stadt mitnehmen kann. Sie

gibt viel Geld aus für Bücher über die Geschichte Berlins, Sehens-
wertes und Kurioses. Sie fotografiert an allen Ecken der Stadt und
veranstaltet Berlin-Abende. Dort zeigt sie mit viel Spaß ihre Aufnahmen und Neuentdeckungen. Da sie gern kocht, gibt es dazu
Berliner Spezialitäten. Claudias Motivationsliste:

- fotografieren
- Fotos zeigen
- etwas kreativ gestalten
- Berliner Geschichte, Kunst, Kultur
- Städte erkunden
- Architektur
- Neues entdecken
- kochen
- einen schönen Abend organisieren

Schritt 3: Was ich tun würde, wenn ich nicht scheitern könnte

Nach der Analyse Ihrer Fähigkeiten und Motivationen geben wir
Ihnen noch drei Fragen mit auf den Weg. Auch diese dienen als
Wegweiser auf der Suche nach einem beruflichen Feld, das Sie
wirklich motiviert und zu Höchstleistungen anstachelt.

1. Von dem amerikanischen Berufsberater Richard Bolles stammt
   die folgende, besonders kurze Form der Berufsfindung: Von allen Leuten, die Sie kennen, wessen Job hätten Sie am liebsten?[39]
   Denken Sie dabei an Menschen, die Sie schon einmal im Fernsehen gesehen oder von denen Sie gehört oder in der Zeitung gelesen haben. Notieren Sie einen oder mehrere Namen (Alfred Bio-
   lek, Madonna, Marcel Reich-Ranicki. Claudias Wahl: Tierfilmer
   Jacques Cousteau, Produzentin Jodie Foster).

2. Viele Berufssuchende haben in ihrem Leben schon einmal Vorstellungen von einem erstrebenswerten Beruf gehabt, die sie
   dann irgendwann aufgrund äußerer Umstände aufgaben. Wenn

es einen solchen Berufswunsch bei Ihnen gab (Schauspielerin, Fußballtrainer, Grundschullehrerin) – bitte notieren (bei Claudia: Fotografin, Designerin).

3. Eine der klassischen Berufsfindungsfragen lautet: Was würden Sie tun, wenn Sie *nicht* scheitern könnten? Stellen Sie sich vor, eines Tages erscheint die Berufsfee: »Du hast jetzt einen Berufswunsch frei.« Was wünschen Sie sich? (Ein Reisemagazin moderieren, Motivationstrainer sein, die erste grüne Bundeskanzlerin werden. Claudias Wahl: Stadtführerin in New York und Berlin, Filmproduzentin.)

Zwischenergebnis: Die Anatomie Ihres Traumberufs

Aus den bisherigen Ergebnissen Ihres Workshops erstellen Sie nun ein Schaubild (siehe Grafik). Zur Erinnerung: Sie suchen nach einem Tätigkeitsgebiet, auf dem Sie Ihre Interessen und Fähigkeiten sinnvoll und gewinnbringend einsetzen können.

Fertigen Sie zu diesem Zweck Konzentrate aus den Listen mit Ihren wichtigsten Fähigkeiten und Motivationen, und übertragen Sie diese in Ihr Schaubild. Wählen Sie von allen bisher notierten Situationen diejenigen Punkte Ihrer Biografie aus, die Ihnen am meisten bedeuten. Tragen Sie auch weitere Details Ihres Traumberufs zusammen: Möchten Sie einen Beruf, in dem Sie sich viel bewegen oder in dem Sie nicht so früh aufstehen müssen? Oder lieber einen, den Sie von zu Hause aus erledigen können? Halten Sie (beispielsweise unter dem Punkt Extrawünsche) fest, durch welche Eigenschaften sich Ihr Traumberuf auszeichnen sollte.

Die Grafik auf der folgenden Seite dient als Vorschlag für die Zusammenstellung Ihrer Antworten. Wichtig ist, dass Sie Ihre bisher notierten Ergebnisse sortieren. Das Schaubild dient als Grundlage für das folgende Brainstorming. Lesen Sie daher erst weiter, wenn alles seinen Platz hat.

Nr. 6
Ungeahnte Aktivität habe ich
entwickelt bei ...

Nr. 5
Was ich besonders gut kann ...

Nr. 3
Was ich schon einmal
werden wollte ...

Nr. 8
Extra-Wünsche ...

Nr. 2
Wenn ich auf keinen Fall scheitern
könnte, würde ich am liebsten ...

Nr. 4
»Das habe ich wirklich gut
gemacht«, habe ich gedacht, als ...

Nr. 1
Wessen Beruf ich am
liebsten hätte ...

Nr. 7
Was mich motiviert ...

*Mein
Traum-
beruf*

Schritt 4: Welche Tätigkeitsfelder ergeben sich aus diesen Interessen und Motivationen?

Neue Ideen entstehen vor allem aus der Verknüpfung von bereits Bekanntem. Das ist der Grund, warum Sie Ihre bisherigen Ergebnisse aufgeschrieben haben. Ihnen stehen nun die einzelnen Resultate für ein spielerisches Zusammensetzen zur Verfügung. Wie das geht? Fantasieren Sie einmal:

- Wenn Sie besonders stolz darauf sind, mit Ihrer Band eine CD aufgenommen zu haben, und wenn Sie über ein gutes Technikverständnis verfügen, denken Sie darüber nach, Tontechniker zu werden. Wenn Sie lieber stundenlang am PC ihre Urlaubsvideos bearbeiten, kommt vielleicht eine Tätigkeit als Editor, Sound-Mixer oder Trick-Designer infrage.
- Wenn Sie am liebsten Schriftstellerin geworden wären und Sie gut recherchieren und Informationen beschaffen können, wenn Sie darüber hinaus kein Problem damit haben, mit den unterschiedlichsten Menschen und Situationen zurechtzukommen, ziehen Sie in Erwägung, Drehbuchautorin zu werden.
- Wenn Sie eigentlich Tierarzt werden wollten und Ihre freie Zeit am allerliebsten mit Ihren Hunden, Katzen und/oder Pferden verbringen, kommt vielleicht eine Tätigkeit als Tiertrainer für den Film infrage.
- Wenn Sie Spaß beim Kellnern im Biergarten haben und am liebsten in Kochbüchern schmökern und neue Rezepte ausprobieren, überlegen Sie, ob Sie nicht ins Film-Catering gehen wollen.

Vielleicht ist Ihnen bei der bisherigen Beschäftigung mit Berufsbildern für Film- und Kinofans bereits eine Idee gekommen. Falls nicht, tasten Sie sich vorsichtig an Ihren neuen Traumberuf heran. Veranstalten Sie zunächst ein ungezwungenes Brainstorming: Welche Tätigkeiten oder Bereiche wären Ihrer Traumberufgrafik nach *genau das Richtige* für Sie?

Gehen Sie dabei spielerisch und nicht schematisch vor. Nicht immer ergibt eine Kombination von A und B bereits Ihren Traumberuf. Experimentieren Sie stattdessen mit Ihren Ergebnissen, und seien Sie kreativ! Formulieren Sie imaginäre Tätigkeitsfelder und echte Traumberufe, in denen Sie Ihre Fähigkeiten und Motivationen am liebsten einsetzen würden. Formulieren Sie die Lieblingssituation Ihres Lebens in ein berufliches Tätigkeitsfeld um!

Und Claudia? Sie entschließt sich, als Location-Scout für Filmproduktionen zu arbeiten. Schließlich kennt sie sich aufgrund ihrer jahrelangen Streifzüge durch die Stadt, ihrer Fototouren und der vielen Bücher (Reiseführer, Historisches, Fotobände) gut aus. Für sie ist es kein Problem, eine pompöse Jugendstil-Eingangshalle mit sieben Aufzügen zu finden, eine luxuriöse Villa mit Dachterrasse, einen Büroturm mit Hinterausgang zum Kanal oder eine abbruchreife Baracke, die gesprengt werden könnte. Wie Claudia es schafft, einen Fuß in die Tür, also erste Aufträge, zu bekommen – davon handeln die nächsten Schritte.

Schritt 5: Spezialisierung

Die meisten Berufswünsche sind viel zu allgemein. Unkonkrete Formulierungen wie »Ich will etwas mit Film machen« oder »Ich stelle mir etwas im Bereich Setdesign vor« eignen sich überhaupt nicht für die zielgerichtete Suche nach einem Arbeitsplatz. Daher geht es in diesem Schritt darum, Ihr Ziel weiter einzugrenzen.

Eine berufliche Spezialisierung bringt erhebliche Vorteile mit sich: Durch ein spezielles Thema oder eine spezielle Zielgruppe schafft man sich ein individuelles Profil, mit dem man sich bei einer Bewerbung, einer Auftragsvergabe oder bei anderen Kontaktaufnahmen leicht von anderen abheben kann.

Zur Verdeutlichung einige Beispiele für gelungene Spezialisierungen:

- Location-Scout für Drehs in Berliner Industriearchitektur
- Drehbuchautor für Großstadtkrimis
- Filmvorführer an Open-Air-Bühnen
- Presseagent für Filme über Berlin
- Maskenbildner für Science-Fiction-Filme

- Buchhandel mit internationalen Filmbüchern
- Kameramann für Tierfilme

Für die folgenden Überlegungen ist es wichtig, dass Sie Ihr berufliches Ziel inklusive Spezialisierung so konkret wie möglich fassen. Das bedeutet, dass Sie in einem klaren Satz formulieren, was Sie werden wollen, und nicht nur allgemeine Stichworte zum Thema Berufsfindung notieren. Clarity is power – in der klaren Formulierung eines Ziels liegt die Kraft, dieses auch zu erreichen. Schauen Sie sich einmal die unterschiedliche Wirkung an bei dem Stichwort Regie und dem präzise und selbstbewusst formulierten: »Ich will bei modernen Tanz- und Musikfilmen Regie führen.« Oder: »Ich will Stuntman für Actionfilme werden.«

Notieren Sie Ihre Ziele dort, wo Sie sie regelmäßig zur Kenntnis nehmen: im Kalender, über Ihrem Schreibtisch oder sichtbar neben dem Bett (um sie vor dem Einschlafen immer wieder durchzusehen).

Schritt 6: Wo gibt es solche Tätigkeiten?

Die verbleibenden Schritte leiten Sie nun an, Ihr frisch formuliertes Ziel in die Tat umzusetzen. Denn: Ob man ein Ziel erreicht oder nicht, hängt in erster Linie von der eingesetzten Strategie ab. Wer nicht wohlüberlegt plant und organisiert, kann nichts erreichen.

Es ist nun an der Zeit, die Welt nach Einsatzmöglichkeiten für Sie zu durchforsten. Beginnen Sie wieder mit der Sammlung von Ideen. Fragen Sie: Wo werden solche Tätigkeiten gebraucht? Oder: An welchen Orten *könnten* solche Tätigkeiten gebraucht werden? Filmvorführer werden ja nicht nur in Kinos und bei Open-Air-Veranstaltern eingesetzt, sondern auch in Museen und Ausstellungen, in Freizeit- und Erlebnisparks (zum Beispiel Fantasialand), bei Rockkonzerten, Event-Agenturen und Kunstmessen. Choreografen arbeiten beim Film, im Theater, beim Musical, in Tanzschulen, Sport- und Freizeitanlagen und in Ferienclubs (für die Abendshows). Fertigen Sie eine Liste an, auf der sämtliche Ideen festgehalten werden. Claudias Einsatzliste: Location-Scouts können arbeiten bei:

- Produktionsfirmen
- Fernsehsendern
- Service-Agenturen
- Werbeagenturen
- Event-Agenturen
- Fotografen

Nach Zusammenstellen dieser Liste entscheidet sich Claudia dafür, dass ihr der Einstieg als Assistentin eines bereits etablierten Location-Scouts oder in einer spezialisierten Film-Service-Agentur am aussichtsreichsten und attraktivsten erscheint. Gehen Sie genauso vor: Fertigen Sie eine Liste mit möglichen Einsatzgebieten an, und wählen Sie dann einen Bereich aus. Formulieren Sie Ihr spezifisches Ziel nun inklusive Einsatzgebiet. Einige Beispiele:

- Location-Scout in einer auf Berlin spezialisierten Service-Agentur
- Gesundheitskoch (vegetarisch, Ayurveda, makrobiotisch etc.) bei einem Catering-Service
- Kameramann für Funsport-Aufnahmen bei einer auf Snowboard- und Surf-Filme spezialisierten Produktion
- Kritiker für Off-Produktionen bei einem Stadtsender (zum Beispiel TV Berlin)
- Beleuchter bei TV-Game-Shows
- Fachmann für asiatische Filme in einem Programmkino

Schritt 7: Informationsphase

Im vorangegangenen Schritt haben Sie ein konkretes Einsatzgebiet für Ihre Tätigkeit festgelegt. Es ist nun an der Zeit, Informationen über die Unternehmen zu beschaffen, die in genau diesem Bereich tätig sind. Beginnen Sie Ihre Recherche damit, eine Liste zusammenzustellen mit allen Firmen, Auftraggebern oder Projekten, die möglicherweise für Ihr Vorhaben infrage kommen.

Wenn Sie beispielsweise in einer Künstleragentur arbeiten wollen, finden Sie die entsprechenden Adressen gesammelt in Medien- oder Filmhandbüchern. Besorgen Sie die Presse- und Informationsunterlagen, gehen Sie ins Internet, schauen Sie Filme an, für die die Agentur gearbeitet hat, bewerben Sie sich dort selbst als Statist und verfolgen Sie den Verlauf von Entscheidungen bei Castings.

In einigen Fällen ist die Beschaffung erster Adressen zeitaufwändiger: Wer beispielsweise Trickfilmspezialist werden will, kann bei Produktionsfirmen anrufen, auf den Abspann bei Fernsehfilmen oder im Kino achten und im Internet recherchieren. Drehbuchschreiben wird beispielsweise an Filmschulen in Workshops oder Schnupperkursen angeboten. Geräteverleihe bieten Praktika für Techniker oder zukünftige Kameraleute an. Wie man so etwas herausfindet? Weiterklicken, recherchieren, telefonieren, lesen, Studenten und Professoren fragen, Fernsehen schauen und mit fremden Leuten in der S-Bahn sprechen. Es hilft nämlich auch, bewusst Augen und Ohren offen zu halten. Ist man erst einmal für bestimmte Themen sensibilisiert, findet man überall interessante Neuigkeiten. »Berufsfindung macht magnetisch für Informationen«, behaupten die Berufsberater Johanna Frank und Lorenz Wolff.[40]

Ein Anruf pro Firma

Wenn Sie eine Liste mit allen für Sie interessanten Arbeitgebern zusammengestellt haben, beginnen Sie damit, diese systematisch abzutelefonieren. Bitten Sie jede Agentur, jedes Projekt um ausführliches Informationsmaterial. Wenn Sie Ihren Einstieg beispielsweise über eine Script-Assistenz finden möchten, empfehlen sich Anrufe bei zwanzig Produktionsfirmen oder freiberuflichen Continuity-Leuten. Wenn Sie lieber bei einem internationalen Filmfestival arbeiten wollen, ist es mit einem Anruf möglicherweise nicht getan. Fahren Sie stattdessen hin, machen Sie sich vor Ort ein Bild von der Veranstaltung und lernen Sie die Verantwortlichen kennen.

Manchen Berufssuchenden fällt es leichter, diese erste Informationsphase unter einem Vorwand durchzuführen. Um sich die Sache zu erleichtern, geben sie beispielsweise an, dass sie im Rahmen einer Hausarbeit eine Studie erstellen oder dass sie für einen Artikel recherchieren. Dann erhalten Sie etwa von Verleihfirmen Informationsunterlagen oder eine Pressemappe. Ob Sie eine Ausrede bemühen oder nicht, bleibt ganz allein Ihnen überlassen. Sagen Sie das, womit Sie sich wohl fühlen.

Die Informationen, die Sie auf diese Weise sammeln, arbeiten Sie sorgfältig durch. Heften Sie alles in Ihrem Berufsfindungsordner ab. Sie sollten jetzt bereits eine ganze Menge über die Firmen, Agenturen, Organisationen in Erfahrung gebracht haben, die sich möglicherweise für Ihre Arbeit interessieren. Allein die Beschäftigung mit diesen Informationen bietet Ihnen wertvolle Hinweise für Ihr weiteres Vorgehen.

Und Claudia? Sie fertigt eine Liste von 15 Film-Service-Agenturen und Location-Scouts an, die sie in einem Branchenhandbuch und im Internet recherchiert hat. Dann ruft sie bei allen auf der Liste an und bittet um Zusendung von Informationen. Zusätzlich nimmt sie selbst als Statistin an Filmproduktionen teil, um mehr darüber zu erfahren, wie an welchen Orten gedreht werden kann. Sie gibt vor, einen Zeitungsartikel zu recherchieren und fragt bei Produktionsfirmen nach Agenturen, die gut im Geschäft sind. Zusätzlich schaut sie sich Internet-Archive an, in denen beispielsweise Locations für Partys und Ausstellungen angeboten werden. Natürlich geht Claudia viel ins Kino und recherchiert, welche Produzenten in den nächsten zwölf Monaten in Berlin arbeiten wollen. Alle gesammelten Informationen heftet Claudia in ihrem Berufsfindungsordner ab.

Eine Auswahl treffen

Wenn Sie alle Informationen zu den für Sie interessanten Organisationen und Firmen auf Ihrer Liste durchgearbeitet haben, wählen Sie die etwa zwei bis vier für Sie interessantesten aus. Diese stehen von nun an im Zentrum Ihrer Aufmerksamkeit. Sammeln Sie weiter gezielt alles über diese für Sie besonders attraktiven Unternehmen und Projekte. Je mehr Sie über Ihren zukünftigen Arbeitgeber wissen, desto stärker Ihre Position.

Wenn Sie sich als Assistent bei einem Tonmeister bewerben wollen, sammeln Sie alles, was Sie über seine Arbeit in Erfahrung bringen können: Wo er welche Ausbildung absolviert hat, bei wem er assistiert und gearbeitet hat, an welchen Filmen er beteiligt war, ob und welche Preise er gewonnen hat, welche Regisseure ihn besonders schätzen, welcher Film in der Branche oder bei Kritikern Lob geerntet hat und ob er zu diesem Thema Interviews gegeben hat. Jede Information bringt Sie Ihrem Ziel ein kleines Stück näher.

Eine der besten Quellen für Informationen sind Leute, die in den betreffenden Firmen oder Agenturen arbeiten oder einmal gearbeitet haben und die deshalb Auskunft über die internen Abläufe und Besonderheiten geben können. Wenn Sie nicht über entsprechende Kontakte verfügen, hören Sie sich in Ihrem Bekanntenkreis um, ob es nicht jemanden gibt, der Ihnen weiterhelfen kann.

Claudia findet bei ihren Recherchen heraus, dass vor allem zwei Agenturen mit großen Produktionen zusammenarbeiten und besonders aufwändige Drehs betreuen. Im Internet findet sie Hinweise über das Leistungsspektrum (Location-Recherche, Location-Management, Produktionsvorbereitung, hin und wieder auch Ausstattung), anstehende Projekte, Kooperationspartner, Preise und Expansionspläne. Eine der Geschäftsführerinnen gibt einen Newsletter für die Filmbranche heraus (abonnieren!).

Schritt 8: Persönliche Kontakte gezielt aufbauen

In nahezu jeder Phase Ihrer Berufsfindung, vor allem aber dann, wenn Sie das Gefühl haben, nicht weiterzukommen, werden Ihnen gute Kontakte helfen. Dabei geht es keinesfalls darum, dass Ihr Vater Sie in der Filmproduktion eines Studienkollegen unterbringt. Es geht vielmehr um die Beschaffung von guten Informationen und

manchmal auch darum, Türen für Sie zu öffnen. Hineingehen und
»Guten Tag« sagen müssen Sie jedoch selber.

Leute, die in »Ihrem« Bereich arbeiten oder gearbeitet haben,
liefern Ihnen besonders interessante Informationen für Ihr berufliches Vorhaben: Welche Entwicklungen zeichnen sich in einer Branche ab? Was sind die mittel- und langfristigen Pläne bestimmter
Unternehmen? Welche Probleme bestehen dort oder welche werden sich voraussichtlich entwickeln? Wann werden welche Stellen
frei? Und: Welche Leute sind besonders wichtig? Wer in dem von
Ihnen angestrebten Bereich arbeitet, kann Ihnen viele Detailinfor-
mationen geben, die von außen schwer zu bekommen sind.

Wie man solche Leute findet? Zunächst einmal müssen Sie sich
überlegen, zu wem Sie einen Kontakt aufbauen wollen. Wenn es
Sie beispielsweise zum Dokumentarfilm zieht, ist es nützlich, sich
mit Redakteuren, freien Autoren, Kameraleuten, Tontechnikern,
Cuttern, PR-Leuten von Fernsehsendern und Regisseuren zu unterhalten. Auch Mitarbeiter von Produktionsfirmen oder Moderato-
ren von Magazinsendungen können interessante Gesprächspartner
sein. Hören Sie sich in Ihrem Bekanntenkreis um, wer jemanden
kennt, auf den diese Beschreibung zutrifft. Es wird sich schnell jemand finden, der einen Kontakt vermitteln kann.

Den Kontakt zu einer konkreten Person herzustellen ist oft viel
leichter, als man denkt. Die Strategieberaterin Kerstin Friedrichs
aus Bremen beschreibt das so: »Mit maximal vier Kontakten kann
man praktisch jeden Menschen auf der ganzen Welt erreichen.«
Spielen Sie es einmal im Kopf durch: Sie wollen einen Kontakt zu
Boris Becker herstellen (oder zu Angela Merkel oder zu Armin
Müller-Stahl). Wen könnten Sie fragen? Wie viele Kontakte würden Sie benötigen?

Claudia beispielsweise knüpft über einen ehemaligen Studienkollegen den Kontakt zu einer Service-Agentur in der Schweiz. Sie
ruft an, etwa so: »Guten Tag, hier spricht Claudia Heuer. Ich habe
Ihre Nummer von meinem Studienkollegen Rainer Müller, von
dem ich Sie ganz herzlich grüßen soll. Es geht um Folgendes: Ich
habe während der letzten Jahre viel an Videoprojekten mitgearbeitet. Ich habe in Berlin im Keller der ehemaligen Reichsbank, in den
Katakomben am Flughafen Tempelhof, im Schwimmbad der ehe-

maligen sowjetischen Botschaft und nachts im Affenhaus gedreht. Ich kenne mich ziemlich gut aus in der Stadt, und da ich gern fotografiere, habe ich bereits ein kleines Archiv mit Bildern von Locations angelegt. Demnächst werde ich die auch im Internet präsentieren. Ich habe gesehen, dass Sie für die XYZ-Productions die Locations gesucht haben. Vor allem die Filme A, B und C hatten ziemlich spektakuläre Aufnahmen. Darf ich Ihnen ein paar Fragen stellen? Es dauert auch nicht länger als zehn Minuten.« Da fast alle Leute sich freuen, wenn man sich ernsthaft für sie interessiert, stellen Sie Ihrem Gesprächspartner folgende Fragen:

• Wie sieht Ihr ganz normaler Arbeitsalltag aus?
• Wie sind Sie in diese Position gekommen?
• Was muss man dafür können, fachlich und außerfachlich?
• Was sind die besonderen Vorteile und Erfolgserlebnisse dieses Berufs?
• Was sind die spezifischen Nachteile und Belastungen?
• Haben Sie einen Tipp, mit wem ich mich noch unterhalten sollte?[41]

Die Auskünfte Ihrer »Informanten« liefern Ihnen weitere wertvolle Hinweise darüber, wie Sie Ihren Traumberuf realisieren können. Auch hier gilt: Jede einzelne Information bringt Sie Ihrem Ziel ein kleines Stück näher. Natürlich notieren Sie die wichtigsten Punkte des Telefonats in Ihrem Berufsfindungsblock.

Kontaktpersonen spielen nicht nur bei der Informationsbeschaffung eine große Rolle. Sie helfen auch bei der Anbahnung von ersten Bewerbungsgesprächen. Wer seinen Anruf beim Projektleiter beginnen kann mit: »Ich soll Sie herzlich von Frau Wartenberg von der Filmförderungsanstalt grüßen«, wird schneller als andere auf offene Ohren treffen.

Überlegen Sie, auf wen Sie sich in einem ersten Gespräch berufen können. Vielleicht auf einen Schauspieler, den Sie bei einem Statisteneinsatz kennen gelernt haben, auf einen Filmkritiker, den Sie auf einem Festival oder auf einer Konferenz getroffen haben, oder auf eine andere wichtige Person, zu der Sie während Ihrer Recherche Kontakt aufgenommen haben. Selbstverständlich müssen Sie diese Menschen von Ihrem Vorhaben unterrichten.

Schritt 9: Wie man schon vor der Bewerbung die ersten Arbeitserfahrungen macht

Wenn Sie sich bei Ihrer Traumproduktion um einen Job oder einen Auftrag bewerben, hilft es sehr, wenn Sie auf dem von Ihnen anvisierten Gebiet bereits etwas auf die Beine gestellt haben. Das bringt die Frage mit sich, wie es möglich ist, die allerersten Erfahrungen auf einem Tätigkeitsgebiet zu machen.

Der beste Weg, diese Erfahrungen zu sammeln, ist ein eigenes kleines (oder großes) Projekt. Damit beweisen Sie von Anfang an unternehmerisches Denken, Eigeninitiative und Begeisterungsfähigkeit. Mit einem eigenen Projekt können Sie Ihr Engagement und Ihre Ziele mit Strahlen in den Augen kommunizieren. Sie werden erstaunt sein, wie schnell Sie auf einmal Arbeitgeber von sich einnehmen. Es ist ungemein schwierig, sich der Anziehungskraft zu entziehen, die Leute ausstrahlen, die mit Leib und Seele bei der Sache sind.

Wenn Sie also Kostümbildnerin werden wollen, beginnen Sie für eine Laienspielgruppe oder die Cheerleader Ihrer Sportmannschaft zu schneidern. Gründen Sie ein Projekt, in dem schwer erziehbare Jugendliche lernen, mit Stoffen, Pappe, Gips und vielen anderen Materialien fantasievolle Kostüme zusammenzubasteln. Geben Sie in der Vorkarnevalszeit einen Nähkurs an der Volkshochschule oder in einer Familienbildungsstätte.

Wenn Sie lieber bei einem Festivalveranstalter arbeiten möchten, organisieren Sie einen Tag des experimentellen Films an Ihrer Universität, in einem Bürgerzentrum oder in Zusammenarbeit mit einem Kino. Laden Sie Nachwuchsregisseure, Schauspieler, Kulturwissenschaftler, Politiker und Künstler ein. Veranstalten Sie Podiumsdiskussionen, lange Filmnächte, Starpartys und Schauspiel-Workshops. Legen Sie eine spezialisierte Filmdatenbank im Internet an.

Wenn Sie Kritiker werden wollen, geben Sie im Internet einen Newsletter zu neuen Filmen heraus, veranstalten Sie eine Diskussionsrunde mit dem Namen *Das cineastische Quartett* (die Sie dann per Webcam ins Internet übertragen). Wenn Sie lieber Tiertrainer werden wollen, zeigen Sie Ihre Künste auf Kindergeburtstagen, Straßenfesten und bei einem Hunde-Service. Wenn Sie in einer internationalen Filmbuchhandlung arbeiten möchten, beginnen Sie mit einem kleinen Stand auf dem Weihnachts-, Floh- oder Kunstmarkt. Schnell werden Sie dort mit anderen Buchhändlern in Kontakt kommen und viel über deren Geschäft erfahren. Durch Ihre Präsenz und Ihr Angebot geben sie allen Leuten, die sich für internationale Filmbücher interessieren, die Möglichkeit, auf Sie aufmerksam zu werden.

Neben den beschriebenen Vorteilen eines eigenen Projekts zum Berufseinstieg kommt Ihnen höchstwahrscheinlich ein weiteres Phänomen zugute: Wer das tut, was er wirklich gerne macht, wird in der Regel auch andere Jobangebote von außen erhalten. Viele Arbeitgeber suchen händeringend Leute, die etwas bewegen und Begeisterung vermitteln können. Diese Arbeitgeber werden aber nur dann auf Sie aufmerksam werden, wenn Sie sich mit Herzblut für Ihre Sache ins Zeug legen und Ihr Engagement auch deutlich zeigen.

Neben dem eigenen Projekt gibt es noch andere Möglichkeiten, die ersten Gehversuche auf einem neuen Gebiet zu machen: Praktika, Aushilfsjobs (Kabelträger!), Ehrenämter, die Teilnahme an Veranstaltungen (Workshops, Sommerunis, Festivals). Entscheidend dabei ist immer, dass Sie einen Fuß in die Tür bekommen und erste Kontakte knüpfen.

Claudia – Sie haben es bereits gesehen – hat durch ihre Videoprojekte Erfahrungen im Filmen gemacht. Sie kennt sich gut in Berlin aus und hat viele Locations, auch außerhalb der üblichen Pfade und Sehenswürdigkeiten, fotografiert. Ein zusätzlicher, nicht zu unterschätzender Vorteil: Sie kann mit Behörden umgehen, was beim Beantragen der Dreherlaubnis hilft. Sie war außerdem Statistin bei einigen Filmproduktionen und hat sich immer dafür interessiert, unter welchen örtlichen Bedingungen wie gearbeitet werden kann.

Schritt 10: Gezielt an den gewünschten Arbeitgeber herantreten

Das ist der Moment, auf den Sie in Ihrem persönlichen Workshop zur Individuellen Berufsfindung hingearbeitet haben! Bevor Sie den entscheidenden Schritt tun und Ihren Traumarbeitgeber kontaktieren, hier noch einmal das bisher Erarbeitete zusammengefasst:

1. In der Berufsfindung funktioniert nichts, bevor Sie nicht Ihre persönlichen Fähigkeiten ausgelotet haben und diese auch konkret benennen können. Schließlich werden Sie Ihrem potenziellen Arbeitgeber vermitteln müssen, warum er ausgerechnet Sie einstellen soll. Eine genaue Anleitung dazu finden Sie in Schritt 1 des Workshops.

2. Suchen Sie sich nicht irgendein Berufsfeld, das Ihnen gerade aussichtsreich erscheint. Wenn Sie in einem Bereich nicht wirklich arbeiten wollen, werden Sie dort nicht viel erreichen können. Finden Sie stattdessen heraus, was Ihnen wirklich Spaß macht und was Sie morgens aus dem Bett treibt, auch wenn Sie eigentlich hundemüde sind. Beruflich erfolgreich wird, wer mit echter Begeisterung bei der Sache ist. Dazu gehört auch eine Spezialisierung, die zu Ihnen und Ihren Wünschen passt. Diese einzelnen Elemente Ihres beruflichen Ziels haben Sie in den Schritten 2 bis 5 entwickelt.

3. Stellen Sie eine Liste mit sämtlichen Orten zusammen, an denen eine solche Tätigkeit gebraucht wird oder gebraucht werden könnte. Suchen Sie aus dieser Liste den Bereich aus, der Sie am meisten anspricht. Sammeln Sie nun Adressen von Firmen, Agenturen und Freelancern, die dort tätig sind, und lassen Sie sich deren Unterlagen schicken. Wählen Sie die attraktivsten davon aus, und sammeln Sie über diese Traumarbeitgeber alle verfügbaren Informationen. Näheres dazu haben Sie in den Schritten 6 bis 8 gelesen.

4. Machen Sie Ihre ersten Erfahrungen mit einem eigenen Projekt, oder arbeiten Sie dort, wo es bereits Strukturen von ehrenamtli-

cher Arbeit gibt. Suchen Sie nach »ganz einfachen« Möglichkeiten, erste Erfahrungen zu sammeln. Auf diese Weise können Sie sich auch während einer Berufstätigkeit oder während eines Studiums Ihr (neues) berufliches Feld erarbeiten.

Wenn Sie alle Schritte bis hierhin erledigt haben, sind Sie nun bestens auf das entscheidende Telefonat vorbereitet. Wieso Telefonat? Die meisten Bewerber scheuen sich vor einer ersten Kontaktaufnahme per Telefon. Dabei vergeben sie leichtfertig die wichtige Chance, durch einen persönlichen Anruf Initiative zu zeigen und einen guten Eindruck zu hinterlassen. Schließlich suchen auch die Produktionsfirmen, Casting- und Künstleragenturen kommunikationsstarke Mitarbeiter.

Vom unangekündigten Verschicken von Bewerbungsmappen ist dagegen abzuraten. Diese landen häufig wenig beachtet auf irgendwelchen Ablagen. Die meisten Leute werden täglich mit Post zugeschüttet und müssen einen Weg finden, mit der Informationsflut fertig zu werden. Dazu gehört leider in vielen Fällen, dass unaufgefordert eingesandte Bewerbungen keine große Beachtung finden.

Damit Ihr Gesprächspartner Ihnen auch zuhört, obwohl er Sie noch gar nicht kennt, sollten Sie im ersten Satz eine Trumpfkarte ausspielen, und das ist die Erwähnung eines persönlichen Kontakts oder der Bezug auf etwas, das Ihr Gegenüber geäußert oder getan hat. Wenn Sie beispielsweise in der Zeitung lesen, dass Ihre Zielperson in einem Interview eine bestimmte Meinung geäußert hat, dann können Sie sich in Ihrem ersten Satz darauf beziehen: »Guten Tag, Frau Fischer, hier ist Claudia Heuer. Ich habe gesehen, dass Sie in einem Interview mit der *Berliner Zeitung* von gestern über die bürokratischen Hindernisse und die ganze Umständlichkeit, mit der man hier in Berlin zu tun hat, gesprochen haben. Ich finde Ihre Kritikpunkte sehr richtig, vor allem weil andere Städte da viel unkomplizierter sind. Sie haben absolut recht: So werden Hamburg oder München schnell attraktiver für Produzenten und Regisseure. Trotzdem denke ich, dass Berlin Drehorte zu bieten hat, zu denen es in anderen Städten nichts Vergleichbares gibt, zum Beispiel A, B und C. Ich habe selbst ein kleines Archiv von Aufnahmen von ganz unterschiedlichen Berliner Locations angelegt ... «

Der Mechanismus, den Sie hier nutzen, lautet: Jeder Mensch freut sich, wenn andere sich mit dem beschäftigen, was er gesagt, getan oder geschrieben hat. Wenn Sie sich bei einem erfolgreichen Location-Scout als Assistentin bewerben wollen, sollten Sie also wissen, für welche Produktionen er gearbeitet hat und noch arbeiten will. Sie sollten wissen, was er auf seiner Internetseite anbietet, mit wem er zusammenarbeitet oder zusammengearbeitet hat. Vielleicht finden Sie einen Ausstatter oder Produktionsleiter, der mit diesem Location-Scout bereits gearbeitet hat und der über seine Erfahrungen berichten kann. Je mehr Sie über Ihre Zielperson wissen, desto stärker ist Ihre Position in Ihrem ersten Telefonat und während der gesamten Bewerbungsprozedur.

Entscheidend ist, dass Sie es in Ihrem ersten Telefonat schaffen, die Aufmerksamkeit Ihres Gegenübers zu wecken und ihn oder sie für sich zu interessieren. Noch ein Beispiel:

»Guten Tag, Frau Dormann, hier ist Christoph Schmitz. Ich habe gerade Ihr Interview in den *Stuttgarter Nachrichten* gelesen. Darin beschreiben Sie, wie wenig gute Schauspieler es gibt und dass mehr Leute auch außerhalb der Schauspielschulen die Möglichkeit erhalten sollten, schauspielerisch aktiv zu werden. Bei einem kleinen Filmfestival an meiner Uni haben wir auch einige Workshops dazu angeboten. Das Ergebnis war erstaunlich. Schon nach kurzer Anleitung haben die Leute gute Fortschritte erzielt. Viele haben sich dann entschlossen, regelmäßig zum Sprech- und Stimmtraining zu kommen. Ich würde gern in dieser Richtung weiterarbeiten und überlegen, wie man die Leute mehr dazu ermuntern kann, Schauspiel auch als Handwerk zu begreifen. Ein Praktikum in Ihrem Unternehmen wäre eine gute Chance für mich, mein Wissen auszubauen. Kann ich Ihnen meine Unterlagen einmal vorbeibringen? Dann zeige ich Ihnen auch gern ein paar Aufnahmen von unseren Workshops.«

Oder: »Guten Tag, Herr Müller, hier ist Anna Löhr. Ich habe im Internet gesehen, dass Sie einen Verleih für Technik rund um den Film in Prag eröffnen wollen. Ich glaube, dass es dort einen großen Bedarf an technischer Ausrüstung gibt. Ich habe während meines Studiums ein Jahr in der Tschechischen Republik und in Ungarn gelebt und auch oft als Kabelträgerin und Assistentin bei Produktionen gearbeitet. Einmal, bei einem kurzen Werbefilm, fiel der Aufnahmeleiter aus, und ich habe ihn für eine Woche so gut es ging ersetzt. Da ich bereits über Erfahrungen im osteuropäischen Filmgeschäft verfüge, könnten wir vielleicht einmal über eine Zusammenarbeit sprechen. Ich bin nächste Woche in Köln und würde mich gern kurz bei Ihnen vorstellen. Wenn Sie auf eine Tasse Kaffee Zeit haben, bringe ich auch ein paar Videoaufnahmen vom Set in Ungarn mit.«

Mit einem solchen Einstieg hat sich der Bewerber oder die Bewerberin übrigens geschickt aus der Position des Bittstellers herausmanövriert. Er ist nun ein »interessanter Gesprächspartner«. Eine strategisch viel günstigere Ausgangsposition für eine Bewerbung!

Natürlich ist die Vorbereitung eines solchen Einstiegs mit sehr viel Arbeit verbunden. Deshalb kommen die meisten Bewerber nicht über ein »Guten Tag, hier ist Peter Schmitz, ich wollte mal fragen, ob ich bei Ihnen ein Praktikum machen kann« hinaus. Doch genau *das* ist Ihre Chance!

Wenn Sie Ihr Telefonat detailliert vorbereiten, wird es Ihnen auch gelingen, ein persönliches Treffen anzubahnen, bei dem Sie sich und Ihre Arbeitskraft präsentieren können. Dieses Ziel halten Sie sich kurz vor dem Gespräch noch einmal klar vor Augen.

Ihre Gesprächsstrategie in der Zusammenfassung:

- Beginnen Sie mit dem Bezug auf einen persönlichen Kontakt und/oder dem Bezug auf etwas, das Ihr Gegenüber gesagt oder getan hat. Damit erreichen Sie die Aufmerksamkeit Ihres Gesprächspartners, Ihrer Gesprächspartnerin.
- Zeigen Sie, dass Sie sich gut informiert haben, und dokumentieren Sie dadurch, dass Ihr Interesse ernst ist.
- Berichten Sie von Ihrem Engagement, und transportieren Sie echte Begeisterung.
- Bitten Sie nicht unterwürfig um ein Gespräch, sondern vermitteln Sie, dass Sie Ihrem potenziellen Arbeitgeber etwas Interessantes anzubieten haben.

Wenn Sie die einzelnen Schritte des Workshops sorgfältig durchgearbeitet haben, wird es Ihnen nicht schwer fallen, in all diesen Punkten zu glänzen.

Nicht für jedes berufliche Projekt lassen sich die Schritte des Workshops mit derselben Stringenz durchführen. Nehmen Sie die beschriebenen Lösungen daher als Wegweiser für Ihren ganz individuellen Kurs. Kleben Sie nicht an einzelnen Details, sondern benutzen Sie die aufgezeigte Systematik und Herangehensweise als Werkzeug.

Viel Erfolg!

Teil IV
Service

Ungeschriebene Gesetze:
Wie man am Set überlebt,
ohne die Nerven zu verlieren

Murphys Gesetz scheint direkt für Dreharbeiten formuliert zu sein: »Wenn etwas schief gehen kann, geht es auch schief.« Zu den Unwägbarkeiten des Wetters, technischen Pannen oder überraschenden Eigenheiten von Drehorten (von unangemeldeten Hubschrauberflugübungen über Mückeninvasionen bis zu Schlammlöchern vom letzten Regen) kommen ständiger Zeitdruck und wechselnde, zumeist lange Arbeitszeiten. Schnell liegen die Nerven bloß: Beim Filmemachen ist Zeit Geld, eine Menge Geld.

Keiner der Profis im Team wird Ihnen übel nehmen, dass Sie beim ersten Mal am Set Fehler machen. Was zählt, ist Anpassungsbereitschaft und Lernwilligkeit. Um den »Flohzirkus« aus so vielen Beteiligten unter einen Hut zu bringen, halten sich die Filmleute an eine Reihe ungeschriebener Gesetze, die für die Regie genauso gelten wie für den jüngsten Praktikanten. Die im Buch versammelten Profis haben die folgenden Regeln und praktischen Tipps für den ersten Drehtag beigesteuert:

- Bei Dreharbeiten gilt ein strenges Protokoll in der Arbeitshierarchie. Wenn Sie etwa direkt vor der Aufnahme ein angebissenes Pausenbrötchen auf einem Möbelstück der Bühne entdecken, das dort nichts zu suchen hat, rufen Sie auf keinen Fall eine laute Warnung. Gehen Sie zum Leiter Ihres Departments, ob Tonmeister, Kostümbildner oder Oberbeleuchter, und informieren Sie ihn oder sie leise. Der Department-Chef geht dann zum Aufnahmeleiter, der wiederum wird dem Regieassistenten Bescheid geben und dieser muss schließlich dem Regisseur die schlechte

Nachricht beibringen, dass er warten muss, bis der Störenfried entsorgt ist. (Umgekehrt wird auch nicht gern gesehen, wenn der Regisseur die Beleuchter direkt fragt, ob sie das Licht bald fertig eingerichtet haben. Er sollte den Aufnahmeleiter schicken oder den Oberbeleuchter ansprechen.)

- Filmarbeit ist Teamarbeit. Man kann darauf vertrauen, dass jeder jedem hilft, auch und gerade den Anfängern. Umgekehrt bedeutet das, auch für andere da zu sein, sich nicht zu verweigern, wenn der Aufnahmeleiter einen bittet, Kaffee zu holen, weil gerade alle anderen beschäftigt sind. Teamarbeit bedeutet zu schauen, wo man auch außerhalb der zugewiesenen Aufgaben einspringen kann. Damit kann man sich Meriten erwerben, die sich auszahlen, wenn die Produktion das nächste Mal ein Team zusammenstellt.

- Wenn man gute Laune hat, sollte man sich nicht scheuen, diese im Team zu verbreiten – fröhliche Menschen sind bei anstrengenden Drehs gern gesehen. Umgekehrt sollte man die anderen nicht mit seiner schlechten Laune belästigen und die allgemeine Stimmung vermiesen. Insbesondere die Schauspieler, die bei ihrer Arbeit extrem offen und sensibel sind, werden vom Stab immer unterstützt und von Schwierigkeiten abgeschirmt. Launen gelten als Staralürren, und die sind ausschließlich den Stars vorbehalten.

- Stars lässt man in Ruhe. Und unter gar keinen Umständen bittet man sie um ein Autogramm, nicht als gestandener Profi und nicht als Statist oder Aushilfsfahrer. Wenn es sein muss, kann man nach Drehschluss den Aufnahmeleiter fragen, ob und vor allem wann diese Bitte an einen Star einen Sinn hat.

- Mehr hingucken als reden. Fragen sind gerade von Anfängern willkommen, aber nur wenn Zeit dafür ist, beim Warten auf Umbauten oder dergleichen. Filmpersonen geben in freien Minuten gern ihre Erfahrungen weiter oder erzählen Geschichten über andere Filme. Aber machen Sie sich klar: Keiner am Set braucht Unterhaltung, flotte Sprüche oder Witze am laufenden Band.

- Der Ruf »Ruhe, bitte!« leitet die Aufnahme ein und sollte 100-prozentig eingehalten werden: Nicht reden, nicht leise herumschleichen, nicht mit den Füßen scharren – keine Aufnahme dauert lange, für alles ist hinterher noch Zeit.

- Passen Sie auf, wo Sie stehen! Am besten stellen Sie sich immer in die zweite Reihe hinter einen Profi, der weiß, wo er während einer Aufnahme zu stehen hat (sonst gerät man womöglich in einen Kameraschwenk, dessen Umfang man gar nicht einschätzen kann). Stehen oder sitzen Sie niemals vor, auf, unter oder hinter einem Kulissenteil: Denn man kann nie wissen, wie stabil die Kulisse ist oder ob man sich in irgendeinem anderen Kulissenteil spiegelt.

- Brillenträger (betrifft auch: Sonnenbrillen) müssen besonders darauf achten, dass sie dort, wo sie sich aufhalten, kein Scheinwerferlicht reflektieren.

- Filmarbeit ist anstrengend. Sorgen Sie für sich! Genehmigen Sie sich ausreichend Schlaf und Erholungsphasen zu Hause als Ausgleich für die Unruhe und den Stress während der Drehzeiten. Und nehmen Sie eine Grundausstattung an Essen und Trinken zum Dreh mit. Auch beim Caterer kann mal etwas schief gehen.

- Tragen Sie keine raschelnde Kleidung. Die stört die Tonaufnahmen. Ziehen Sie sich bei Außendrehs vernünftig und bei kaltem Wetter warm an: Eine Erkältung können Sie und das Team sich nicht leisten.

- Am Set gilt absolutes Handy-Verbot. Wenn's unbedingt sein muss, telefonieren Sie zwei Querstraßen weiter. Beim Klingeln eines Handys wird es teuer: Eine Champagner-Runde ist fällig!

- Eine Lage für das gesamte Team droht auch, wenn ein Unautorisierter (also alle außer Kamera-Crew, Regie und vielleicht noch Aufnahmeleiter) unaufgefordert durch den Sucher der Kamera schaut.

- Wie im Theater ist auch am Set Pfeifen verboten: Es bringt Unglück. (Was als Aberglaube gilt, hat einen realen, historischen

Hintergrund: Früher arbeiteten oft ehemalige Seeleute am Theater. Hoch auf dem Schnürboden bewegten sie die Kulissen an Seilen. Da sie sich in den Segeln ihrer Schiffe mit Pfiffen verständigten, behielten sie diese Art der Kommunikation bei. Wenn jemand einen bestimmten Pfiff ausstieß, konnten dem Ahnungslosen auf der Theaterbühne schwere Kulissenteile auf den Kopf fallen.)

- Unbeliebt macht man sich auch, wenn man Schauspielern »viel Glück« wünscht: Man muss ihnen aber nicht gleich dreimal über die Schulter spucken – ein »toi, toi, toi« tut's auch.

- »Schnapsklappen« gehören zur angenehmen Seite der Dreharbeiten: Sobald dreimal die gleiche Ziffer auf der Klappe auftaucht – etwa 3. Szene, 3. Einstellung, die dritte (Klappe) –, wird reihum eine Sektlage ausgegeben. Da so etwas mehrmals täglich passieren kann, wird die Schnapsklappe heute auch mal zur »Kuchenklappe«, »Frühstücksklappe« oder »Tiramisuklappe«. Die Reihenfolge bei den Schnapsklappen entspricht der Hierarchie beim Film: Die erste zahlt die Produktion, die zweite die Regie, die dritte die Kamera und so weiter.

- Drehschluss ist kein Signal für das Ende der Arbeit am Set, sondern dafür, sich gegenseitig beim Abbauen und Zusammenräumen zu helfen – sonst wären einige Teammitglieder womöglich am nächsten Morgen noch nicht zu Hause. Übrigens: Drehschluss ist wirklich erst, wenn dieses Wort ausdrücklich gefallen ist.

Toi, toi, toi!

Kleines Wörterbuch

Akku(mulator): wiederaufladbare Batterie u. a. für Kameras, Ton-
bandgeräte, Tonmischpulte, Monitore für unterwegs
analog: Übertragungs- oder Aufnahmeverfahren für Töne oder
Bilder, bei dem etwa Helligkeit, Farbe oder Lautstärke in ihren
genauen Werten als Wellenform aufgezeichnet werden
Arthouse: neuer Begriff für das gute alte Programmkino der siebzi-
ger Jahre
Atmo: Abkürzung für Atmosphäre, Tonaufzeichnung der Hinter-
grundgeräusche eines Drehorts
Auflösung (1): Zerlegung der Szenen eines Drehbuchs in einzelne
Kameraeinstellungen
Auflösung (2): Zahl der Bildpunkte, aus denen sich das Bild auf
der Leinwand oder auf dem Fernseh- oder Computermonitor
zusammensetzt
AVID: in der Film- und Videobranche gebräuchliches Schnitt- und
Bildbearbeitungssystem auf Computerbasis

Best Boy: Erster Assistent des Oberbeleuchters
Betacam-SP: Videoaufzeichnungsformat mit für das Fernsehen
sendefähigen technischen Werten
Blue Screen: Blaue Wand, vor der Szenen gefilmt werden, die später in andere Hintergründe eingesetzt werden sollen. Das spezielle Blau wird dann insgesamt durch das Hintergrundbild ersetzt (Fachbegriff: Keying).

Casting: das Besetzen der Rollen eines Kino- oder Fernsehfilms mit
den Darstellern

Camcorder: Videokamera mit eingebautem Aufzeichnungsgerät, dem Recorder

Cold Reading: unvorbereitetes Lesen des Rollentextes von den Schauspielern beim Casting

Conceptuals: Bilder (oder Zeichnungen), die die Schlüsselszenen eines Drehbuchs nach den Vorgaben von Regie und/oder Produzent optisch umsetzen, oft veritable Kunstwerke

Cut (1): Filmschnitt. Der Begriff wird auch für die gesamte Schnittversion eines Films benutzt (Director's Cut meint die Schnittversion des Regisseurs).

Cut (2): Ruf zum Abbrechen einer Aufnahme

digital: in Zahlenwerte umgesetzte analoge Informationen über Ton- und Bildinhalte. Diese Zahlenwerte können länger gespeichert werden als analoge Informationen und in Computern verlustfrei kopiert und verarbeitet werden.

Digital Set: Kulissen oder Hintergrund, die künstlich im Computer erzeugt und später im Realfilm verwendet werden.

Dolly: Kamerawagen, der auf Reifen oder Schienen läuft und gleichmäßige Bewegungen der Kamera erlaubt

Dummy: Puppe, täuscht in gefährlichen Szenen den menschlichen Körper vor

Durchlauf: Take, ununterbrochene Aufnahme einer Einstellung

Einstellung: Eine Szene kann aus vielen Einstellungen bestehen, die für eine endgültige Version wiederholt aufgezeichnet werden.

Frame: Einzelbild, aus dem sich die laufenden Bilder zusammensetzen. Ein Kino- oder Videofilm zeigt 25 bzw. 24 Bilder pro Sekunde; das menschliche Auge kann maximal 18 bis 20 Einzelbilder pro Sekunde auseinander halten. Daher kann die Veränderung der Frame- oder Bild-Inhalte als fließende Bewegung wahrgenommen werden.

Gaffer-Tape: besonders belastbares und leicht wieder zu entfernendes Klebeband (auch: Lassoband)

Generation: Analoges Videoband verliert von Kopie zu Kopie (Generation) einen Teil seiner Informationen und damit beispielsweise an Schärfe. Die Zahl der Generation drückt aus, wie oft der Kopiervorgang bei der Bearbeitung des Originalmaterials wiederholt wurde (als Kopie der Kopie der Kopie ...).

Image-based Modeling: Animationstechnik, bei der zweidimensionale Bilder (z. B. Fotos) als Basis für die Gewinnung von geometrischen 3-D-Modellen dienen

Kelvin: Kleinste Einheit der Temperaturskala des englischen Physikers Thomson, die auf einem absoluten Nullpunkt basiert und für wissenschaftliche Temperaturbestimmungen benutzt wird. Hier bezieht sie sich auf die Messung der Farbtemperatur; Tageslicht entspricht 5 600 K, Kunstlicht entspricht 3 600 K.

Key-Point: bestimmter Punkt einer Kurve, bei Computeranimationen und nonlinearem Schnitt ein bestimmtes Einzelbild

Klappe: Kleine Tafel mit einem beweglichen Ende, das zu Beginn der Aufnahme gegen die Tafel geschlagen wird. Der Ton der geschlagenen Klappe dient dazu, später Bild und Ton, die getrennt aufgezeichnet werden, synchron anzulegen. Auf der Tafel sind Szene, Einstellung und die Zahl der jeweiligen Wiederholung der Aufnahme notiert: Anhand dieser Informationen kann die Cutterin später die Aufnahme identifizieren.

Kopie: das vom geschnittenen Negativ gezogene Positiv, das im Kino vorgeführt wird; bei Videoformaten die nächste Generation des Originalbandes

Labiale: Laute, die beim Schließen der Lippen entstehen (»p« oder »m«)

Linearer Schnitt: Schnitt von Filmmaterial oder Videobändern mittels spezieller Schnittsteuerungen. Linear bedeutet, dass die Inhalte physisch in der endgültigen Reihenfolge bzw. Länge hintereinander montiert werden müssen.

Location: Drehort für einen Film außerhalb eines Studios

Matte: Scheibentrick, bei dem Bildelemente von erfahrenen Malern auf eine Glasscheibe gemalt werden. Anschließend filmt die

Kamera die Einstellung durch die Scheibe. Auf diese Weise kann zum Beispiel ein Leuchtturm in eine Meeresszene gebracht werden, wo keiner steht.

Merchandising: Vermarktung von Produkten wie Spielzeug, bedruckten T-Shirts und Tassen, Büchern, CDs oder Computerspielen, die mit der Story und den Figuren eines Films oder einer Fernsehserie in Zusammenhang stehen

Montage: Schnittkomposition des fertigen Films

Multiplex: modernes Kino mit mehreren Leinwänden, sprich Kinosälen, meist mit zusätzlichen Restaurationsbetrieben

Muster: Die Gesamtheit der gedrehten Einstellungen eines Films, »Kopierer« (im Gegensatz zu nicht belichtetem oder entwickeltem Material: »Nichtkopierer«), aus denen dann im Schnitt der endgültige Film chronologisch zusammengestellt oder montiert wird.

Nagra: Tonaufzeichnungsgerät

Negativ: Filmkameras arbeiten wie Fotokameras entweder mit Negativmaterial oder Umkehrfilm (vergleichbar den Diafilmen). Im Kopierwerk werden vom Negativ Positivkopien gezogen, zunächst von allen Mustern eine Arbeitskopie. Nachdem die Arbeitskopie im Schneideraum zum fertigen Film montiert ist, wird das Negativ entsprechend nachgeschnitten, um anschließend die Kopien für die Kinovorführung zu ziehen.

Nitrocellulose: früher benutztes, leicht entflammbares Filmmaterial

nonlinearer Schnitt: Die Montage von digitalisierten Film- oder Videoinhalten mit speziellen Computerprogrammen. Weil das gesamte Material im Computer gespeichert ist, können die einzelnen Szenen in beliebiger Reihenfolge bearbeitet und anschließend in die richtige Abfolge gebracht werden.

Offline-Schnitt: Vor-Schnitt in niedriger Auflösung im Computer zum Sparen von Festplattenplatz

Online-Schnitt: Computerschnitt in sendefähiger Auflösung (Kompression)

Perfoband: mit Lochrand versehenes Magnetaufzeichnungsband für Ton, das am Schneidetisch parallel zum Bildfilm angelegt werden kann

Post-Production: alle Vorgänge der Nachbearbeitung von Film- und Tonaufnahmen, insbesondere der digitalen Technik

Preview: Vorschau, hier: Auswahl-Band in geringerer technischer Qualität; kann auch die Schnittsimulation beim analogen Schnitt (ohne Aufzeichnung auf Band) bezeichen

Pyrotechniker: Feuerwerkspezialisten, die für Explosionen bei Filmaufnahmen zuständig sind

Remix: neu abgemischte Bild- oder Tonsequenzen, auch ganze Filme oder Musikstücke

Rendering: Errechnen eines Bildes oder einer Sequenz im Computer nach Eingeben der einzelnen Bestandteile (Oberfläche, Bewegung usw.)

Rückprojektion: Bei dieser Technik wird das Hintergrundgeschehen auf eine (Lein-)Wand projiziert, während die eigentliche Szene davor abgefilmt wird (vor allem für Szenen, die in sich bewegenden Fahrzeugen spielen) – heute kaum noch gebräuchlich.

Scannen: Umsetzung analoger Bildinformationen in digitale Daten

Script: Drehbuch

Senkel: Magnetbänder ohne Lochrand, für Tonaufzeichnung

Set: Drehort, Kulisse, Bauten

Setdesign: Gesamtgestaltung der Drehorte oder Bauten eines Films

Sneak Preview: Voraufführung eines Films vor dem eigentlichen Kinostart

Sound-Mixer: Misch-Tonmeister, der die verschiedenen Tonspuren mit Dialogen, Geräuschen, Musiken und Toneffekten zu einem harmonischen Ganzen zusammenfügt

Soundtrack: Tonspur eines Films, gebräuchlich für die Gesamtheit der verwendeten Musiken

Special Effects: alle Tricktechniken, die bei Filmen eingesetzt werden, einschließlich der Explosionen der Pyrotechniker

Steadicam: Halterung, die es Kameraleuten erlaubt, ohne Stativ erschütterungsfrei zu drehen

synchron: gleichzeitig

synchronisieren (1): Bei Kinofilmen wird der Ton gesondert aufgenommen, durch bestimmte Kennungen (Klappe, Piepser) muss für den Schnitt die absolute Gleichzeitigkeit von Bild und Ton hergestellt werden.
synchronisieren (2): das Ersetzen von fremdsprachigen Dialogen in Dialoge der eigenen Sprache

Take (1): kleinste Einheit einer Film- oder Tonaufnahme
Take (2): ununterbrochene Aufnahme einer Einstellung
Template: Vorlage, Maske, Schablone
Time-Code: Achtstelliges digitales Zeitsystem für professionelle Video-, Film- und Tonbänder, um die Synchronisierung verschiedener Bänder und das Auffinden bestimmter Stellen zu erleichtern (std:min:sec:frames = 00:00:00:00)
Treatment: Zusammenfassung eines Drehbuchs, bezeichnet auch das erste Konzept für ein Drehbuch
Trailer: Zusammenschnitt von wichtigen Szenen eines Films, meist circa drei Minuten lang, für Kinowerbung und redaktionelle Berichte im Fernsehen

U-matic: halbprofessionelles Videoformat, heute nicht mehr sehr gebräuchlich

Visual Effects: Spezialeffekte im Film, nahezu alles, was nicht direkt mit der Kamera am Drehort aufgenommen wird. Der Begriff wird mitunter mit Special Effects verwechselt, die im amerikanischen Sprachgebrauch die Effekte der Pyrotechniker, der Feuerwerkspezialisten, bezeichnen.
VJ: Video-Jockey

Wire-Frame: Geometrisches Modell eines Objekts oder Körpers, das in Programmen für Computeranimationen mit individueller Optik versehen werden kann.

Zoom: Eine Aufnahme, bei der die Kameralinse ein Motiv allmählich vergrößert oder verkleinert. Im Unterschied zu einer Dolly-Fahrt auf ein Motiv hin bleiben die relativen Positionen aller Objekte und Personen gleich.

Anmerkungen

1 Vgl. FFA intern, 5.2.2001, S. 9.
2 Vgl. FFA intern, 5.2.2001, S. 1.
3 *junge karriere*, Nr. 6/2001 S. 38.
4 *Der Tagesspiegel*, 20.4.2001, S. 26.
5 Vgl. Encyclopædia Britannica, Book of the Year 2001, S. 294.
6 Zitiert nach *Bilder. Stories. Filme. Der Produzent Joachim von Vietinghoff*, hg. vom Filmmuseum Berlin, Berlin 2001.
7 Vgl. *Der Spiegel*, Nr. 12/2001, S. 304.
8 Angaben aus dem Jahresvergleich der SPIO (Spitzenorganisation der Filmwirtschaft).
9 Vgl. Frank Herbert, *Der Wüstenplanet*, 6 Bände, München 1995/2001.
10 Don Lynch, Ken Marshall, *Titanic. An Illustrated History*, London, 2. Aufl. 1998. In der Übersetzung erschien das Buch unter dem Titel *Königin der Meere*, München 1992.
11 *Epd Medien*, 8.11.2000.
12 *Der Kameramann*, Nr. 9/2000, S. 116.
13 Ansprache auf dem Medienforum 2000 in Köln.
14 Adele Landauer, *Manageacting. Die Kunst, selbstsicher aufzutreten*, München 2001.
15 Quelle: www.cinematography.com/library/articles/steadicam_style.asp.
16 Die Firma ARRI (Arnold & Richter) hat die erste Spiegelreflex-Filmkamera der Welt gebaut. Filmkameraleute in aller Welt arbeiten noch heute bevorzugt mit den Kameras der Münchner Firma.
17 Bertolt Brecht, »Fragen eines lesenden Arbeiters«, in: *Ausgewählte Gedichte*, Auswahl von Siegfried Unseld, Frankfurt/Main 1964, S. 49.
18 Vgl. *Handelsblatt*, 26.2.2001.
19 Quelle: www.mediabiz.de/specials/visual100/
20 *junge karriere*, Nr. 6/2001, S. 38.
21 *Wirtschaftswoche*, 12.4.2001, S. 94.

22 U-matic, Vorläufer von Beta-SP, ist ein immer noch weitverbreitetes Studio-format für Videobänder.

23 Zahlenangaben laut Zusammenstellung der deutschen Synchronstudios durch Alexander Bitzen auf http://prevezanos.com.

24 Die Angaben stammen aus dem Feature *Stimmen im Dunkeln* der Deutschen Welle, Erstausstrahlung am 29.11.1996.

25 Vgl. *Werben & Verkaufen*, Nr. 8/1998, S. 80.

26 Vgl. Niclaus Schröder, *Filmindustrie*, Reinbek 1995, S. 56.

27 Die Zuschauerangaben stammen aus der Zeitschrift *Blickpunkt: Film*, Nr. 31/2000, S. 7.

28 Quelle: www.ffa.de.

29 Vgl. Kant-Kino, Fred Baumgartner (Hg.), *Gigs im Kant-Kino. Ein Fotobuch*, Berlin 1980.

30 Quelle: www.ffa.de/FFAintern/index.html.

31 Angaben des Interessenverbandes des Video- und Medienhandels in Deutschland unter www.ivd-online.de/markt.html.

32 Zitiert aus *Die Schwarzeneggers von Chemnitz*, einem Dokumentarfilm von Filmstrom, H. J. Büsch und J. Arndt aus dem Jahre 2001.

33 Kurt Scheel, *Ich & John Wayne. Lichtspiele*, Berlin 1998, S. 162.

34 Die Murnau-Stiftung wurde 1988 zum 100. Geburtstag des großen Regisseurs gegründet. Als ihre Aufgabe sieht sie die Förderung der Filmkunst, insbesondere die Erhaltung, Erforschung und Verbreitung des Werkes Friedrich Wilhelm Murnaus, u. a. durch den Aufbau eines allgemein zugänglichen Murnau-Archivs. Vgl. hierzu www.visart.de/regiopolis/ram.

35 Das Kino *Arsenal* wird seit 1970 von den »Freunden der Deutschen Kinemathek« als Aufführungsort für Filmkunst und politisches Kino betrieben. Seit dem Jahr 2000 befindet es sich im Haus des Filmmuseums Berlin, Potsdamer Str. 2, Potsdamer Platz, 10785 Berlin. Vgl. www.fdk-berlin.de.

36 Vgl. *Berliner Morgenpost*, 20.2.2000.

37 Vgl. *Berliner Zeitung*, 13.3.2001.

38 Uta Glaubitz, *Der Job, der zu mir passt. Das eigene Berufsziel entdecken und erreichen*, Frankfurt/M / New York 1999.

39 Richard Nelson Bolles, *Durchstarten zum Traumjob. Das Bewerbungshandbuch für Ein-, Um- und Aufsteiger*, Frankfurt/M. / New York 2000.

40 Lorenz Wolff, Johanna Frank, *Berufszielfindung und Umsetzungsstrategie für Studium/Ausbildung/Weiterbildung*, Speyer 1992, S. 25.

41 Ähnlich Richard Nelson Bolles in: *What color is your parachute?*, Berkeley 1997, S. 141; siehe auch: Bolles, *Durchstarten zum Traumjob*, S. 163.

Stadtbibliothek Tempelhof-Schöneberg
Kundenservice: 90277-6136 (ab 16 Uhr AB)
e-mail: stabi-ks@ba-ts.berlin.de
Internet: www.voebb.de www.stb-ts.de

Bezirkszentralbibliothek
Mo - Fr 10.00 - 20.00 Uhr Sa 10.00 - 14.00 Uhr

Am 25.5.2011 und am Pfingstsamstag (11.6.2011)
bleibt die Bibliothek geschlossen.

Quittung für 33392282458

---

* Ausleihen

09837672713 W 350 Ferr.....................20.06.11
- ¬Die¬ 4-Stunden-Woche : mehr Zeit, mehr Ge..
02009689713 Mu 400 Glau....................20.06.11
- Jobs für Filmfreaks : machen Sie Ihren Tra..

* Summe der Ausleihen: 2

Datum: 23.05.2011 Uhrzeit: 17:13

Berufsregister

Machen Sie Ihr Talent zum Beruf

Uta Glaubitz
Der Job, der zu mir passt
Das eigene Berufsziel entdecken und erreichen
3. Auflage, 2001. 197 Seiten
ISBN 3-593-36167-1

Dieser praktische Ratgeber für orientierungslose Akademiker legt Schritt für Schritt den Weg zur individuellen Berufsfindung dar und hilft, den maßgeschneiderten Beruf zu finden – oder die sichere Nische in der Arbeitswelt zu entdecken.

Uta Glaubitz
Jobs für Weltenbummler und Globetrotter
Machen Sie Ihr Fernweh zum Beruf
2001. 256 Seiten
ISBN 3-593-36823-4

Haben Sie schon einmal daran gedacht, Reisejournalistin oder Auslandskorrespondent zu werden? Oder doch lieber Entwicklungshelfer, Steward auf Kreuzfahrtschiffen oder Lehrerin an einer deutschen Schule? Alle, die gerne unterwegs sind und damit auch noch Geld verdienen wollen, werden hier ihre »Berufung« entdecken.

Gerne schicken wir Ihnen unsere aktuellen Prospekte:
Campus Verlag · Kurfürstenstr. 49 · 60486 Frankfurt/M.
Tel.: 069/97 65 16-0 · Fax -78 · www.campus.de

campus
Frankfurt / New York